El Rey

Conversaciones con
D. Juan Carlos I de España

José Luis de Vilallonga

PLAZA & JANES EDITORES, S. A.

Título original:

LE ROI

Traducción de

MANUEL DE LOPE

Diseño gráfico:

ZIMMERMANN ASOCIADOS, S. L.

Fotografía de la portada:

© ALBERTO SCHOMMER

Foto de la contraportada:

DALDA

Primera edición: Marzo, 1993
Segunda edición: Marzo, 1993
Tercera edición: Marzo, 1993
Cuarta edición: Marzo, 1993
Quinta edición: Marzo, 1993

© 1993, FIXOT
© de las fotografías interiores:
Europa Press por las fotos número 33, 34, 42,
43, 45 y 46; Contifoto por las fotos número 36 y
37; A.G.E. por la número 16; AISA por la
número 35; Aurora Fierro/Cover por la número
40; Pérez de Rozas, Archivo de *La Vanguardia*
por la número 41; Matías Nieto/Cover por la
número 44; Armel Brucelle/Sygma por la
número 47; Sacristán/Navia/Cover por la número
53; Sacristán/Llenas/Cover por la número 55
Para esta edición: © 1993, PLAZA & JANÉS EDITORES, S. A.
Enric Granados, 86-88. 08008 Barcelona

Printed in Spain — Impreso en España

ISBN: 84-01-37461-8 — Depósito Legal: B. 9.446 - 1993

Impreso en Printer Industria Gráfica, s. a.
Sant Vicenç dels Horts (Barcelona)

A Syliane y Fabricio

«¿Qué es España? Es un remolino de polvo en el camino de la Historia después de que un gran pueblo haya pasado al galope.»

JOSÉ ORTEGA Y GASSET

INTRODUCCIÓN

Al inicio de las conversaciones cuyo resultado es este libro, don Juan Carlos me planteó la siguiente cuestión:

—¿Crees tú que el 22 de noviembre de 1975, cuando fui proclamado rey, existía un sentimiento monárquico en España?

Desconcertado, dudé unos segundos antes de responder. Por mi padre, que había pasado parte de su vida al servicio de don Alfonso XIII, sabía lo arriesgado que resulta decir crudamente la verdad a los reyes. Por otro lado, la única cosa que resulta difícil adornar, sin correr el riesgo de caer en la mentira a medias, es precisamente la verdad, y por encima de todo deseaba mantener mi sinceridad con aquel hombre que siempre me miraba a los ojos y que me había ofrecido el obsequio real de su confianza.

—No, Señor —le respondí—, cuando Vuestra Majestad subió al trono no existía ese sentimiento monárquico, excepto en algunos nostálgicos que habían conocido el reinado de vuestro abuelo.

Don Juan Carlos continuó mirándome a los ojos. Entonces añadí:

—Pero muy pronto apareció el juancarlismo.

Me di cuenta de que esta observación no le hacía ninguna gracia. Y cambiamos de conversación.

Años antes, en septiembre de 1982, durante las semanas que precedieron a las elecciones legislativas que otorgaron la mayoría absoluta al Partido Socialista, y a propósito de mi libro *Los sables, la corona y la rosa*, tuve largas conversaciones con Felipe González en su modesto apartamento del barrio de La Estrella. Nos encontrábamos en un minúsculo salón amueblado con algunos sillones de skai negro, con una mesita baja sobre la que había varias cajas de puros, el último disco de Camarón de la Isla y una antología de poemas de Miguel Hernández. Felipe, que había seguido mi mirada, me dijo:

—¿Sabías que cuando a Franco le presentaron la condena a muerte de Miguel Hernández para que la firmara murmuró contrariado: «¿Otro Lorca? ¡De ningún modo!...» Y conmutó la condena a muerte por una pena de prisión cuyo final no llegaría a ver el pobre Miguel? Hernández parecía predestinado a una muerte violenta, porque ya antes Valentín González, el célebre «Campesino», estuvo a punto de ordenar que lo fusilaran cuando se enteró de que su comisario político en el V Regimiento recitaba poemas a los milicianos en las trincheras.

Carmen Romero, la mujer del joven secretario general del PSOE, bella como lo son a veces las andaluzas, cuya hermosura interior irradia en la ironía que duerme en el fondo de su mirada, nos sirvió café y coñac. En el curso de la conversación que siguió planteé a Felipe la misma cuestión que preocupaba a don Juan Carlos:

—¿Existía un sentimiento monárquico en España a la muerte de Franco?

Las largas manos morenas de Felipe se agitaron en el aire.

—En absoluto.

—¿Existe hoy?

Reflexionó unos instantes antes de responder.

—Lo que hoy existe, a nivel nacional, es un profundo sentimiento de respeto y admiración por la manera en que el rey de España cumple con su función. Creo que eso es fundamental. Por eso la discusión acerca de la importancia de la institución monárquica comparada con la importancia de la persona del Rey, me parece una discusión sin fundamento y no aceptaré nunca el argumento de algunos monárquicos, felizmente poco numerosos, que mantienen que «lo sustancial es la Monarquía, mientras que la democracia sólo es accidental». Yo creo que lo verdaderamente sustancial para el sistema monárquico es precisamente la necesidad profunda de libertad y de coexistencia pacífica de nuestro pueblo dentro de la democracia. Eso es lo verdaderamente importante. No se trata de colocar la institución antes de la persona del Rey o viceversa. Don Juan Carlos es un hombre que los españoles respetan, y ese hombre encarna la institución. Pero no nos equivoquemos, lo que ha subyugado a los españoles no es la institución en abstracto, sino el Rey.

Felipe González volvió a encender uno de esos largos cigarros de La Habana que Fidel Castro le envía regularmente por valija diplomática, y murmuró:

—La gran suerte de esta Monarquía es que no haya partido monárquico para «defenderla». Siempre han sido los monárquicos los que se han cargado las monarquías.

Le pregunté entonces si era posible, una vez los socialistas accedieran al poder, ver resurgir el viejo problema de monarquía o república. Felipe González fue categórico:

—No.

Y bajo la mirada divertida de Carmen Romero me contó:

—Antes de mi primera conversación con don Juan Carlos, con quien nunca me había encontrado previamente, discutí con los miembros de la dirección del partido sobre la posibilidad de sacar a debate el tema monarquía-república. Personalmente yo no creía que el Rey, en tanto que jefe del Estado, fuera a abordar la cuestión. Pero cuál no fue mi sorpresa cuando, tan pronto estuvimos sentados el uno frente al otro, don Juan Carlos, con una naturalidad desconcertante, me preguntó: «Dime, ¿por qué vosotros los socialistas sois republicanos?» Le expliqué que el PSOE no había sido monárquico hasta ahora porque la Monarquía siempre había sido antisocialista.

—Yo no soy un político —le dije a Felipe—. Sólo soy un escritor con bastantes contactos en el mundo político y creo adivinar lo que el Rey tiene en mente.

Felipe me miró con curiosidad.

—Quizá adivinamos la misma cosa —me respondió.

—Estoy convencido de que don Juan Carlos sueña con el día en que reine con un gobierno socialista en el poder.

Felipe sonrió mientras encendía un segundo cigarro.

—Entre las personas de derechas inteligentes, que las hay, se lleva la cuestión más lejos. Saben que el Rey y la Monarquía serán definitivamente consolidados el día en que gobernemos en España con don Juan Carlos a la cabeza. Ese día, el Rey cumplirá el viejo sueño de su padre, el conde de Barcelona, y se convertirá sin discusión en «el Rey de todos los españoles».

La sonrisa de Felipe González fue casi venenosa cuando añadió:

—En la derecha hay gente todavía más sutil que piensa que esta consolidación será definitiva cuando, después de llegados al Gobierno, los socialistas pierdan las primeras elecciones, poniendo así en marcha una alternancia de poder. Será la prueba de que España ha llegado a ser verdaderamente democrática.

—Si he comprendido bien, tú nunca te habías encontrado con don Juan Carlos antes de la muerte de Franco.

—Nunca. Ni con él, ni tampoco con su padre. Sé que eso puede parecer curioso cuando había tanta gente haciendo equilibrios para acercarse a ellos. La lenta agonía del General había despertado lealtades repentinas, hasta entonces dormidas, hacia los miembros de la familia real. La Junta Democrática, cuyo portavoz en París eras tú, se esforzaba como podía para hacer creer que el conde de Barcelona iba a sumarse pronto a sus filas. Pienso que el único en no creer en ello era Santiago Carrillo, pues sabía que don Juan era demasiado inteligente y demasiado lúcido como para hipotecar así, en el último minuto, su libertad de espíritu y su independencia. Fueron los de la Junta quienes insistieron para que yo fuera a Estoril con el fin de entrevistarme con don Juan Carlos y el conde de Barcelona en Villa Giralda, la residencia de este último. Según ellos, el verdadero demócrata era el conde, mientras que su hijo sólo era el heredero de la dictadura franquista y que por quien había que apostar era por su padre.

Felipe González aplastó la colilla de su cigarro con brusquedad en el fondo de un cenicero publicitario de Anís del Mono.

—La visión política de aquella gente —continuó diciendo— era nula. Querían «legitimar» al padre a costa del hijo, poniendo así en peligro la única posibilidad de restaurar la Monarquía en España. Rehusé participar en aquella estúpida operación. No tenía nada que hacer en Estoril; por otro lado, no podía creer que el conde de Barcelona (ese hombre a quien algún día habrá que reconocer sus múltiples sacrificios) fuera a interponerse entre su hijo y la Corona. Y si hubiera querido hacerlo, allí había una reina madre que, al parecer, permanecía vigilante. Se trata de una simple hipótesis por mi parte porque la familia real nunca me ha hecho ninguna confidencia sobre ese tema. Hasta ahora sólo he hablado una vez con el conde de Barcelona, pero insisto en que el juego al que se dedicaba la gente de Estoril (el clásico juego de cortesanos poco despiertos) no sólo era estúpido políticamente, sino peligroso en general, dadas las circunstancias en las que se encontraba España. Se trataba, en suma, de enfrentar al padre con el hijo y de alejar aún más a éste de su padre. Había en ello algo de drama medieval que no tenía lugar en la historia de un país moderno.

»Tampoco tuve contacto con don Juan Carlos antes de que fuera rey —prosiguió Felipe—. El primer contacto entre la Monarquía española y el PSOE no tuvo lugar hasta después de las elecciones de 1977. Para entonces, quien visitó al Rey no fui yo, sino otro personaje representativo del socialismo español. Y era la primera vez que un rey de España recibía «en directo», si se puede decir así, a alguien de mi partido.

Carmen volvió a llenar nuestras tazas de café y Felipe encendió un nuevo cigarro.

—Considero bastante extraordinario —le dije— que sin haber tenido nunca ninguna relación, ni con el conde de Barcelona, ni con don Juan Carlos, ni con su entorno, hayas comprendido tan claramente lo que se cocía en Estoril. Porque incluso los actores principales del psicodrama parecían hundirse a veces en arenas movedizas. Sé de lo que hablo porque yo mismo fui a visitar al conde de Barcelona la víspera de la muerte de Franco.

—¿En París?

—Sí, en casa del marqués de Marianao, un catalán que prestaba su apartamento del bulevar Malesherbes al conde de Barcelona cuando éste se encontraba de paso por la capital.

—¿Y por qué razón fuiste a verle? —me preguntó Felipe González.

—Oh, es una historia bastante rocambolesca. Mientras Franco agonizaba, ciertos personajes de la Junta Democrática, y más concretamente su «coordinador», Antonio García Trevijano, tenían gran interés en enrolar al conde en sus filas, porque jugaban la carta del padre contra el hijo, llamando a eso «la ruptura con todo lo que había sido contaminado por el franquismo», incluido, naturalmente, el propio don Juan Carlos. Pero el conde de Barcelona no respondía ni a las llamadas telefónicas ni a los mensajes que le enviaban Trevijano, el profesor Calvo Serer (un monárquico del Opus Dei) y José Vidal Beneyto, un economista propietario de naranjales en la región valenciana. Entonces Santiago Carrillo, que era con mucho el más inteligente de todos y se mantenía apartado de todas esas maniobras estériles, dijo de repente: «Está claro que el conde de Barcelona no responderá a ninguna de vuestras invitaciones. Pero se verá obligado a responder a Vilallonga.» «¿Por qué a mí?», inquirí asombrado. «Porque tú eres grande de España y tienes el privilegio de ser recibido por el Rey a petición tuya.»

—¿Ese privilegio existe de verdad? —me preguntó Felipe, divertido.

—En realidad no lo sé. Pero ya sabemos que el secretario general del Partido Comunista raras veces habla a la ligera.

—¿Te recibió el conde de Barcelona?

—A las veinticuatro horas.

—¿Qué mensaje tenías que transmitirle?

—Debía decirle que pensábamos que adherirse públicamente a la Junta Democrática era su única vía de acceso al trono.

—¡Nadabais en plena paranoia! —dijo Felipe.

—Sí. Y hasta tal punto era yo consciente de ello que le transmití un mensaje completamente diferente. Le dije: «Señor, dentro de algunas horas Franco quizá haya muerto y nosotros, los monárquicos, tendremos que hacer frente a una situación muy difícil. Nos vamos a encontrar con dos reyes: Vuestra Majestad, en Estoril, y don Juan Carlos en Madrid. ¿Qué debemos hacer?» El conde de Barcelona me contempló largamente en silencio. Su rostro se puso muy pálido. Se concentró en sí mismo y con un tono grave me respondió: «¡Debéis ayudar al Príncipe con todas vuestras fuerzas!» Me dije que si el conde nos pedía que ayudáramos a su hijo don Juan Carlos, era porque él tenía intención de hacer lo mismo. No me equivocaba. El conde de Barcelona ayudó a su hijo «con todas sus fuerzas», primero dejando libre el camino, y después, más tarde, abdicando de sus derechos dinásticos. A fin de cuentas, y a pesar de los tejemanejes de la gente de Estoril, fue el propio conde de Barcelona quien permitió que su hijo nos sorprendiera a todos. Pues todos nos habíamos equivocado con don Juan Carlos. Yo el primero —añadí.

—Yo nunca creí de verdad en el personaje que representaba el Príncipe a la sombra de Franco —intervino entonces Carmen Romero—. Era demasiado perfecto, y al mismo tiempo completamente inverosímil. Era evidente que ocultaba una multitud de sentimientos contradictorios bajo aquella apariencia indiferente y fastidiosa a la que nos había acostumbrado.

—Quizá estábamos demasiado ocupados, nosotros, los

«donjuanistas» —respondí—, en guardarle rencor por haber aceptado suceder a Franco «a título de rey». Recuerdo que apenas dos o tres días después de la muerte del Caudillo fui invitado a una emisión de radio en París con Santiago Carrillo y una de las hermanas de Carlos-Hugo de Borbón-Parma, aquel príncipe francés que se había introducido entre los que creían tener derecho a la Corona de España. El presentador de la emisión nos preguntó de entrada qué pensábamos de don Juan Carlos. Santiago Carrillo respondió que no pensaba nada, que don Juan Carlos sólo era una marioneta manipulada por los franquistas y que su reinado sería de corta duración. Yo subí la puja diciendo a mi vez que pasaría a la Historia bajo el nombre de Juan Carlos «el Breve». Después, como bien sabes, muy pronto sucedió lo que nadie podía imaginar. Tras ser proclamado rey, don Juan Carlos reveló ser un personaje de una lucidez extraordinaria. Llevó la transición de la dictadura a la democracia con mano maestra, sin que se vertiera una sola gota de sangre. Decretó una amnistía general, legalizó los partidos y las centrales sindicales, etcétera. Todo con una calma ejemplar, con un sentido político asombroso.

»Después tuvo lugar otro milagro de no menor importancia bajo los ojos fascinados de los españoles. El joven y silencioso Príncipe, a menudo melancólico, se transformó muy pronto en un ser afectuoso, cordial y extravertido. A todos los que le habíamos tomado por una persona sin carácter y quizá incluso no demasiado inteligente, casi nos chocó aquella metamorfosis. Personalmente, me reproché terriblemente no haber comprendido que los silencios sombríos del Príncipe y la indiferencia que manifestaba ante las afrentas que le hicieron sufrir durante años los jerarcas del franquismo no eran más que una especie de fachada detrás de la cual se ocultaba una indomable voluntad de conseguir sus fines: restaurar la Monarquía en España, con o sin su padre.

—De hecho —dijo Felipe González—, logró la hazaña de

permanecer misterioso y en secreto hasta el último minuto. No hace mucho tiempo, en el curso de una cena en un restaurante de Madrid con unos banqueros, uno de ellos quiso saber por qué los diputados socialistas habían permanecido sentados durante la primera intervención del Rey ante las Cortes después de la legalización de los partidos políticos. «Creo —le dije al banquero— que no fuimos los únicos en quedarnos sentados. Treinta y ocho millones de españoles se quedaron también sentados delante de sus pantallas de televisión, esperando conocer cuál iba a ser el mensaje del joven soberano a la nación. En cuanto don Juan Carlos terminó de hablar, nosotros los socialistas fuimos los primeros en levantarnos para aplaudir y treinta y ocho millones de españoles hicieron lo mismo, excepto, naturalmente, algunos nostálgicos que creían que la Monarquía iba a ponerse de nuevo al servicio de las clases sociales privilegiadas.»

Después de una corta pausa, Felipe me dijo:

—Me figuro que después de tus declaraciones en la radio en compañía de Carrillo no estarías muy bien visto por don Juan Carlos.

—Eso es lo que yo temía. Y para mí era una situación infinitamente desagradable. Pero concluyó muy rápidamente y casi por casualidad. Estaba yo cenando una noche en Lucio con Emilio Romero y una de sus amigas en una mesa situada al pie de la escalera que lleva al segundo piso. Habíamos llegado al café cuando de repente vi al Rey que bajaba la escalera seguido de algunas personas que yo conocía vagamente. En cuanto nos vio, don Juan Carlos se acercó sonriente a nuestra mesa. Emilio y yo nos levantamos, así como la joven que nos acompañaba. El Rey saludó cariñosamente a Emilio y a su amiga, y después, sin dejar de sonreír, se volvió hacia mí y me preguntó: «¿Y tú? ¿Cómo es que todavía no has venido a verme?» Confuso, me deshice en vagas excusas. «Llama mañana a Mondéjar —me dijo el Rey— y pídele que te dé una cita.» Nos dejó para ir a saludar en una mesa vecina a un banquero que cenaba con su mujer. Al día siguiente me apresuré a telefonear a Mondéjar, jefe de la Casa de Su Majestad, y le conté mi conversación de la víspera con don Juan Carlos. Mondéjar me fijó una audiencia para el martes siguiente a las once de la mañana. Inútil decir que todavía no las tenía todas conmigo cuando fui a La Zarzuela. En cuanto un ayudante me introdujo en el despacho del Rey, éste se levantó, rodeó su mesa de trabajo y avanzó hacia mí tendiéndome la mano. Le saludé protocolariamente con una breve inclinación de cabeza y sin darle tiempo a que me dirigiera la palabra, le dije: «Señor, vengo a pediros el *amán*.»

—¿El *amán*? —se extrañó Carmen Romero.

—Cuando un marroquí comete una falta grave contra la Corona —explicó Felipe a su mujer—, se arroja a los pies del soberano y le pide el *amán*, es decir, el perdón por sus errores.

—Exacto. Yo no me arrojé a los pies de don Juan Carlos, pero fue como si lo hiciera.

»—¿Y por qué vienes a pedirme el *amán*? —me preguntó con una mirada irónica.

»Apenas había empezado a desgranar una parte de las insensateces que yo había dicho y escrito a cuenta suya cuando su sonrisa desapareció y me cortó:

»—Sabes, José Luis, siempre he tenido el mayor respeto por los que han sido leales a mi padre hasta el último minuto. —Y con tono menos grave añadió—: Además, no puedo reprochároslo, porque todos los que como tú vivíais en el extranjero no estabais convenientemente informados de lo que pasaba aquí en Madrid. Hacía tiempo que la cuestión ya no era saber quién sería o quién no sería el rey: la única cosa importante era traer de nuevo la Monarquía a España.

»E inmediatamente después de esta declaración don Juan Carlos cambió de conversación y me preguntó por mi familia.

—¿Habías visto a menudo a don Juan Carlos durante los

últimos años del franquismo? —me preguntó Felipe González.

—No. Apenas una o dos veces cuando estaba de paso por París. Pero, curiosamente, conservaba de él un recuerdo muy preciso: un jovencito en uniforme de oficial del ejército en una fotografía que mi padre tenía sobre su mesilla de noche. Durante aquella audiencia que puso fin a todos mis temores, me sorprendió sobre todo la indefinible tristeza que, a pesar de su tendencia a la risa súbita, velaba a veces el fondo de su mirada. Muchos años más tarde, en Palma de Mallorca, le presenté a mi hijo Fabricio, que entonces tenía dieciocho años. Don Juan Carlos le interrogó sobre sus estudios y sobre su porvenir. Estuvo alegre con él, ingenioso y encantador. Pero cuando abandonamos el palacio, Fabricio me dijo: «Dios mío, qué triste parece este hombre.» «Es quizá esa profunda melancolía que es incapaz de disimular —me dijo un día el viejo Tarradellas cuando era todavía presidente de la Generalitat de Cataluña— lo que le da un encanto tan cautivador y hace que, incluso si no se es monárquico de la institución, uno no pueda evitar ser monárquico de ese rey.»

Poco después de aquel primer encuentro con el Rey, tuve que conversar largamente (también para mi libro *Los sables, la corona y la rosa*) con José Mario Armero, uno de los personajes más curiosos de la España moderna. Los que conocen bien su trayectoria le han apodado «la Pantera Rosa del poder», pues entra con la misma desenvoltura en los despachos ministeriales de la derecha como en los de la izquierda. Abogado de grandes empresas americanas, presidente de Europa Press, negociador de gran talento, se comenta que el propio Franco dijo de él: «Si Armero hubiese ido a Munich en lugar de Chamberlain, no hubiera habido Segunda Guerra Mundial.»

José Mario tuvo que ver con el regreso a España del

Guernica de Picasso, a pesar de todos los obstáculos que levantó en su camino Roland Dumas, abogado de la familia del pintor. En sus horas muertas, Armero colecciona todo lo relacionado de cerca o de lejos con el mundo del circo. Admirador incondicional de don Juan Carlos de Borbón, contribuyó en buena medida al éxito de su primer viaje oficial a los Estados Unidos cuando solamente era príncipe de España y nadie, y menos que nadie los banqueros, hubiera apostado un duro por su porvenir de rey. A falta del dinero de los financieros, Armero hizo valer sus contactos y su amistad con influyentes miembros de la prensa americana.

En la primera de nuestras múltiples conversaciones recibí a José Mario Armero en la biblioteca de mi casa del paseo de la Castellana, en Madrid. Le había enviado antes una nota diciéndole simplemente que quería hablar con él sobre el Rey y la Monarquía.

—¿Por qué yo? —preguntó, tomando asiento en la butaca donde yo acostumbro leer.

—Porque usted es uno de los hombres mejor informados de este país y tiene muchas cosas que decir que nadie conoce todavía —le respondí.

Y a continuación le pregunté:

—José Mario, ¿es usted monárquico?

Armero reflexionó largo rato antes de responder. Me gusta de este hombre la imposibilidad que manifiesta de ceder a la tentación de la mentira, incluso de la verdad a medias.

—No he sido programado para ser monárquico.

—¿Qué quiere usted decir?

—Simplemente que para ser monárquico hay que comprender en primer lugar lo que es un rey. O por decirlo de un modo todavía más sencillo, hay que tomar conciencia de las diferencias fundamentales que existen entre un rey y un ser *normal*.

—No comprendo muy bien.

Armero esbozó un gesto de impaciencia.

—El Rey y yo —dijo— somos el producto de dos clases sociales diferentes. No hemos sido educados según las mismas reglas. No tenemos la misma moral. No tenemos ningún punto en común. Yo no he servido en la Marina inglesa, como hizo el conde de Barcelona. Yo no contraje matrimonio con una princesa griega, como ha hecho su hijo. Nunca he vivido exiliado fuera de mi patria. Cuando viajo al extranjero lo hago como simple turista. Mi mujer es española y yo tengo los gustos de un español normal.

—¿Adónde quiere usted ir a parar, José Mario?

—A lo siguiente: ni el conde de Barcelona, ni su hijo, han tenido nunca una vida normal. Y nunca la tendrán. Esos dos hombres, que por otro lado son bastante diferentes entre sí, han afrontado situaciones y han tenido que tomar decisiones que ni usted ni yo podemos imaginar.

Armero se levantó y dio unos pasos por la biblioteca. Después se detuvo bruscamente delante de mí.

—Me pregunto, por ejemplo, lo que sintió el conde de Barcelona «en sus entrañas» el día en que su hijo ocupó el trono que le correspondía por derecho.

—Quizá eso había sido pactado por adelantado —sugerí yo.

—Probablemente. Pero nunca sabremos ni cuándo ni cómo. También me pregunto lo que sintió el propio don Juan Carlos sustituyendo a ese padre que esperaba desde hacía largos años el momento de ceñirse la corona. Yo creo, incluso estoy convencido, de que nada de todo eso ha sido hecho alegremente, y que esos dos hombres han debido de sufrir cada uno un terrible drama personal. Aunque para mí lo importante es que la Monarquía haya sido restaurada.

—Evidentemente.

Armero volvió a sentarse y continuó hablando en un tono casi confidencial.

—También es importante para mí saber si los reyes están «deshumanizados» hasta el punto de poder hacer caso omiso de los sentimientos y reglas que siempre son sagradas para nosotros, la gente *normal.*

—No pienso que la Monarquía, en tanto que institución, tenga ninguna relación con los sentimientos o la falta de sentimientos del monarca.

—Yo sí lo creo. Gobernar (y reinar, querámoslo o no, es gobernar al más alto nivel) se parece cada vez más a hacer funcionar una multinacional. Y las multinacionales, créame, investigan siempre a fondo a la persona que debe ponerse a su cabeza. Yo, por ejemplo, conozco muy bien al director de mi banco. Pero todavía no estoy completamente seguro de saber quién es el Rey. En todo caso no es un hombre como usted y como yo. Cuando Luis XIII decía: «No sería digno de ser rey si cediera a mis sentimientos personales», se segregaba a sí mismo del mundo de la gente como yo.

Y al no recibir comentario de mi parte, Armero añadió:

—Me pregunto qué clase de hombre hay que ser para sonreír todos los días a gente que uno detesta y para estrechar impasible la mano de quienes se desprecia. Yo no sería capaz.

—Usted sería muy mal rey.

—Completamente de acuerdo. Pero hace un momento le dije que yo no fui programado para ser monárquico, como ha sido el caso de casi todos los jóvenes de mi generación. Por lo tanto no soy monárquico, ni por educación ni, todavía menos, por tradición, pues jamás he vivido entre monárquicos, ni en mi familia, ni en mi colegio, ni más tarde en la universidad. Y aún más: he crecido en una atmósfera de franca hostilidad a la Monarquía, una hostilidad alimentada, incluso provocada, por el régimen franquista. Ahora, y solamente ahora, tomo conciencia de la virulencia y el rencor con que se combatieron y asfixiaron las menores veleidades de los partidarios de la Monarquía. En aquel tiempo se hizo todo lo posible para desacreditar a los últimos reyes de España, y muy especialmente al heredero de la Corona, don Juan de Borbón, conde de Barcelona, todo ello con una mala fe y una grosería inauditas. Franco, que en su juventud fue probablemente monárquico, no hizo absolutamente nada para impedir las lamentables campañas desencadenadas contra don Alfonso XIII, quien sin embargo tanto tenía que ver en su brillante carrera. Siendo yo un joven estudiante, intoxicado por la propaganda antimonárquica del régimen, creí de buena fe que los Borbones eran una colección de degenerados que habían conducido a España al borde del abismo. Más tarde, mucho más tarde, recuerdo haber leído las *Cartas a un escéptico en materia de monarquía*, de José María Pemán, con la intención de «convertirme» en monárquico. Desgraciadamente, el libro no produjo en mí una gran impresión.

—Y, naturalmente, usted no se convirtió en monárquico. Sin embargo, usted ha trabajado en favor de don Juan Carlos cuando él sólo era un joven príncipe con un porvenir todavía incierto y usted...

Armero me cortó la palabra con cierta brusquedad.

—Desde el principio me gustó el hombre. Y creí que había que hacer todo lo posible por ayudarle.

Y repite:

—Me gusta mucho ese hombre.

—Parece que Franco lo consideraba como el hijo que nunca tuvo —dije yo.

Armero reaccionó a la picardía.

—Nunca he creído en la sinceridad de ese sentimiento.

Buscó una posición más confortable en su butaca y comenzó a explicarme:

—Para comprender bien las relaciones entre Franco y don Juan Carlos hay que retornar a los últimos años del franquismo. Desde 1969, es decir, después de ser nombrado sucesor «a título de rey», don Juan Carlos sabe que su padre no tiene ninguna posibilidad de reinar sobre España. Afianzado en esa certidumbre, sólo tiene una idea en mente (yo diría incluso una pasión): el regreso de la Monarquía, incluso si debe ser a costa de su padre. En lo que se refiere a Franco, éste tenía necesidad de un heredero capaz de salvaguardar las estructuras del régimen surgido de su victoria sobre la República en 1939. Pero si bien Franco había depositado toda su confianza en el joven príncipe al que creía haber «educado» tan bien, tengo la impresión de que al final de sus días estuvo tentado en más de una ocasión de retirársela.

—¿Pero por qué? ¡El Príncipe había representado su papel a la perfección! ¡Nos engañó a todos!

—Sí, pero quizá a Franco no. Era un hombre extremadamente desconfiado. Instigado por todos los que querían derribar a don Juan Carlos (y eran numerosos), Franco comenzó a dudar del Príncipe. Se enteró, por ejemplo, de que don Juan Carlos mantenía cotidianamente largas conversaciones telefónicas con el conde de Barcelona. Para Franco, aquello significaba que el padre y el hijo se entendían como uña y carne. Es muy probable que Franco pensara en más de una ocasión en dar marcha atrás. Los miembros de su familia, y muy especialmente su yerno, el marqués de Villaverde, le empujaban a destituir a don Juan Carlos y a nombrar en su lugar a su primo, el mediocre don Alfonso de Borbón Dampierre, duque de Cádiz, que se había casado con la propia nieta de Franco. Los Franco contemplaron muy en serio el proyecto de instaurar en España una nueva dinastía, la de Borbón y Martínez.

—Ahí abandonamos el drama shakespeariano para caer en la opereta bufa.

—En todo caso era conocer mal al dictador, que jamás daba marcha atrás en sus decisiones. Y además ya era demasiado tarde. Debilitado por la enfermedad, Franco se preocupaba sobre todo del porvenir de su familia y, en primer lugar, de su seguridad. Don Juan Carlos permanecería en su sitio. Después, muy rápidamente, comenzó la atroz agonía del dictador. Había algo de grandioso y de maléfico en aquella muerte que tardaba tanto en llegar y que tenía algo de esperpéntico. Una especie de castigo de los dioses. Franco fue literalmente despedazado por un equipo de cirujanos bajo las órdenes del marqués de Villaverde, empeñándose en mantener con vida a su suegro aunque fuera unas horas más. Un año después de la muerte del dictador, el *Sunday Times* de Londres publicó un montaje fotográfico que plagiaba la célebre *Lección de anatomía* de Rembrandt. En él se veía al marqués de Villaverde dando la puntilla a su suegro. El humor feroz de los madrileños discurrió que uno de los últimos boletines médicos del Generalísimo fue redactado en estos términos: «Esta mañana Su Excelencia el jefe del Estado ha tolerado perfectamente su tercera autopsia.»

—¿Pero por qué aquel empecinamiento obsceno por mantener con vida a un hombre que ya estaba prácticamente muerto? —le pregunté.

—Hay varias explicaciones. La más simplista es la de un marqués de Villaverde que cree todavía en la posibilidad de inclinar la voluntad del General y convencerle de que nombre a Borbón Dampierre como su sucesor «a título de rey», lo que hubiera convertido a la hija del marqués (la nieta de Franco) en reina de España. Pero el personaje era demasiado insignificante como para que Franco pensara en él seriamente. Hay otra explicación que me parece más plausible. La agonía del General coincidía con las fechas de una inminente designación de presidente de las Cortes. Si la cronología de los hechos hubiera sido diferente, Rodríguez de Valcárcel, vasallo incondicional de la familia Franco, hubiera podido ser nombrado jefe de Gobierno, lo que no tuvo lugar, pues Arias Navarro le arrebató el sillón. A pesar de ser un fanático del franquismo (lloró en la televisión leyendo el testamento de Franco), Arias Navarro no gozaba de la entera confianza de los Franco. Rodríguez de Valcárcel, por el contrario, hubiera podido garantizar a su parecer la continuidad del régimen, y por lo tanto también la seguridad de la familia del dictador. La operación Rodríguez de Valcárcel, tan deseada por Villaverde, no era una operación política. Era simplemente una operación de supervivencia. Porque los Franco tenían razones para sentirse inquietos. A su alrededor todo parecía derrumbarse. Se multiplicaban las huelgas, los estudiantes se lanzaban cada vez en mayor número a la calle, la Junta Democrática daba públicamente conferencias de prensa y Franco se moría en medio de atroces sufrimientos. Pero, a fin de cuentas, los Franco salieron del apuro con total impunidad. Y hoy día siguen viviendo tranquilamente en un país que durante cuarenta años fue, de algún modo, su «finca» privada. El rey de España se comportó con esta familia con mayor elegancia que Franco con los monárquicos, a quienes persiguió de un modo indigno en la persona del conde de Barcelona.

Tras una corta pausa para tomar un té con limón, le pregunté a Armero:

—Me gustaría que volviéramos un instante sobre el primer viaje de don Juan Carlos a los Estados Unidos. En primer lugar, ¿por qué ese viaje?

—El Príncipe estaba deseoso de ir a explicar a los norteamericanos lo que era una monarquía tal como él la veía en una España moderna. Quería que ese viaje tuviera gran resonancia y para ello era necesario disponer de un dinero que él no tenía. Entonces fui a visitar a los grandes banqueros madrileños de la época para pedirles que financiaran el viaje. Todos me respondieron lo mismo: «¡Ni un duro!» «Y además —añadían—, ¿quién le dice que ese muchacho será rey algún día?» Era gente con una visión política bastante restringida.

—¿Puedo saber quiénes eran esos banqueros?

—No. Yo no soy ni el Zorro ni el Conde de Montecristo. Esos banqueros (eran tres) no creían en el porvenir real de don Juan Carlos. Pero no se les podía hacer ningún reproche. Pocos españoles creían en ello. Pienso, sin embargo, que la razón principal de su negativa era el miedo. Estaban, probablemente, convencidos de que tendrían que pagar muy caro el menor contacto con el hombre de La Zarzuela. Recuerde usted que, en aquella época, toda la vida social, política y financiera de España descansaba en la creencia de un Franco eterno. La muerte del dictador nunca fue prevista. Era así de sencillo.

—Si recuerdo bien, el viaje del Príncipe fue un éxito.

—Sí. Un gran éxito. Me adelanté a él varias semanas y a falta de la ayuda financiera de los banqueros tomé contacto con mis amigos del *New York Times*, del *Washington Post*, de la Associated Press y de la United Press. El Príncipe hizo una aparición en las pantallas de televisión y pronunció delante de los congresistas un discurso en un inglés impecable, lo que asombró a los españoles, que estaban acostumbrados a un jefe de Estado y a unos presidentes de Gobierno que no hablaban una palabra en ninguna lengua extranjera. Creo que don Juan Carlos no ha olvidado nunca ese viaje, pues a menudo, cuando estamos a solas, me habla de él.

Armero se levantó para estirar las piernas y se puso a investigar con la mirada las estanterías de mi biblioteca.

—¿Cuántas fotos tiene usted de don Alfonso XIII? —me preguntó—. ¿Será usted como esos emigrados rusos que tienen la casa llena de iconos y de recuerdos de la familia imperial? ¿Es nostalgia?

—No. No es nostalgia. Siempre he pensado que don Alfonso fue un gran rey. Merecía otros españoles que los de su época. Merecía también una aristocracia con un concepto del honor más riguroso. Y militares más fieles. Pero estaba rodeado de políticos mediocres y de traidores.

—¿Lo conoció usted bien?

—Cuando lo conocí yo era aún niño, y la última vez que lo vi fue en Roma, pocos meses antes de su muerte. Era un gran rey.

—Don Juan Carlos también es un gran rey —dijo José Mario en un murmullo—. Quizá incluso un rey más «completo» que su abuelo.

Mi sonrisa tiene la virtud de importunar a José Mario.

—Ya le dije que yo no podía llegar al monarquismo ni por educación, ni por tradición familiar. Cuando comencé a actuar como un monárquico, lo hice por razones circunstanciales. Puede decirse, si se quiere, que soy un monárquico coyuntural. Hoy día apoyo totalmente a la Monarquía porque es lo más conveniente para mi país. Ésta es también la opinión de muchos de mis amigos, «republicanos de toda la vida». El Rey ha jugado un papel que ha permitido que muchos republicanos se sintieran monárquicos. Con eso le doy una idea de todo lo que ese Rey nos ha sorprendido... Cuando todavía era «el Príncipe», ya tenía un extraordinario sentido del Estado, lo mismo que un profundo sentido de sus deberes históricos. Y eso, en un hombre tan joven, no sólo es sorprendente, sino que también es admirable. Tras ser proclamado rey, ha hecho la política del heredero de una familia liberal y democrática. Yo no creo que don Juan Carlos haya intentado jamás instaurar un post-franquismo y menos aún que se haya sentido el heredero de Franco, aunque mucha gente lo ha pensado...

—En mi opinión, el gran mérito de don Juan Carlos ha sido hacer realidad el viejo sueño de su padre —añadí yo.

—Espero que eso pueda servir de consuelo al conde de Barcelona, un hombre que ha jugado con gran dignidad y mucho coraje uno de los papeles más tristes de la Historia contemporánea, porque fue constantemente insultado y humillado por gente que no le llegaba a los talones, entre otros el propio Franco, el más insidioso y el más mediocre de sus enemigos. Para los hombres de mi generación, el conde de Barcelona sigue siendo el ejemplo mismo de lo que debe ser un comportamiento ético.

Algunas semanas antes de mi cita con Armero, los restos mortales de don Alfonso XIII, que descansaban desde su fallecimiento en una iglesia romana, fueron trasladados a España, siguiendo, en sentido inverso, el mismo camino que don Alfonso había tomado para salir al exilio. Fue una ceremonia extraña y melancólica, sin demasiada pompa ni aparato.

—¿Qué piensa usted, José Mario, de ese regreso de las cenizas del antiguo rey a San Lorenzo de El Escorial?

—Tengo sobre ello una teoría que tal vez le parezca curiosa. Fue, de alguna manera, una ceremonia menor, como si el actual monarca hubiera querido romper de una vez por todas con el pasado histórico, o más precisamente con un pasado monárquico que pertenecía al siglo XIX. Era justo

que don Alfonso descansara entre los suyos en El Escorial.
Pero, insisto, la ceremonia tuvo por voluntad del Rey un
carácter casi familiar. Don Juan Carlos ha estado muy in-
teresado en ganarse la voluntad de los jóvenes que poten-
cialmente eran republicanos o franquistas antimonárquicos.
Pero no pienso que le preocupe demasiado lo que piensen
de él aquellos que fueron cortesanos de don Alfonso XIII
o amigos de su padre, el conde de Barcelona. Aquella ceremonia del regreso de las cenizas viene a significar para
mí una ruptura definitiva entre el Rey y los «monárquicos
de antes». Don Juan Carlos hace bien en querer crearse
una nueva clientela entre las jóvenes generaciones. No
puedo olvidar la atmósfera antiborbónica que reinaba en
la universidad en mi juventud, una atmósfera constantemente atizada por el régimen franquista. Felizmente todo
eso se ha acabado, y la Monarquía me parece hoy definitivamente consolidada. Aunque en mi opinión no está
suficientemente actualizada. No hay bastante imaginación
entre los que deben promover la institución. No existe todavía un «ambiente monárquico» moderno. Los colaboradores directos del Rey son poco numerosos y perma-
necen voluntariamente en la penumbra. Los ministros de
Suárez emplean un fasto más imponente que el que rodea
al Rey. Es hora de fabricar a la monarquía de don Juan
Carlos una imagen de marca que sea exaltante, que haga
soñar a la gente. Lejos de mí la idea de recrear una nueva
corte, pero me gustaría que se diera a la persona del monarca la importancia que merece y a la que tiene derecho.

Armero hace una pausa, y después, con una sonrisa indefinida, añade:

—¿No es curioso que en pleno siglo XX sigamos fascinados por los reyes?

—¿Está usted verdaderamente fascinado?

—Me fascina el nuestro, sí. Sabe usted, yo era todavía
joven cuando le conocí. En aquel tiempo yo era uno de esos
españoles que no estaban de acuerdo con la decisión tomada por el conde de Barcelona de enviar a su hijo a hacer

sus estudios a España. Pensaba que no era bueno que hubiera demasiados contactos entre los miembros de la familia real y el hombre de El Pardo. En otras palabras, éramos muchos los que temíamos que el régimen «destiñera» sobre el futuro rey de España, ya fuera el conde de Barcelona o su hijo Juan Carlos. Pero el consiguiente desarrollo de los acontecimientos nos demostró que don Juan había actuado con mucha sabiduría. Había probado también que era impermeable a las influencias de quienes le rodeaban, en general totalmente opuestos a que el Príncipe viniera a España. Pero así son los Borbones, celosamente independientes cuando se trata de tomar grandes decisiones. Y créame que se necesita poseer una fuerte dosis de personalidad para saltar por encima de las opiniones del propio entorno, ya sea político o familiar. En su exilio de Estoril, don Juan se hallaba rodeado de gente perteneciente en su mayor parte a la nobleza y cuya ideología en muchos casos estaba ligada a la extrema derecha. Tuve ocasión de conversar con varios de ellos y le aseguro que no brillaban ni por su inteligencia ni por su buen sentido. Recuerdo que una tarde, en Estoril, uno de ellos hizo delante del conde de Barcelona una apología apasionada de Blas Piñar, el líder de la ultraderecha. Don Juan le escuchó gravemente sin interrumpirle ni una sola vez. Se contentó con sonreír, con un rostro impenetrable, pero no por eso dejaba de pensar lo que pensaba.

—¿Sucedían también ese tipo de cosas en el entorno de don Juan Carlos? —pregunté a José Mario Armero.

—El Príncipe estaba rodeado de no pocos militares, la mayor parte de ellos refractarios a los cambios políticos preconizados por el conde de Barcelona. En su mayoría aquella gente era partidaria de una monarquía que fuera la continuación del franquismo. En cuanto a don Juan de Borbón, mantenía que la única monarquía posible había de ser popular y democrática. El Príncipe (que sobre ese punto estaba totalmente de acuerdo con su padre), rompió con el franquismo en cuanto subió al trono. Nos quedamos todos con la boca abierta. Algunos creían soñar. Si se tiene en cuenta que el entorno, tanto del padre como del hijo, era cien por cien franquista, ello dice mucho en favor de ambos.

»Recuerdo que a la mañana siguiente del entierro de la reina Victoria Eugenia —prosiguió José Mario— organicé en Lausana una cena en honor de don Juan de Borbón. Desde entonces la cena se repite todos los años y el conde de Barcelona no deja nunca de asistir. En aquella de la que le hablo vino acompañado de varios ayudantes, por llamarlos de algún modo. A los postres, pasamos revista a los acontecimientos políticos del año y cada uno dio libremente su opinión. Cuando llegó el turno a los ayudantes, no daba crédito a mis oídos. Uno de ellos (creo que era coronel, o teniente coronel) habló de los «rojos» infiltrados en todas partes, del caos español, de la necesidad de amordazar de una vez por todas a los políticos, etcétera, etcétera. Todos sus colegas estaban de acuerdo con él. Tuve la impresión de encontrarme de nuevo a comienzos del año 1936. Le cuento esto para subrayar la independencia de espíritu del conde de Barcelona respecto a lo que escuchaba de boca de quienes le rodeaban.

—¿Pero por qué le rodeaba semejante gente?

—Eran personas que tenían funciones muy precisas, sabe usted, y me figuro que don Juan de Borbón, que es un gran profesional, se limitaba a apreciarlas en su justo valor. No las utilizaba para que le aconsejaran en política. No creo exagerar si digo que aquella gente estaba allí para abrirle las puertas, jugar al golf con él y acompañarle en las cacerías.

—Sirvientes de lujo, vamos —insinué.

—En cierto modo, sí. Antaño, cuando formas y maneras tenían su importancia, a las gentes del entorno se las denominaba «gentileshombres de servicio». Se les ponía una llave de oro sobre el uniforme (lo que significaba simbólicamente que podían entrar en cualquier momento en los apartamentos privados del monarca), y todo el mundo tan contento. Pero yo no creo que se le haya ocurrido a don Juan de Borbón pedir la opinión de ningún marqués en materia de política internacional. Personalmente me molestaría mucho estar rodeado de gente tan mediocre.

Armero hizo una larga pausa antes de decirme:

—Ya sabe usted que los monárquicos que estaban en la oposición al franquismo hablaban poco de democracia. Eran monárquicos, eran antifranquistas, eran «juanistas», pero ninguno de ellos empleaba a menudo la palabra «democracia». Esa gente no estaba de acuerdo con Franco, pero al mismo tiempo eran obstinadamente contrarios a las libertades que, según ellos, habían conducido al asesinato de Calvo Sotelo y al incendio de los conventos madrileños que desencadenaron la guerra civil de 1936. Así que, cuando hoy oigo decir que los hombres de la oposición al franquismo luchaban por la democracia, digo que no es cierto. Iré aún más lejos: al único monárquico al que oí hablar de democracia fue al propio conde de Barcelona. Y eso le costó el trono.

Tras otra pausa, Armero añadió, con su eterna media sonrisa:

—Don Juan Carlos se benefició de una feliz circunstancia durante todos los años que duró el franquismo.

—¿Cuál?

—La de poder callarse.

EL REY

«Nos, que valemos tanto como Vos, prestamos juramento a Vos, que no valéis más que nos, y os aceptamos como soberano, siempre que Vos respetéis nuestras leyes y nuestras libertades.»

(Juramento de sus vasallos a los reyes de Aragón en su investidura)

I

Lisboa. Noviembre de 1948. Una llovizna helada cae sobre la ciudad rosa y blanca apenas instalada en el invierno. Hombres vestidos de negro toman el primer café de la mañana acodados a las barras de cinc de los bares del Chiado. En Ribera Velha, en la Alfama, las mariscadoras de pies desnudos instalan sus tenderetes a la sombra de las fachadas barrocas. Los barrios elegantes aún duermen.

En la estación del Rossio, el *Lusitania-Express* se dispone a salir hacia España. Una pareja todavía joven, apartándose de la muchedumbre que llena los andenes, prodiga sus últimos consejos a un muchacho de bucles rubios que lucha visiblemente por retener las lágrimas. A unos pasos de la pareja varios caballeros de aspecto grave observan la escena emocionados. Cuando por última vez el muchacho les salude con la mano desde el estribo del vagón, todos se pondrán firmes.

El *Lusitania-Express* —conducido ese día por el duque de Zaragoza vestido con mono azul— arranca al fin. El conde y la condesa de Barcelona esperan a que el convoy haya desaparecido para dirigirse lentamente hacia la salida de la estación, seguidos a algunos pasos de distancia por su pequeña corte discreta y silenciosa. El conde rodea súbitamente con su brazo derecho los hombros de la condesa y murmura, con el rostro crispado:

—María, recuerda lo que te digo: hoy comienzan nuestras verdaderas preocupaciones.

Palabras proféticas. El muchacho de ojos empañados de lágrimas, su alteza real don Juan Carlos de Borbón y Borbón, hijo de don Juan de Borbón y Battenberg —a quien los monárquicos españoles dábamos el tratamiento de Majestad— y de doña María de las Mercedes de Borbón y Orleans, abandona aquella mañana Portugal, donde su familia reside en el exilio, para dirigirse a Madrid, donde severos mentores completarán su educación de príncipe heredero. Veintisiete años más tarde, el muchacho, proclamado rey y capitán general del ejército español, ocupará el trono vacante de don Alfonso XIII, no como heredero de su padre todavía en vida, sino más bien en calidad de sucesor «a título de rey» del general Franco Bahamonde, con misión de preservar el orden franquista en toda su integridad.

De momento, Juanito —así es como le llaman en casa sus padres, su hermano y sus hermanas— ve desfilar el paisaje portugués acurrucado en un rincón de su vagón de primera clase. Alcornoques hasta donde alcanza la vista, casas de labranza cuidadosamente encaladas, huertos semejantes a minúsculos jardines y prados verde esmeralda donde pacen las cabras bajo el ojo vigilante de un perro pastor.

Juanito ha tenido gran dificultad en contener sus sollozos cuando sus padres, en el andén de la estación, agitaban las manos en señal de adiós. Pero ha conseguido tragarse las lágrimas, sabedor de que a su padre no le hubiera gustado verle llorar. Sin embargo, no es la primera vez que abandona Estoril y a su familia. Ha pasado ya largos meses lejos de los suyos en un colegio de Friburgo, la muy prestigiosa Villa Saint-Jean donde su abuela, la reina Victoria Eugenia, viuda de don Alfonso XIII, iba a visitarle, cuando no era él quien se personaba los fines de semana en casa de la anciana señora, que vivía en Lausana. Pero esta vez es diferente. Deja Portugal y su familia para ir a un país que todavía le es desconocido, un país del que su padre le habla apasionadamente desde su más tierna infancia. ¡España!... Un nombre que le han enseñado a venerar, a amar, y que, a pesar de todo, le asusta un poco pues sabe que está ligado a los dramas y tragedias en los que fueron víctimas los Borbones. Sabe, por ejemplo, que la misma mañana en que su abuela se casó con don Alfonso XIII, un anarquista llamado Mateo Morral lanzó sobre la carroza real desde lo alto de un balcón un ramillete de rosas rojas en el que había disimulado una bomba. El traje de novia de doña Victoria

Eugenia quedó salpicado con la sangre de los hombres y de los caballos muertos a su alrededor. Sabe también que en 1931, en una ocasión en que el palacio de Oriente estaba rodeado por una muchedumbre vociferante dispuesta a dar el asalto, el rey Alfonso XIII suspendió temporalmente la función real para que no se vertiera «una sola gota de sangre española» por su persona. Muchas veces explicaron a Juanito que su padre, el conde de Barcelona, sería coronado algún día rey de España y que él mismo heredaría esa corona que lo abrumaría con el peso de un destino que impone la Historia y del que uno no es dueño.

De pronto, el muchacho es arrancado de su ensoñación por el duque de Sotomayor, uno de sus compañeros de viaje, que murmura a sus oídos:

—Alteza, el *Lusitania* acaba de entrar en España.

Juanito pega su frente al cristal del vagón, curioso por ver cómo es esta España con la que le han cansado los oídos desde que era pequeño. En todo caso, no se parece en absoluto a Portugal. Se acabaron el follaje y las flores, se acabaron los pueblos de brillante blancura, se acabaron también los verdes prados que se hubiera dicho segados por un jardinero inglés. Repentinamente el *Lusitania* ha entrado en otro mundo. La tierra que desfila ahora delante de los ojos de Juanito es desesperadamente seca, agrietada y árida. Los olivos centenarios que han sustituido a los alcornoques portugueses parecen hundir sus raíces en el fondo de los siglos. El tren cruza Extremadura a toda velocidad, como si su conductor temiera verse obligado a detenerse en aquellos parajes donde incluso los perros tienen aspecto de estar más flacos que en otras partes. La inquietud del joven se acrecienta. Si los hombres y las mujeres de España son tan secos y hoscos como ese paisaje, la vida que le espera no se anuncia fácil.

Diecisiete años antes, el abuelo de Juanito había abandonado el palacio real de Madrid al volante de su automóvil para dirigirse a Cartagena, donde se embarcó rumbo a Marsella, primera etapa de su exilio. Don Alfonso XIII vio pasar, él también, ante sus ojos empañados por la emoción, el viejo país que le rechazaba para siempre. Los primeros resplandores del alba eran diáfanos y el cielo se anunciaba muy puro. Sin embargo —se decía el monarca destronado—, sólo la tristeza convenía a España. Únicamente en el dolor, el fuego y la sangre alcanza este país sus proporciones mágicas. Todo a su alrededor era pobre. Pobre y altivo. Las casas sin color, con las ventanas aún cerradas; los viejos a lomos de asnos grises, indiferentes a las moscas; las campesinas de edad indefinida con rostros remendados por el polvo y las mordeduras del viento y del sol; los niños, mudos, de cabezas rapadas y pies desnudos al borde de la carretera, que le seguían con los ojos, inmóviles.

La primera mirada que el jovencísimo príncipe dirige sobre el país del que un día será el monarca despierta en él sentimientos confusos, sentimientos que, por otra parte, deben parecerse extrañamente a los que acongojaban el corazón de don Alfonso XIII, aquel rey que se iba para siempre porque, según sus propias palabras, había perdido el amor de su pueblo.

—¿Toda España es así? —preguntó Juanito sin apartar los ojos del paisaje desolado.

Su interlocutor esboza la sombra de una sonrisa.

—¡Oh, no, Alteza! ¡España es el país más variado que existe! Si Extremadura, que en este momento atravesamos, le parece a Vuestra Alteza pobre y estéril, es porque según mis informaciones no llueve desde hace meses. De otro modo esta comarca es un verdadero paraíso.

El joven príncipe finge sentirse aliviado. «Los cortesanos —ha oído decir a su padre— dudan siempre entre la verdad y la mentira a medias, y terminan por decirnos lo que les parece que nos resulta menos desagradable oír.»

El *Lusitania-Express* continúa su camino durante unas horas todavía. De nuevo a solas en un rincón de su vagón, el joven príncipe comprende, no sin tristeza, que ha vuelto para siempre una página de su vida y que ahora es necesario hacer frente a su destino, un destino que va a obligarle a abandonar su infancia mucho más rápidamente que a los muchachos de su edad, si bien inconscientemente hace tiempo que se prepara para esa eventualidad. Ha pasado la mayor parte de sus años juveniles en Estoril, en esa Villa Giralda donde el recuerdo de todo lo español permanece elevado al rango de religión. A menudo pudo entrever cómo llegaban a la villa visitantes —políticos, aristócratas, militares, intelectuales— para encerrarse durante horas con el conde de Barcelona en el saloncito que le sirve de despacho. La mayoría se iban como habían venido, pegándose a las paredes por miedo a que su nombre fuera anotado por los espías a sueldo de la policía política franquista. El joven príncipe había preguntado un día a su padre con curiosidad:

—¿Quién es esa gente? ¿Qué vienen a hacer a nuestra casa?

El conde de Barcelona le había respondido:

—Son mis fieles. Vienen a hablarme de España.

De aquella España misteriosa y un poco terrorífica, el niño conocía de memoria el relato de los acontecimientos que habían precipitado la caída de la dinastía.

—Tu abuelo —le había explicado el conde de Barcelona— tuvo que abandonar España, es cierto. Pero siguió siendo el Rey hasta su muerte.

Y el conde había añadido con un tono que causó impresión en el niño:

—Sabes, Juanito, un rey no debe abdicar jamás. No tiene derecho.

Palabras que deben de resonar aún en los oídos del niño convertido en hombre.

Un hombre que muchos españoles —entre otros, yo— llaman «el hombre providencial». A lo que algunos añadimos: un hombre que seguimos sin merecernos.

El *Lusitania-Express* se detiene de repente en la estación de Villaverde, una pequeña población distante apenas unos kilómetros de Madrid. Temiendo que los monárquicos, al corriente de la presencia del joven príncipe en tierra española, le den una acogida demasiado entusiasta, el Gobierno ha preferido que éste desembarcara en aquella estación sin importancia donde únicamente se detienen algunos raros trenes de mercancías.

El muchacho, escoltado por el duque de Sotomayor y el vizconde de Rocamora, desciende de su vagón y pisa el andén, donde le espera media docena de personajes que ve por primera vez en su vida. Levanta con gesto friolero el cuello de su abrigo para protegerse del viento glacial que sopla a ráfagas desde la sierra vecina. Sus medias de lana azul marino dejan al descubierto sus rodillas, todavía marcadas por antiguas cicatrices. Con aire desamparado, el pequeño príncipe levanta los ojos hacia los rostros de todos aquellos desconocidos que a su vez lo observan con una evidente curiosidad. Rostros cerrados, impenetrables. Ni una sonrisa, ni un gesto espontáneo. Solamente frases vagas de bienvenida estrictamente protocolarias. «¿Ha tenido Vuestra Alteza buen viaje?» «¿No está Vuestra Alteza demasiado fatigado?» El duque de Sotomayor se apresura a hacer las presentaciones. Danvila, Oriol, Rodezno... Nombres que nada dicen al muchacho que estrecha una tras otra las manos que le tienden.

La mayor parte de aquellos desconocidos, reservados y distantes, que han acudido a recibir al joven príncipe son monárquicos «del régimen», de los que, aun visitando regularmente al conde de Barcelona en Estoril, apoyan bajo mano, con todas sus fuerzas, con todos sus medios, el régimen franquista, garante del orden que salvaguarda sus privilegios y su tranquilidad. Aquellos hombres tienen continuamente en los labios una frase que enmascara sus debilidades, sus cobardías, sus traiciones: «No es el momento oportuno.» Para ellos, jamás es el momento oportuno para plantarle cara al general Franco exigiendo de él que ceda su lugar a don Juan de Borbón, conde de Barcelona, heredero legítimo de la Corona española. Puede presuponerse por tanto la inquietud que provoca en algunos de ellos la llegada a suelo español del joven príncipe de Asturias, título que llevan los primogénitos de los reyes de España, en quien adivinan a alguien que puede impedir que las cosas sigan como están. La larga soledad de don Juan Carlos de Borbón comienza en aquel mismo instante en el andén de la estación de Villaverde, batida por el viento cortante de la sierra castellana.

—La soledad —me dice don Juan Carlos, recordando aquella jornada— comienza con el silencio que es necesario saber guardar. He pasado años sabiendo que cada una de las palabras que yo pronunciaba iban a ser repetidas en las altas esferas, después de haber sido analizadas e interpretadas según sus conveniencias por gente que no siempre deseaba mi bien.

Y añade:

—Pero el silencio también puede ser peligroso. Atiza los malentendidos. Ya conoces el refrán: «Quien calla, otorga.»

Una caravana de largos automóviles negros espera al cortejo a la puerta de la estación. Empujan al pequeño príncipe al interior del primero, que al momento arranca en tromba. Danvila, que ha ocupado el lugar junto al conductor, ordena secamente: «Al Cerro de los Ángeles.» La caravana rodea Madrid a toda velocidad y toma la carretera hacia Toledo.

El Cerro de los Ángeles se encuentra exactamente en el centro geográfico de la península ibérica. En la cumbre de la colina una gran estatua convencional del Salvador, que se parece curiosamente a la que vela el sueño de los habitantes de Río de Janeiro, tiende los brazos hacia los fieles que se arrodillan a sus pies. En 1919, Alfonso XIII, el último rey de España, consagró solemnemente su país al Sagrado Corazón de Jesús. Sobre el lugar se levantó un convento de carmelitas en recuerdo del acontecimiento. En 1936, durante los primeros días de la guerra civil, un tribunal revolucionario llegado de Madrid condenó a muerte a la estatua, que fue fusilada a bocajarro por un pelotón de milicianos en estado de embriaguez.

Danvila cuenta todo eso al muchacho transido de frío en el fondo del automóvil. Llegados al convento de carmelitas y después de asistir a una misa que parecía que no iba a terminar nunca, alguien explica a don Juan Carlos que el Cerro de los Ángeles se ha convertido para los españoles en el símbolo de la victoria de las tropas franquistas sobre la barbarie «roja». Está claro que estos caballeros que juegan al *go between* entre el palacio de El Pardo y Estoril, pretendiendo nadar y guardar la ropa, quieren dar al joven príncipe la imagen de una España todavía dividida en dos: la de los vencedores y la de los vencidos. Una imagen que es el polo opuesto de la de una España al fin reconciliada con la que sueña el conde de Barcelona.

A la salida de la misa piden a don Juan Carlos que pronuncie las mismas palabras con las que su abuelo había consagrado España al Sagrado Corazón. El niño lo hizo con voz trémula y las mejillas azules por el frío. Después todo el mundo desaparece de nuevo en los automóviles, que esta vez arrancan en dirección a Las Jarillas, una residencia sin grandes pretensiones a una veintena de kilómetros de Madrid, pero en las inmediaciones de El Pardo, donde el joven príncipe de Asturias va a proseguir sus estudios.

—¿Recordáis todo eso, Señor?

—Tenía apenas once años —me responde el Rey súbitamente melancólico—. Pero recuerdo muy bien el frío que hacía aquel día. ¡Un frío terrible!

II

El Rey me recibe cotidianamente, a las cinco en punto de la tarde, en su despacho del segundo piso del palacio de La Zarzuela. Por precaución, he tomado la costumbre de llegar al palacio media hora antes de la hora prevista. La entrada a La Zarzuela por Somontes, apenas a unos kilómetros de El Pardo, la antigua residencia del dictador, está protegida por un destacamento de la Guardia Real que filtra discretamente a los visitantes. Por pura formalidad —pues saben quién soy y cuál es el objeto de mi visita— controlan mi carnet de identidad y pasan bajo los rayos de un detector el maletín donde se encuentran mi grabadora y mis cintas todavía vírgenes. Después, un guardia levanta la frágil barrera que impide el acceso a la finca, me saluda militarmente y me deja entrar al fin en la magnífica propiedad de varios centenares de hectáreas plantadas de alcornoques y de olivos a la sombra de los cuales retozan en plena libertad jabalíes, ciervos y corzos. El cielo es a menudo de un azul tan límpido que la luz parece temblar como en las telas de Velázquez.

En La Zarzuela —que de palacio tiene únicamente el nombre— me recibe ante una puerta secundaria un secretario, entre portero y mayordomo, que me acompaña hasta el pie de la escalera en lo alto de la cual me espera ya un ayudante —a veces es un marino, a veces es un oficial superior del ejército—, quien después de estrecharme la mano me hace señal de seguirle a través de una antecámara hasta una gran puerta de roble pulido sobre la que golpea discretamente con la yema de los dedos. Al momento se oye la voz de don Juan Carlos.

—¡Entra!

El ayudante abre la puerta, pasa el primero y me anuncia:

—Don José Luis de Vilallonga, marqués de Castellvell, Majestad.

Después se aparta para dejarme entrar. El ceremonial es más bien ligero. Nada en común con el protocolo real del palacio del Elíseo. Una noche en que acudí a cenar con madame Dayan, en su «appartement de fonction», fue necesario pasar por varios controles, siempre acompañado —o más bien vigilado— por guardias de guantes blancos, botas, casco, mirada severa y aires impenetrables. En La Zarzuela, en cambio, a partir de mi tercera visita, apenas lanzan una ojeada sobre mi carnet y los ayudantes me preguntan con curiosidad: «¿Cómo va su trabajo con su majestad el Rey, don José Luis?»

En el momento en que entro en el despacho, don Juan Carlos se levanta, rodea la hermosa mesa de conteras doradas y viene hacia mí con la mano tendida y la sonrisa en los labios. Las dos o tres veces que me recibe con algunos minutos de retraso se toma la molestia de excusarse con toda clase de explicaciones.

El despacho en que trabaja el Rey y donde recibe a sus visitantes es una gran sala rectangular que deja entrar a chorros la luz de la sierra por un ventanal de doble batiente, a la francesa, que parte del suelo hasta tocar el techo. La pared que hay frente a la ventana está ocupada por una biblioteca donde se alinean en buen orden hermosos libros encuadernados en cuero y grabados con las armas reales. Sobre las estanterías de la biblioteca, además de una magnífica colección de carabelas de plata maciza —legado del difunto duque de Baena— que son la réplica exacta de aquellas con las que Colón descubrió América, hay también fotos, tomadas por el propio Rey, de doña Sofía, del príncipe Felipe y de las infantas Elena y Cristina.

Detrás de la butaca que habitualmente ocupa don Juan Carlos, la pared entera está recubierta por un tapiz de la Real Fábrica con las armas de España y, en un hueco del muro, cerca de la ventana, hay un Dalí de la época de la *Virgen explosiva*. No muy lejos, colgado sobre la chimenea con marco de madera encerada, hay un hermoso boceto del rey Alfonso XIII, cubierto con casco de punta a la prusiana y vestido con el dolmán azul cielo del arma de Caballería, obra de Laszlo.

Habitualmente, el Rey viste de gris y lleva cada día una corbata diferente de Hermès, corbatas que en ocasiones despiertan los comentarios de su entorno, pues a menudo resultan sorprendentes. Don Juan Carlos lleva en el dedo pequeño de la mano izquierda —conforme a la costumbre inglesa— un anillo de oro con el escudo real.

Desde nuestra primera conversación comprendo que me será muy difícil lograr que don Juan Carlos respete un orden cronológico en el relato de los acontecimientos que han marcado los momentos cruciales de su vida. Por otro lado, él mismo lo dice:

—No me hagas hablar ordenadamente de las peripecias en las que me he visto metido. Mejor es que charlemos como dos amigos, el uno con muchas cosas que decir y el otro con muchas cosas que escuchar.

Nos ponemos de acuerdo sobre un método de trabajo que no es tal. El Rey hablará según le plazca y yo haré lo que pueda por llevarle a los temas que me interesan. Dicho esto, no es fácil trasmitir con simples palabras el sentido profundo de lo que don Juan Carlos me cuenta, pues son sobre todo sus gestos —por algo nació romano—, su mímica, su risa y sus sonrisas apenas esbozadas, lo que dan verdadero valor a lo que refiere. A veces también ciertos silencios dicen más que sus explicaciones. Cuando me habla mirándome directamente a los ojos, su silencio tiene a menudo un valor superior a cualquier palabra.

Cuando le pregunto qué aprendió de Franco durante todos los años en que vivió prácticamente a la sombra del dictador —un gallego astuto, cauteloso e impenetrable—, don Juan Carlos me responde sin dudarlo:

—Aprendí a mirar, a escuchar y a callarme.

Don Juan Carlos abre un cajón de su despacho y saca una caja de cigarros Cohiba. Me ofrece uno, que naturalmente rehúso. Don Juan Carlos jamás fuma en público —quizá por respeto a los principios de la Reina— y ello debe resultarle a veces un gran sacrificio, porque aspira el humo de su cigarro con evidente placer.

—Franco me hablaba muy raras veces de política —explica— y nunca me daba consejos. A veces, cuando le preguntaba lo que habría que hacer en tal o cual situación, me respondía: «No lo sé, Alteza. En todo caso no podréis hacer lo que yo hubiera hecho. Cuando seáis rey, los tiempos habrán cambiado mucho y la gente ya no será la de hoy.» Cuando no quería responder a una pregunta, hacía como que no me había oído y cambiaba de conversación.

Es evidente que don Juan Carlos fue a una buena escuela, pues también él, cuando decide no responder a una de mis preguntas, me mira sin verme, toma súbitamente un aire ausente, y espera sin decir nada la siguiente pregunta.

—Franco —prosigue— no hablaba mucho y detestaba dar explicaciones. Cuando las daba, su sentido común era desconcertante. Cuando yo era todavía príncipe de España, Ordovás, nuestro jinete número uno de la época, me pidió que formara parte del equipo español de *jumping*. El ofrecimiento me entusiasmó, pero expliqué a Ordovás que, antes de aceptar, me era preciso pedir permiso a Franco. Así que fui a ver al jefe del Estado y le referí la propuesta de Ordovás. Franco me miró en silencio largo rato y me dijo —aquí don Juan Carlos imita a la perfección la voz peculiar del General—: «No, Alteza, no es posible.» «Pero, ¿por qué, mi general? Usted sabe que monto a caballo perfectamente y que no haré un mal papel en el equipo español. Entonces, ¿por qué...?» Me interrumpió con un gesto: «Porque si ganáis se dirá que es porque sois el Príncipe, y si perdéis, será muy malo para la imagen de España.» Pensándolo bien, tenía toda la razón. De modo que no formé parte del equipo español de *jumping*.

—¿Cuándo os encontrasteis con Franco por primera vez?

—Exactamente quince días después de mi llegada a España. Danvila y sus amigos hubieran deseado llevarme directamente del Cerro de los Ángeles al palacio de El Pardo para presentarme al General. Pero tuvieron que abandonar ese proyecto porque aquel día Madrid estaba en plena efervescencia. Enterraban en el cementerio de la Almudena a Carlos Méndez, un estudiante monárquico que había muerto en la cárcel de resultas de una paliza administrada por sus guardianes. Las fuerzas de seguridad estaban alerta y millares de personas habían invadido el cementerio y sus alrededores. Ciertamente no era la jornada ideal para presentarme al jefe del Estado. Pero la noticia de mi llegada se había extendido rápidamente y mucha gente se trasladó directamente de la Almudena a Las Jarillas para dar testimonio al hijo del conde de Barcelona de su adhesión a la causa monárquica. Mi padre temía mucho este primer encuentro con Franco. A menudo se hablaba de él en casa y no siempre en términos afectuosos. El niño de once años que yo era no comprendía gran cosa de todo lo que se tramaba en torno de él, pero sabía muy bien que Franco era ese hombre que causaba tantas preocupaciones a mi padre, que le impedía regresar a España y que permitía que se hablara tan mal de él en los periódicos. Al principio yo no tenía mucha simpatía por él. Antes de mi salida hacia Madrid, mi padre me había hecho todo tipo de recomendaciones: «Cuando te encuentres con Franco, escucha bien lo que te diga, pero habla lo menos posible. Sé cortés y responde con brevedad a sus preguntas. En boca cerrada no entran moscas.» Fui invitado a ir a visitar a Franco el 24 de noviembre. Seguía haciendo mucho frío y la sierra estaba cubierta de nieve. El palacio de El Pardo me pareció imponente, con la Guardia Mora custodiando todas las entradas. El palacio se hallaba lleno de gente de uniforme, ayudantes de campo, supongo, que hablaban entre ellos en voz baja, como si estuvieran en una iglesia. Me hicieron cruzar toda una serie de salones inmersos en la penumbra. Y, de repente, me vi delante de Franco. Me pareció más bajito que en las fotos que había visto de él, tenía barriga y me sonreía de una forma que me resultó poco natural. Dicho esto, fue muy amable conmigo y me pidió noticias de su alteza el conde de Barcelona. La palabra «alteza» en sus labios me sorprendió, porque para todos los españoles que venían a visitarnos a Estoril, mi padre era «el Rey». Franco se interesó por mis estudios y me preguntó en qué disciplinas encontraba mayor dificultad. Al final de la visita, cuando ya me despedía, me invitó a cazar faisanes con él en Aranjuez, para que pudiera llevarme algunas piezas a Estoril. Para ser sincero, no presté mucha atención a lo que me decía Franco, porque desde el comienzo de la visita había descubierto yo un ratón que se paseaba entre las patas del sillón en el que estaba sentado el General, como si tuviera la costumbre de hacerlo desde hacía tiempo. Para un niño como yo, un ratón tan valiente era mucho más interesante que aquel señor demasiado amable que me preguntaba por la lista de los reyes godos que sabía de memoria.

—¿Y qué recuerdo conserváis de Las Jarillas?

El rostro del Rey se ilumina con una sonrisa.

—Oh, he conservado muy buen recuerdo de Las Jarillas. Era una casa bastante hermosa que su propietario, Alfonso Urquijo, un amigo de mi padre, había cedido para que yo hiciera mis estudios. Estaba muy cerca de El Pardo y muy cerca de aquí, de La Zarzuela, que sería más tarde mi residencia oficial. Había bastante terreno alrededor de la casa y se nos permitía cazar. Habían reunido en Las Jarillas a ocho chicos de mi edad, pertenecientes todos a familias de la nobleza que mi padre conocía bien, salvo uno, José Luis Leal, que más tarde llegó a ser ministro de Economía de Adolfo Suárez. Entre ellos, y con gran alegría por mi parte, porque le quería mucho, estaba mi primo hermano Carlos de Borbón-Sicilia, casado hoy con Ana de Francia, una de las hijas del conde de París. Felizmente me permitieron compartir habitación con él, ya que, si no, me hubiera sentido demasiado solo los primeros días. Porque no creas que nos trataban a cuerpo de rey. De hecho nos hacían estudiar mucho más que en un colegio ordinario, pues «dado quiénes éramos teníamos que dar ejemplo».

»El hombre que cargaba sobre sus hombros con todo el peso de Las Jarillas era don José Garrido Casanova, un antiguo preceptor de los hijos de Sotomayor. Era un tipo formidable, un andaluz que había fundado una obra, La Paloma, para recoger a los niños sin hogar. Era un hombre justo y bueno. Me gustaba mucho don José Garrido, y a veces, cuando tengo que tomar determinadas decisiones, todavía me pregunto lo que él me hubiera aconsejado hacer. Estaba también don Heliodoro Ruiz Arias, nuestro profesor de educación física. Me entendía muy bien con él. Se le había metido en la cabeza hacer de mí un atleta completo. Su hijo, que también se llamaba Heliodoro, se ocupaba de nuestra salud. Don Heliodoro padre había sido el monitor de gimnasia de José Antonio Primo de Rivera, el fundador de Falange, de quien yo había oído hablar mucho en casa.

»Así como los Garrido, padre e hijo, eran gente liberal y tolerante, que sabía vivir con su tiempo, el padre Zulueta, que nos visitaba tres veces por semana para hablarnos de religión y de moral, era un personaje al que había que coger con pinzas. La gente que asesoraba a mi padre sobre mi educación le había recomendado calurosamente a don Ignacio de Zulueta porque representaba a las corrientes más conservadoras del franquismo. Era un antiguo arquitecto que se había hecho cura. Grande, altivo, distante, era muy puntilloso con el protocolo. No apreciaba en absoluto la presencia entre nosotros de José Luis Leal porque no pertenecía a una familia de la nobleza. El día de mi llegada a Las Jarillas, Zulueta había exigido que mis futuros compañeros de clase me saludaran con un estricto: «Bienvenido, Alteza», lo que me causó gran desagrado. Felizmente, pronto fui Juanito para todo el mundo. Yo también soy muy puntilloso con el protocolo cuando es necesario, pero en mi vida privada hago todo lo que puedo para que el protocolo no me aísle de un verdadero contacto con mis semejantes.

De repente el Rey se echa a reír.

—El protocolo, sabes, me ha jugado a veces malas pasadas. Cuando era cadete en la Academia Militar de Zaragoza, todos mis amigos y camaradas de promoción me tuteaban (algunos todavía lo hacen cuando estamos en privado) y me llamaban por mi nombre. A veces me llamaban simplemente SAR, así como suena, abreviando lo de Su Alteza Real. El general duque de La Torre, que había tomado parte activa en mi educación premilitar venía a visitarme todos los sábados. Después de haber tomado nota con mis profesores sobre la buena marcha de mis estudios, me invitaba a comer al Gran Hotel, que era entonces el centro de reunión de la buena sociedad de Zaragoza. Sabiendo que yo iba a comer allí los sábados, la gente se apresuraba a venir a saludarme y se quedaba también a comer. Mis comidas a solas con el duque eran bastante siniestras, porque el general estaba lejos de ser un tipo divertido. Era un militar a la antigua usanza, de maneras exquisitas pero extremadamente afectadas. Siempre me trataba con un respeto que me paralizaba. Su Alteza Real por aquí, Su Alteza Real por allá. Ya te lo puedes imaginar. Un día me sugirió que invitara a dos o tres de mis compañeros a comer el sábado siguiente. Le di las gracias efusivamente, diciéndome que la presencia de mis amigos relajaría el ambiente. Invité pues a tres de mis compañeros más cercanos y a las dos en punto nos presentamos en el Gran Hotel, donde ya nos esperaba el duque de La Torre. Llevábamos cinco minutos en la mesa cuando uno de mis compañeros se dirige a mí y me dice: «Juan, ¿sabes que la semana que viene...?» No pudo terminar la frase. De repente el duque dio un puñetazo sobre la mesa que hizo temblar la vajilla. Se había puesto pálido de furor. Apartó la silla, se levantó y gritó: «¡Caballero cadete! ¡Levántese y póngase firmes!» Se hizo un silencio de muerte en el comedor. Mi compañero, firmes, estaba pálido como un muerto. El duque continuaba gritando: «¡Caballero cadete, cómo se atreve a tutear y a llamar por su nombre a una persona a la que yo, un teniente general, doy el tratamiento de Alteza Real!»

»Yo estaba horrorizado, y mis compañeros otro tanto. El duque acabó calmándose y la comida concluyó en un silencio que se podía cortar con un cuchillo. En cuanto el duque se fue hice lo que pude por consolar al que se había llevado la bronca. «¡Vaya invitación! —murmuraba al borde de las lágrimas—. Nunca más, nunca más.» Y en efecto, nunca más pude lograr que ninguno de mis compañeros aceptara una invitación a comer con el duque.

Don Juan Carlos aplasta lo que le queda de su cigarro en un cenicero de cristal tallado situado delante de él.

—Volvamos, Señor, si lo desea, a Las Jarillas. ¿Era la primera vez que vivíais separado de vuestra familia?

—No, no... A los ocho años me metieron interno en la Villa Saint-Jean, un colegio de marianistas, en Friburgo. Al principio fui bastante desgraciado allí, tenía la impresión de que los míos me habían abandonado, de que mi madre y mi padre se habían olvidado de mí. Era en 1946, el año en que mis padres habían decidido acercarse a España y dejar Suiza para instalarse en Portugal. Todos los días esperaba que mi madre me llamara por teléfono, llamada que no llegaba. Más tarde supe que mi padre le impedía que telefoneara. «María —le decía—, tienes que ayudarle a que se endurezca.» No era crueldad por su parte, y menos todavía falta de sensibilidad. Pero mi padre sabía, como yo mismo lo supe más tarde, que los príncipes deben ser educados a las duras si se quiere hacer de ellos hombres responsables capaces de soportar algún día el peso del Estado. Mi padre tenía un profundo sentido de la realeza. Veía en mí no solamente a un hijo, sino al heredero de una dinastía, y como tal debía yo prepararme para hacer frente a mis responsabilidades. No quería ceder a sus impulsos de ternura por miedo a hacer de mí un niño mimado. Era muy severo y muy exigente conmigo, pero al mismo tiempo me tenía mucho afecto. Mi padre es un hombre adusto y tierno a la vez, como muchas veces son los marinos.

»Más tarde, ya adolescente, encontré en él un amigo muy fiel y un confidente que sabía escucharme con mucha atención. Pero en Friburgo, lejos de mi padre y de mi madre, aprendí que la soledad es un fardo muy duro de soportar. Felizmente estaba mi abuela, la reina Victoria, para ocuparse de mí, aunque sospecho que le habían dicho que no me mimara demasiado. Yo pasaba todos los fines de semana en el Hotel Royal, en Lausana, donde ella vivía. Con ella llegué a Portugal en 1946, después de un largo trimestre en Friburgo. Mis padres vivían entonces en la villa Bellver, en Estoril, alquilada a un amigo portugués. Allí, para evitar que perdiera el tiempo, me encomendaron a Eugenio Vegas Latapie, que ya se había encargado de vigilar mis estudios en la Villa Saint-Jean. Eugenio, que se encontraba a la cabeza del secretariado de mi padre, era un hombre maravilloso...

Don Juan Carlos hace una pausa, repentinamente soñador.

—Sabes —dice al cabo de un momento—, en la vida he tenido la suerte inmensa de tener cerca de mí a hombres excepcionales, primero entre mis profesores y después entre mis hombres de confianza y mis consejeros.

No cita nombres pero sé que piensa en Garrido, en Eugenio Vegas, en Torcuato Fernández Miranda, en el marqués de Mondéjar —«mi segundo padre», dice don Juan Carlos de él— y en el general don Sabino Fernández Campo, hasta hace poco jefe de la Casa del Rey, recientemente nombrado conde de Latores y grande de España. Seguramente olvido a otros, pero ésos son los que el Rey menciona más a menudo.

—Cuando digo que Eugenio Vegas era un hombre maravilloso no tengo la impresión de exagerar. Sus enemigos (todos los hombres honestos los tienen) han dicho de él que vivía en el pasado. Quizá era verdad, porque el rigor moral ya no es una virtud de nuestro tiempo.

También él creía que el heredero de la dinastía tenía que ser educado sin ninguna concesión a las debilidades que parecen normales a la gente común. Por eso me educaba de forma que comprendiera que yo era un ser aparte, con muchos más deberes y responsabilidades que los demás. Alguien bromeó un día delante del conde de Barcelona: «Eugenio Vegas nos está fabricando otro Felipe II.» Conociendo a mi padre, aquello le debió de parecer un gran cumplido.

—Cuando habláis de hombres excepcionales, citáis antiguos profesores, compañeros de promoción, consejeros. Raras veces pronunciáis la palabra «amigo». ¿No los tenéis?

Don Juan Carlos parece desconcertado un instante.

—Mi padre dice siempre: «Dios da una familia, pero los amigos cada uno se los tiene que encontrar.»

Después de un largo rato añade:

—Para un Rey es difícil tener amigos.

—¿Difícil o peligroso, Señor?

—Difícil y peligroso. Peligroso porque si alguien puede decir «mi amigo el rey», también puede añadir: «el rey me ha dicho, el rey me ha confiado...», y nunca se sabe a dónde puede llevar eso.

—¿Creéis en lo que decía Chamfort: «Amistad de corte, palabra de zorros y mundo de lobos»?

—No conocía esa frase, pero en efecto...

Don Juan Carlos esboza una sonrisa desengañada:

—En España empleamos la palabra «amigo» con demasiada ligereza. Termina por no querer decir nada. Mi opinión es que la amistad debe ser el resultado de una larga relación de confianza y de fidelidad. Es una prueba difícil y de fondo. Para mí, personalmente, el peligro se encuentra en la utilización que puede hacerse de mi amistad si se la otorgo a alguien. Cuando se es rey, no siempre es fácil distinguir entre un cortesano y un amigo. Por lo demás, raras veces me equivoco a este respecto.

—Los príncipes tienen un poder infinito sobre quienes se les acercan, y aquellos que se les acercan sienten una debilidad infinita al acercárseles. Está escrito en el *Examen de conciencia sobre los deberes de la realeza*, de Fénelon. Y para no sucumbir a esa debilidad, siempre que me preguntan si soy amigo del Rey, respondo: «No, no soy amigo del Rey. Soy su fiel vasallo. Si el Rey me honra con su amistad soy el más feliz de los hombres.» Pero ahí se para todo. Mi padre me contó a menudo lo que sucedió en la noche del 14 de abril de 1931 en el palacio de Oriente, en Madrid, cuando don Alfonso XIII se disponía a salir hacia el exilio. Un ayudante de campo hizo saber al Monarca que en el salón llamado «del duque de Génova» le esperaban unas cincuenta personas para decirle adiós. El rostro del Rey se iluminó. Con la voz ronca por una repentina emoción, exclamó sorprendido: «¡Cruzar en estos momentos la plaza de Oriente para decirme adiós...! ¡Son gente verdaderamente valiente!» Mi padre entró con el Rey en el salón donde, de pie, inmóviles bajo las grandes lámparas de cristal de Bohemia, esperaban hombres de mirada crispada, mujeres sollozando, incluso niños agarrados a las faldas de sus madres, para despedir a don Alfonso. Pero ninguno había tenido que desafiar la cólera de la muchedumbre que rodeaba el palacio, porque todos vivían en él. Eran los empleados de la Casa del Rey, lacayos, camareras, chóferes, cocineros, cocheros, y también algunos alabarderos que se habían vestido de uniforme de gala. Desconcertado, Alfonso XIII los miró a todos en silencio durante largo rato. Su labio inferior se había puesto a temblar. Volviéndose ligeramente hacia mi padre, don Alfonso le dijo con una voz apenas audible: «Salvador, no veo aquí a ninguno de mis grandes..., a ninguno de los que jugaban al polo conmigo..., a ninguno de los que me pedían cargos y honores...» Los grandes, Señor, los que se jactaban de jugar al polo y de cazar con el Rey, los que habían obtenido de él favores y prebendas, no eran sus amigos. No eran más que cortesanos. En mi opinión se trataba de una muestra bastante mediocre de la especie humana.

Don Juan Carlos me ha estado escuchando con rostro pensativo. Murmura:

—En todo caso, lo que cuentas es una terrible lección.

Durante unos instantes se queda de nuevo silencioso. Luego prosigue:

—Cuando yo era todavía príncipe de España, la reina Victoria le decía a doña Sofía: «Tienes que tener una o dos damas de honor con título que te acompañen a donde vayas.» Y yo le decía a doña Sofía: «No, no le hagas caso. Si alguien te tiene que acompañar, escoge a una persona entre tus amigas, o a una secretaria, o a uno de mis ayudantes. Pero no quiero que el hecho de acompañarte sea una especie de cargo honorífico, para que se peleen por él las señoras de la aristocracia, como en tiempos de mi abuelo.» Ya sé que hay gente que nos reprocha que llevemos un tren de vida poco ostentoso, pero prefiero un tren de vida quizá demasiado sencillo a ver brotar a mi alrededor un embrión de corte impropio de nuestra época.

—Eso me recuerda los consejos que don Miguel Maura, aquel monárquico que fue ministro del Interior del primer Gobierno de la República, en 1931, daba a un eventual nuevo rey de España. Es decir a Vuestra Majestad.

—Sí, están en su libro *Así cayó Alfonso XIII*. Si bien recuerdo eran tres consejos. El primero venía a decir: «No viváis en el palacio de Oriente. Es un palacio funesto para la Monarquía. Es el Versalles español. Convendría que fuera, como el palacio francés, un museo.» El segundo consejo era, aproximadamente: «Cerrad las puertas a eso que llaman "la gente bien". Rodeaos de gente inteligente y modesta, procedente de las clases medias, que son la verdadera columna vertebral del país. Ellos son los que traerán cada día el aire fresco de la calle.»

Don Juan Carlos hace una pausa y, con aire de inocencia, me pregunta:

—¿Recuerdas cuál era el tercer consejo de Miguel Maura?

—Sí, lo recuerdo muy bien. Pedía a Su Majestad que no deshiciera las maletas, no fuera a ocurrir que no tuviera tiempo de volver a hacerlas si las cosas se estropeaban algún día. Temía don Miguel que las cosas no transcurrieran de nuevo tan alegremente como en 1931.

Don Juan Carlos me mira sin decir nada, esperando la continuación.

—Ese tercer consejo —añado— procede de un pesimismo que ya no tiene fundamento. Miguel Maura no podía imaginarse que nuestra actual Monarquía sería del agrado de muchos republicanos de toda la vida.

No sé hasta qué punto don Juan Carlos aprecia o no aprecia este género de impertinencias. Pero tengo la clara impresión de que esta vez su imperceptible sonrisa se ha ensanchado unos milímetros.

III

¿Por qué algunos de nosotros llamamos a don Juan Carlos «el hombre providencial»? Bossuet afirmaba, algo imprudentemente, que el azar no interviene en el gobierno de las cosas humanas y que la fortuna es una palabra que no tiene ningún sentido. Chamfort, por su parte, aseguraba que la providencia es el nombre de pila del azar, y que éste, a su vez, es sólo un mote de la providencia. Todo eso viene a querer decir que el hombre no es verdaderamente dueño de su destino y que muy a menudo la fortuna, el azar y la providencia escogen de común acuerdo el camino que tendrá que seguir.

Nada predestinaba a don Juan Carlos de Borbón y Borbón a reinar un día en España. Su padre, don Juan de Borbón y Battenberg, tercer hijo de Alfonso XIII, se encontraba también muy lejos al comienzo de su vida de ocupar un lugar privilegiado en la línea de sucesión al trono español. Pero la fortuna, el azar y la providencia decidieron, mucho antes de que don Juan Carlos naciera, que sería él y no sus tíos, ni su padre, el hombre que un día llevara su país de la dictadura franquista a la democracia, con la sabiduría y el valor de un jefe de clan avezado a todas las astucias y a todas las habilidades necesarias para lograr sus fines.

El último monarca que reinó en España fue don Alfonso XIII, el abuelo de don Juan Carlos. Dejó Madrid en la noche del 14 de abril de 1931 rumbo a un exilio que únicamente terminaría con su muerte en una *suite* del Gran Hotel de Roma, el 28 de febrero de 1941. Una hora antes de abandonar el palacio de Oriente, asediado por la muchedumbre, el general Cavalcanti vino a proponer a don Alfonso cargar con un escuadrón de Caballería sobre la multitud vociferante que exigía la fuga del Rey, cuando no su muerte. El Rey rechazó la proposición de Cavalcanti con una frase que llegó a ser célebre: «No quiero que se vierta una sola gota de sangre española por mi persona.» Cavalcanti se despidió de don Alfonso para no verse en la situación de decirle que un rey no tiene derecho a pronunciar ese tipo de palabras. En un país en el que el gusto por la sangre —¿y qué es la sangre de un pueblo sino el precio de su historia?— está tan arraigado, el rechazo a la sangre derramada, por parte del Monarca, era la negación de su propia exaltación. «Yo no sería rey —había dicho lúcidamente Luis XIII— si me permitiera tener sentimientos personales.» ¿No sabía Alfonso XIII que en España hay que derramar torrentes de sangre para ser amado?, se preguntaba uno de los fieles de Alfonso XIII. Esos torrentes de sangre habían de derramarse generosamente durante la guerra civil que comenzó en 1936.

Don Alfonso XIII había redactado de su propia mano su última proclamación al pueblo de España. El español típico es un hombre de pocas palabras. La concisión es el genio de su raza. Y la claridad: «Al pan, pan, y al vino, vino.» Despidiéndose de sus súbditos, don Alfonso de Borbón y Habsburgo-Lorena insiste en poner los puntos sobre las «íes». Acepta que las elecciones del domingo 12 de abril de 1931 «revelan claramente que no tengo el amor de mi pueblo», pero pone en duda que ese desapego sea definitivo. Acepta —¡qué doloroso esfuerzo para el Habsburgo que nunca dejó de ser!— que un rey se puede equivocar, pero recuerda que España siempre ha tenido la elegancia de perdonar los errores exentos de malicia. Hace saber de paso que dispone de los medios necesarios para defender con las armas en la mano sus prerrogativas reales «en eficaz forcejeo con quienes las combaten», pero se declara incapaz de contemplar una lucha fratricida entre españoles. Advierte, sin adornos, que no renuncia a ninguno de sus derechos, que al ser un legado de la Historia no son personales. Y termina declarando que «suspendo deliberadamente el ejercicio del Poder Real y me aparto de España, reconociéndola así como la única señora de sus destinos».

El retrato que yo hago de don Alfonso XIII en mi libro *La caída* parece directamente inspirado por el que se encuentra sobre la chimenea del despacho de don Juan Carlos:

«Don Alfonso de Borbón y Habsburgo-Lorena, que reina sobre España bajo el nombre de Alfonso XIII, posee, más que un rostro, "un aspecto de rey". El perfil es el de un ave rapaz, el labio inferior en gárgola y la mandíbula insolentemente lanzada hacia delante bajo el efecto de un viejo imperativo hereditario. La frente es alta, las sienes desguarnecidas, las mejillas huesudas. El ojo de carbón revela tremenda insistencia, sobre todo cuando se detiene por primera vez sobre una mujer todavía desconocida.

»Don Alfonso siempre se mantiene erecto, con el uniforme —los múltiples uniformes— muy ceñido a su cuerpo. Cada uno de sus gestos, a menudo muy secos, le confieren un talante, una majestad amenazadora que aterra a los cortesanos y corta el aliento a quienes, incluso de lejos, le ven pasar.

»Hay en él una innegable ascendencia Habsburgo. Una manera muy especial de llevar la cabeza de modo que su mirada quede siempre fija por encima del horizonte. Una curiosa lasitud en sus relaciones con quienes dependen directamente de él. Y también un orgullo repentino, teutónico, hecho de rabias frías y palabras terribles. Además, cultiva encarnizadamente —y quizá sea éste el rasgo de su carácter más específicamente Habsburgo— el amor inmoderado, ciego, austriaco, por todo lo que tiene el protocolo de vejatorio y de inútil.

»Pero sobre todo hay en él un español. Un español en su límite más extremo, solitario, melancólico y altanero en un mundo poblado de otros hombres cuya sangre no es la suya. Borbón a flor de piel, es cortés, distante y de buena gana ingrato. Su humor es sombrío, a menudo macabro, sin que abandone por eso el ejercicio de cierta condescendencia que sería un error tomar como amabilidad. De nuevo Habsburgo, su alegría matando en la caza es frenética. Su odio a los consejeros, mortal. Y grandioso, sublime, el orgullo que domina su mano cuando firma al pie de un documento: "Yo, el Rey."»

Su mujer, la reina Victoria, decía de él: «Es alegre como un latino, cortés como un Habsburgo, deportista como un inglés, orgulloso como un español y tan egoísta como cualquier otro hombre.»

Don Alfonso XIII, hijo póstumo de Alfonso XII y de doña María Cristina de Habsburgo, archiduquesa de Austria, tuvo la desgracia de nacer rey. Winston Churchill, que lo conoció bien, lo compadecía por haber estado rodeado desde su más tierna infancia por cortesanos serviles que le impedían tomar conciencia de lo que era la realidad. Educado por profesores que cantaban sus alabanzas, no conoció más tarde otra sociedad que la de los aristócratas, los eclesiásticos y los militares de alto grado, que jamás se atrevían a emitir opiniones contrarias a las suyas. Sin embargo, fue un gran rey, que decía de sí mismo: «A veces tengo la impresión de ser un buen actor que actúa rodeado de otros actores tan mediocres como la obra misma.» La obra, sin embargo, permaneció en cartel durante cuarenta años.

Don Alfonso conoció a su futura mujer en un baile dado en su honor en la capital británica por el duque de Portland. Victoria Eugenia desplazó en el corazón del rey a su prima Patricia de Connaught, nieta también de la reina Victoria, y bonita muchacha en la que hacía tiempo que se pensaba como en la futura novia del monarca español. Sin embargo, en cuanto don Alfonso vio a Victoria Eugenia —Ena para sus familiares— sólo tuvo ojos para ella. Patricia de Connaught se consoló haciendo saber a su alrededor que el rey español le había parecido «perfectamente espantoso».

La futura reina de España era la hija de Henry de Battenberg, segundo hijo del príncipe Alejandro de Hesse, y de la princesa Béatrice, segunda hija de la reina Victoria. La pareja, que se había instalado en Londres porque la anciana reina se negaba a separarse de su hija preferida, tuvo tres hijos y una hija a quien bautizaron Victoria Eugenia en honor de la reina de Inglaterra y de la emperatriz de los franceses, Eugenia de Montijo, española de origen, que más tarde apadrinó el matrimonio de Ena con el Borbón español. Aquella muchacha rubia, de cutis lechoso y ojos azules, envenenaría más tarde la sangre de los Borbones de España transmitiendo a sus propios hijos aquella terrible y misteriosa enfermedad que otra nieta de la reina Victoria, Alice de Hesse-Darmstadt, que casó con Nicolás II de Rusia, transmitió a su hijo el zarevich Alexis. Ena de Battenberg y la emperatriz de Rusia descendían ambas de la Casa de Hesse-Darmstadt, sospechosa de ser el origen de esa dolencia mortal cuyo nombre apenas osaban pronunciar en su tiempo.

El rey Eduardo VII no veía con buenos ojos la boda de su sobrina Ena con el joven monarca español.

«España —le explicó— está muy lejos de parecerse al país en el que has nacido. Me temo que no te acostumbres jamás. Así que no vengas a quejarte a mí cuando las cosas vayan mal.»

Y las cosas fueron mal desde el mismo día de la boda de Ena con don Alfonso. Al abandonar la iglesia de Los Jerónimos del brazo de su real marido, convertida ya en la «reina guapa» de los españoles, no podía imaginar que algunos minutos más tarde iba a salir indemne del atentado de Mateo Morral.

El drama familiar no hacía más que empezar. En 1907, un año después de su matrimonio, doña Victoria Eugenia dio a luz un varón, Alfonso, príncipe de Asturias, heredero de la Corona. Era tradición en la familia real española, desde la época de los Reyes Católicos, circuncidar a los recién nacidos. En cuanto el bisturí del médico cortó las carnes del pequeño príncipe, una violenta hemorragia que parecía no terminar nunca hizo comprender a los desconsolados padres que el príncipe de Asturias había nacido hemofílico. Al año siguiente doña Victoria Eugenia dio a luz un segundo varón, el infante don Jaime, que nació sordomudo. En 1909 y en 1911, nacieron dos hijas, las infantas

Beatriz y Cristina, las dos perfectamente sanas. En 1913, un tercer varón vio la luz: era el infante don Juan, futuro conde de Barcelona. Los médicos no detectaron ningún rastro de la terrible enfermedad en el tercer hijo de don Alfonso XIII. Pero al año siguiente nació un varón más, el infante don Gonzalo, aquejado también, aunque en menor grado que su hermano el príncipe de Asturias, de esa enfermedad «alemana» que salva a las mujeres pero que causa estragos entre los varones de la pareja real.

Don Alfonso encajó los golpes de la suerte sin dejar entrever nada, a pesar de sufrir cruelmente, haciendo sin duda responsable a doña Victoria Eugenia de las desgracias familiares. Adoraba a su primogénito, cuyo estado de salud exigía cuidados constantes. El príncipe de Asturias había llegado a ser con el tiempo un hermoso joven de ojos azules como los de su madre y cabello muy rubio. Las fotos de la época, en las que aparece con un uniforme de oficial de Marina, muestran cierto parecido con el difunto duque de Windsor, cuando éste todavía era príncipe de Gales. Mientras su hermano Jaime, muy moreno, tenía un aspecto típicamente español, el príncipe de Asturias había heredado el aire y los rasgos de los Battenberg. Incapaz de esfuerzos físicos, el joven príncipe se hallaba a merced del menor accidente, capaz de causarle la muerte inmediata. Así sucedió con su hermano Gonzalo, víctima de una contusión mínima en un accidente de automóvil. El Príncipe únicamente salía de sus apartamentos del palacio de Oriente para trasladarse a la Quinta, una encantadora finca campestre donde criaba gallinas y cerdos. Era como María Antonieta en versión masculina. Entre el pueblo de Madrid corría el rumor de que el príncipe de Asturias debía beber cada mañana un gran vaso de sangre fresca para mantenerse con vida. De ahí a pretender que esa sangre debía ser sangre humana no había más que un paso, que algunos franquearon alegremente.

Don Alfonso XIII educó y trató durante años a su hijo primogénito como si se negara a admitir que la enfermedad

La mañana del martes 9 de noviembre de 1948, don Juan Carlos de Borbón llega a España en el Lusitania-Express, *desde Lisboa. Al detenerse el tren en la estación de Villaverde (Madrid), el muchacho, escoltado por el duque de Sotomayor y el vizconde de Rocamora, desciende de su vagón y pisa el andén, donde le espera media docena de personajes a los que ve por primera vez en su vida. Entre ellos se encuentran (de izquierda a derecha) José Aguinaga, Julio Danvila, Juan Antonio Macaya, el padre Ventura Gutiérrez y Juan Caro.*

Desde la estación de Villaverde, el escogido grupo de personas que ha ido a recibir al pequeño príncipe a la estación, se traslada en comitiva al Cerro de los Ángeles. Llegados al convento de carmelitas, y después de escuchar misa, alguien le explica a don Juan Carlos que el Cerro de los Ángeles se ha convertido para los españoles en el símbolo de la victoria de las tropas franquistas sobre la barbarie «roja».

A la salida de la misa le piden a don Juan Carlos que pronuncie las mismas palabras con las que su abuelo había consagrado España al Sagrado Corazón. El niño lo hace con voz trémula y las mejillas azules por el frío. «Tenía apenas once años —comenta el Rey—. Pero recuerdo muy bien el frío que hacía aquel día. ¡Un frío terrible!»

Don Juan Carlos con algunos compañeros de infancia.

Quienes asesoraban al conde de Barcelona sobre la educación de su hijo, le recomendaron calurosamente a don Ignacio de Zulueta (en segundo plano de la foto de la derecha) porque representaba a las corrientes más conservadoras del franquismo. «Nos visitaba tres veces por semana para hablarnos de religión y de moral, era un personaje al que había que coger con pinzas... Era un antiguo arquitecto que se había hecho cura. Grande, altivo, distante, era muy puntilloso con el protocolo.»

Una instantánea de la infancia de don Juan Carlos en España.

*Don Juan Carlos sintió desde muy temprano una gran afición
por las actividades deportivas más variadas. La equitación fue
uno de sus primeros deportes favoritos; ya antes de su venida a
España había concursado en diversas competiciones hípicas
infantiles.*

«*El día de mi llegada a Las Jarillas, el padre Zulueta había exigido que mis futuros compañeros de clase me saludaran con un estricto: "Bienvenido, Alteza", lo que me causó gran desagrado. Felizmente, pronto fui Juanito para todo el mundo. Yo también soy muy puntilloso con el protocolo cuando hace falta, pero en mi vida privada hago todo lo que puedo para que el protocolo no me aísle de un verdadero contacto con mis semejantes.*»

del Príncipe fuera auténtica. Los historiadores admiten hoy día —y el propio sir Winston Churchill reforzó en varias ocasiones esta hipótesis— que el rey Eduardo VII había prevenido al joven monarca español, de visita en Londres, sobre el peligro que corría casándose con su sobrina Ena, que probablemente era portadora de la enfermedad «alemana». Pero don Alfonso, locamente enamorado de la joven belleza inglesa que a toda costa quería llevarse a Madrid, hizo oídos sordos a lo que consideró vanas aprensiones.

Fue necesario sin embargo rendirse a la evidencia. El príncipe de Asturias jamás sería rey de España. Con el corazón destrozado, don Alfonso XIII se disponía a tomar las disposiciones necesarias para apartar a su hijo primogénito del trono cuando el mismo Príncipe le facilitó esa dolorosa decisión contrayendo matrimonio morganático con Edelmira Sampedro, una bella cubana que había conocido en una clínica de Lausana donde se restablecía de una dolencia pulmonar. El Príncipe escribió una carta a su padre en la que renunciaba, en nombre propio y en el de sus descendientes, a todos los derechos de la Corona. Tomó el título de conde de Covadonga y se retiró a la vida privada. Tal como había previsto don Alfonso XIII, la pasión de su hijo mayor por la bella cubana duró lo que un fuego de paja. La vida trepidante de París, las salidas nocturnas a los lugares de moda, las nuevas amistades no siempre recomendables, pero sobre todo los problemas de dinero, enfriaron considerablemente las relaciones de la pareja. Edelmira abandonó bruscamente a su marido y se refugió en su isla natal. Se divorciaron en La Habana en 1937.

Menos de dos meses más tarde, el Príncipe se enamoró de una modelo de costumbres algo ligeras, Marta Rocafort, cubana también, con quien se casó sin pensárselo dos veces. Ese segundo matrimonio fue todavía más desastroso que el primero. La pareja se separó al cabo de cuatro meses y el conde de Covadonga obtuvo sin ninguna dificultad su segundo divorcio. El 6 de septiembre de 1938 el automóvil del ex príncipe de Asturias se estrelló violentamente contra un poste de teléfonos al salir de noche de un cabaret, en Miami. Don Alfonso murió al poco tiempo, víctima de una hemorragia que le desangró. Los restos mortales del hijo mayor de Alfonso XIII, repatriados a España, fueron enterrados en el nicho que le correspondía en El Escorial. Edelmira Sampedro, que lo había amado sinceramente, acudió al aeropuerto de Madrid y lloró sobre el féretro del que había sido su marido y hubiera podido ser rey de España si la enfermedad «alemana» no hubiera hecho de él un pobre hombre. Su espíritu había acusado muy rápidamente el desgaste físico que lo convirtió, durante sus últimos años, en el juguete de todo tipo de intrigantes y de mujeres sedientas de honores a los que el pobre don Alfonso no tenía ya ningún derecho. La muerte del príncipe Alfonso fue la primera de las circunstancias que habían de despejar el camino hacia el trono a don Juan Carlos.

Una segunda resultó más espinosa. Se trataba del infante don Jaime, el sordomudo. Actualmente se afirma que don Jaime no era sordomudo de nacimiento, sino que la enfermedad fue provocada por una mastoiditis que no supieron curarle cuando tenía solamente cuatro años. Pero aunque no tuviera esta vez ninguna responsabilidad en la incapacidad de su hijo, doña Victoria Eugenia pagó de nuevo, con un brusco alejamiento de su marido, esa nueva tragedia.

Don Jaime, que no era tonto en absoluto, aprendió muy rápidamente a leer en los labios de sus interlocutores. Así «hablaba», además del español, el inglés, el francés y el italiano. El muro de silencio que le separaba cruelmente del mundo le convirtió pronto en un ser solitario y melancólico. Su necesidad de afecto y de simpatía le pusieron durante el exilio en manos de gente que nunca hubiera debido frecuentar. El 21 de junio de 1933, diez días después de la renuncia de su hermano a sus derechos sobre la Corona, el infante don Jaime, consciente de sus deficiencias físicas, que le hubieran impedido reinar, renunció a su vez en su propio nombre y en el de sus descendientes, a todos sus derechos dinásticos. La renuncia de un príncipe o su apartamiento por causa de deficiencias graves tenía sus precedentes. Carlos III de Borbón había excluido de sus derechos al trono a su hijo don Felipe, un débil mental que cedió su lugar a su hermano Carlos IV.

Un año y medio después de su renuncia, el infante don Jaime contraía matrimonio en Roma con Emmanuelle Dampierre, una joven ambiciosa cuyos padres eran un vizconde francés y una princesa italiana. Puesto al corriente del estado de don Jaime, el papa Pío XI creyó conveniente intervenir. Advirtió a la familia de la novia de las innumerables dificultades que ésta tendría que afrontar casándose con el Infante. El Papa hizo incluso saber a la madre de Emmanuelle que en ningún caso, mientras él viviera, se anularía ese matrimonio si las cosas no iban bien. Pero la boda de su hija con un infante real deslumbraba a los Dampierre y la madre de Emmanuelle animó a su hija a que se casara con el sordomudo. En aquella época se contaron verdaderos horrores sobre lo que fue el viaje de bodas de los recién casados. Los apetitos sexuales de don Jaime eran de un género que espantaron a su esposa, que se enclaustraba en sus apartamentos pidiendo socorro por teléfono.

Cincuenta años más tarde, Emmanuelle Dampierre declara a quien quiera oírlo que su matrimonio con el Infante se decidió con demasiada precipitación y que en ningún momento se sintió atraída por su futuro marido. Según ella, aquel matrimonio había sido concertado por su madre sin tener demasiado en cuenta sus propios sentimientos. Don Jaime, por su parte, contaba aproximadamente la misma cosa. Pero el Infante no debía ser a ojos de Emmanuelle tan desagradable como pretendía ella misma años más tarde, pues la pareja tuvo muy pronto dos hijos, Alfonso y Gonzalo. Salta a la vista que Emmanuelle, como por otro lado el resto de la familia Dampierre, estaba extremadamente halagada por la idea de convertirse en alteza real, aun cuando para ello fuese necesario casarse con un hombre que no era completamente de su gusto. Pero las cosas no resultaron tan sencillas, ni el rey Alfonso XIII tan fácil de manipular. Después de maduras reflexiones decidió que Emmanuelle no tendría el rango de alteza real y que debería contentarse con ser duquesa de Segovia. Fue un duro golpe para la vanidad de la joven, pero don Alfonso XIII no quiso ceder en este tema y ella tuvo que resignarse.

A partir del nacimiento de su hijo Gonzalo, Emmanuelle vivió, aunque bajo el mismo techo, prácticamente separada de su marido. Por aquella época inició relaciones íntimas con Tonino Sozzani, el hijo de un agente de bolsa de Milán con el que, una vez viuda, se casaría. En 1946, Emmanuelle abandonó definitivamente el domicilio conyugal.

Fueron varias las ocasiones en que el infante don Jaime se volvió atrás en su renuncia a los derechos al trono. Aunque sus extravagancias nunca fueron tomadas en serio, constituyeron, sin embargo, un tema constante de preocupación para su hermano don Juan, que se había convertido en el único heredero legítimo de la Corona.

El 15 de enero de 1941, don Alfonso XIII había redactado en Roma, poco tiempo antes de su muerte, un testamento que terminaba con esta frase: «Ofrezco a mi patria la renuncia de mis derechos para que, en cuanto a la legitimidad, por ley histórica de sucesión a la Corona, quede automáticamente designado, sin discusión posible, mi hijo don Juan.»

Don Jaime no presentó ninguna objeción al testamento de su padre, lo mismo que no lo había hecho a la respuesta mediante la cual don Juan aceptaba el cargo de jefe de la Casa del Rey de España. Incluso ratificó el 23 de julio de 1945 su renuncia a todos sus derechos, en una curiosa carta dirigida a «su majestad el rey don Juan III», en la que decía: «...cuando me decidí a contraer matrimonio, con posterioridad a la renuncia que por mí y por mis descendientes había hecho a los derechos que me correspondían a la Corona de España, elegí a mi esposa fuera del círculo de las familias reales, condición indispensable, según las seculares leyes de nuestra patria y Casa, para que nuestros descendientes puedan intentar reivindicar derecho alguno como tales personas reales».

El carácter infantil, indeciso y confuso de don Jaime —que por otro lado era un hombre bueno y generoso— hizo sin embargo que, como ya se ha dicho, cambiara de opinión una y otra vez sobre el valor de su renuncia. Mal aconsejado por intrigantes que únicamente buscaban su provecho personal, don Jaime, después de haber reconocido como legítima la herencia dinástica de su hermano don Juan, se autoproclamó, en calidad de hijo primogénito de don Alfonso XIII, jefe de la Casa del Rey de España y duque de Anjou.

A partir de 1950, el Infante se mueve en plena paranoia. Haciendo caso omiso de cualquier razonamiento y de cualquier lógica, ignorando hechos históricos indiscutibles, don Jaime se declara pretendiente no sólo al trono de España, sino también al de Francia. Nombra «delfín» a su hijo Alfonso y duque de Aquitania a su hijo Gonzalo, para mayor estupefacción de las casas reinantes europeas. Distribuye títulos, cargos, honores y condecoraciones con la generosidad de un sátrapa oriental. Incluso concede el Toisón de Oro —cuyos grandes maestres son el conde de Barcelona por la rama española y Otto de Habsburgo por la austriaca— a gentes que no poseen más mérito que el de ser instigadoras de sus peores errores. Esos toisones carecen, naturalmente, de valor alguno, ya que el Infante no tiene ningún derecho a disponer de ellos. Para no quedarse corto, don Jaime se proclama igualmente duque de Madrid y heredero de los reyes carlistas. Incluso el 6 de marzo de 1954 escribe a Franco —siempre encantado de sembrar la confusión en las filas de los monárquicos— una carta que el General tendrá el buen gusto de guardar secreta. «Tengo el honor de dirigirme a V. E. —le escribía el Infante— a fin de informarle que, desde el año 1949, a través de varias declaraciones, he anulado la renuncia a mis derechos al trono de España que había efectuado en favor de mi hermano Juan, conde de Barcelona. Renuevo aquí solemnemente ante V. E. esa anulación y reivindico mis derechos a la Corona de España, en mi calidad de hijo mayor de mi difunto padre, S. M. el rey don Alfonso XIII.» Todo ello no hubiera tenido gran importancia si no fuera por el ridículo en que públicamente don Jaime se iba hundiendo, con gran daño para la imagen de toda la dinastía. Pero las cosas se complicaron cuando, diez años más tarde, el 8 de marzo de 1972, Alfonso, «el delfín», se casó en la capilla de El Pardo con María del Carmen Martínez-Bordiu, hija de los marqueses de Villaverde y nieta predilecta del general Franco.

Aquella boda dividió a los españoles en dos bandos: por un lado, aquellos que seguían viendo en don Juan Carlos el futuro rey de España; y por el otro, los que se dijeron que el flamante marido de María del Carmen Martínez-Bordiu, el amargado y ambicioso Alfonso, podía impedir el acceso al trono de su primo Juan Carlos. Con ocasión de aquel matrimonio muchas lealtades cambiaron de partido.

Las bodas de la bonita María del Carmen se celebraron con el fasto y esplendor de una corte napoleónica. Todos los *parvenus* del reino hicieron acto de presencia, así como una parte de aquella nobleza que comía en los pesebres del franquismo haciendo al mismo tiempo una prudente profesión de fe monárquica. Allí se encontraban ministros, embajadores, aristócratas de todo pelo, con sus uniformes de opereta cubiertos de cruces, de bandas y de medallas. Nada comparable entre esa boda y la de la propia hija del dictador —madre de la desposada— con el histriónico marqués de Villaverde, ceremonia que fue desdeñada por aquella misma aristocracia que ahora veía en la persona de Alfonso de Borbón Dampierre el nuevo candidato a un trono al que algún día podía tener acceso si Franco cambiaba de opinión a propósito de don Juan Carlos y decidía hacer de su nieta reina de España. Al final de la ceremonia nupcial, el infante don Jaime regaló al dictador uno de esos toisones de oro que distribuía con tanta largueza. Franco lo aceptó, pero jamás hizo uso de él.

Empujado por su hijo Alfonso, duque de Cádiz y alteza real (!), el infante don Jaime difundió un extraño documento en el que —en calidad de «jefe de los Borbones y de la Casa del Rey de España» (con lo que daba a entender que no sólo era el jefe de los Borbones españoles sino también de los Borbones franceses)— aprobaba la decisión tomada por las Cortes de nombrar a su sobrino Juan Carlos sucesor de Franco «a título de rey». Lo que equivalía a decir que no reconocía a don Juan Carlos como heredero legítimo de la dinastía.

Esta toma de posición, calculada con la mayor ambigüedad posible, equivalía a jugar con fuego. El documento permitiría más tarde a Alfonso de Borbón Dampierre afirmar sus «derechos» dinásticos en tanto que hijo primogénito del hermano mayor de don Juan, hijo de Alfonso XIII y, por lo tanto, según él, el único heredero legítimo de la dinastía. Hizo incluso saber que don Juan Carlos sólo podía «instaurar» una nueva monarquía, mientras que él, Alfonso de Borbón Dampierre, era el único que podía «restaurarla».

Los últimos años del infante don Jaime fueron de una tristeza patética. Siempre escaso de dinero, tuvo que dejar la Villa Segovia, en Rueil-Malmaison, por no poder pagar el alquiler. Las cosas empeoraron todavía más cuando, encaprichado, se casó con Carlota Tiedemann, una prusiana alcohólica, cantante de cabaret, que tan pronto como se vio casada se autoproclamó duquesa de Segovia, ducado al que no tenía ningún derecho porque la ley española no reconocía el divorcio, y la única duquesa de Segovia era Emmanuelle Dampierre, que seguía siendo la esposa legítima del infante, aunque civilmente se hubiera casado con Tonino Sozzani. Al ducado usurpado, la Tiedemann añadió un tratamiento de alteza real que impresionó enormemente a los medios equívocos en los que se movía el Infante.

Las relaciones entre don Jaime y sus hijos no siempre fueron fáciles. En 1960, los dos hermanos —Gonzalo obe-

deciendo siempre a su hermano Alfonso— tuvieron la des-
vergüenza de llevar a su padre a los tribunales franceses,
acusándole de dilapidar una fortuna que no poseía y de
estar, desde su boda con la Tiedemann, mentalmente desequilibrado. Los tribunales franceses, después de haber
escuchado largamente al Infante, lo declararon mentalmente sano y responsable de sus actos.

Don Jaime exhaló su último suspiro el 20 de marzo de
1975, en extrañas circunstancias, en el hospital de Saint-
Gall, Suiza. Unos días antes, en París, en el curso de una
violenta discusión con Carlota, el Infante se había caído y
se había herido en la cabeza. El médico que le prestó los
primeros auxilios no halló ni fractura del cráneo ni hemorragia cerebral, pero recomendó reposo absoluto durante varios días. Carlota, sin embargo, que acababa de re-
servar habitaciones en el hospital de Saint-Gall donde debía
someterse a una cura de desintoxicación, decidió que el
Infante era perfectamente capaz de soportar el viaje en automóvil. Dejaron, pues, París en taxi y llegaron a Suiza después de numerosas paradas solicitadas por el Infante, que
se encontraba cada vez peor. Tan pronto como llegó a Saint-
Gall, don Jaime se acostó presa de una gran fatiga. Falleció
aquella misma noche, víctima de un derrame cerebral.

Su muerte consternó a todos aquellos que lo conocían
íntimamente. Aislado del mundo real por sus taras, se en-
tregaba ingenuamente al primero que le testimoniaba algo
de simpatía o de afecto. Era un hombre bueno, infantil y
crédulo que se dejó rodear por todo tipo de aduladores y
estafadores. Su carácter indeciso, sus súbitos cambios de
opinión, sus declaraciones irreflexivas, causaron muchos
problemas a su hermano Juan. Alentó imprudentemente
las estúpidas pretensiones de su hijo mayor a unas coronas
a las que no tenía ningún derecho. Con su muerte desaparecía el segundo hijo de don Alfonso XIII, que hubiera
podido ser rey de España si la fortuna y la providencia no
le hubieran negado su ayuda.

Alfonso de Borbón Dampierre, su hijo, más que un obstáculo en el camino que había de conducir a don Juan Carlos hasta la Corona, fue una espada de Damocles suspendida sobre su cabeza. Triste, vindicativo y amargo, nunca aceptó el hecho de haber nacido sin ninguno de los derechos a los que pretendía.

El rey Alfonso XIII, en previsión de posibles veleidades como las que efectivamente tuvieron lugar, hizo redactar, el 17 de septiembre de 1936, por su secretario, el marqués de Torres de Mendoza, una carta a Rolf von Kutzschenbach, editor del prestigioso *Gotha*, en la que se especificaba que «el hijo mayor de su alteza real el infante don Jaime, nacido en Roma en abril, deberá ser inscrito en su publicación no con el título de infante, sino únicamente como don Alfonso de Borbón-Segovia, en conformidad con la renuncia de su padre a todos sus derechos dinásticos». Por lo tanto, Alfonso de Borbón Dampierre había nacido simplemente como «excelentísimo señor don Alfonso de Borbón», etcétera, etcétera.

El drama de don Alfonso fue que jamás aceptó su destino. Cierto que era un destino aplastante: hijo de un sordomudo y de una madre ambiciosa y frívola que lo abandonó prácticamente desde su nacimiento, desprovisto de fortuna personal, despreciado por una mujer que lo abandonó poco después de su boda y testigo presencial de la muerte del mayor de sus hijos, víctima de un accidente de automóvil provocado por su propia imprudencia, el personaje parecía llevar sobre sus espaldas el peso de todas las tragedias del mundo. Aunque nunca representó un verdadero peligro para su primo don Juan Carlos, fue sin embargo utilizado por Franco como posible pieza de recambio en el caso de que sus relaciones con el conde de Barcelona le obligaran a cambiar de opinión a propósito del heredero que él mismo había designado. No siempre era fácil adivinar cuáles eran las verdaderas intenciones de Franco en este asunto, pero la familia de su nieta, el clan Villaverde, jugó a fondo la carta Borbón Dampierre, con el convencimiento de que, a la larga, el anciano dictador cedería a la tentación de ver a María del Carmen convertida en reina de España. Los ultras del franquismo y la mayor parte de sus jerarcas también creyeron durante un tiempo en las posibilidades de don Alfonso de auparse al trono. Se equivocaban. Imperturbable, Franco acabó por hacer que las Cortes votaran en favor de don Juan Carlos, que un día habría de sucederle con el título de rey. Pero antes de ello, el astuto gallego jugó hábilmente con la amenaza que representaba el hijo del Infante.

Lo mismo que su padre, a Alfonso de Borbón Dampierre le gustaba hacer las más ambiguas declaraciones. Así, inmediatamente después de su matrimonio hizo saber que «...reconozco la instauración monárquica del 22 de julio de 1969 y a mi primo don Juan Carlos, en tanto respete los principios fundamentales del Movimiento. Si no los respetara dejaría de reconocerlo».

Quien muy pronto se fatigó de esos juegos irreales —que la habían convertido en duquesa de Cádiz e incluso en María del Carmelo de Francia (!)— fue su joven esposa. Esta mujer hermosa, que había heredado de su abuelo un carácter frío y realista, se negó a seguir a don Alfonso en sus vanas y utópicas aventuras dinásticas. María del Carmen abandonó a su marido para, en cuanto obtuvo su divorcio, casarse con el anticuario francés de origen italiano Jean Marie Rossi, un hombre que poseía el don de hacerla reír, algo a lo que Borbón Dampierre no la había acostumbrado.

Alfonso de Borbón Dampierre, pretendiente a la Corona de Francia —la fortuna y la providencia le habían negado la de España— murió degollado en Beaver-Creak, Colorado, en un accidente de esquí. Dejó el recuerdo de un ser demasiado orgulloso para admitir que un hombre —según nos enseña Montesquieu— no es desgraciado porque tenga ambición, sino porque es devorado por ella.

IV

—Me gustaría, Señor, que volviéramos atrás por unos momentos. Vuestra Majestad nació en Roma.

—Sí, el 5 de enero de 1938. Hacía dos años que la guerra civil asolaba España.

—¿Por qué en Roma?

Don Juan Carlos sonríe antes de responder:

—Mi padre dice a menudo que la Monarquía tiene el deber de ser nómada. Quiere decir con ello que tenemos que movernos sin cesar por todo el país, para mostrarnos, tomar contacto con la gente, aprender a conocerla, a comprenderla, a quererla... Y bien, durante muchos años mi familia fue nómada por la fuerza de las cosas. En 1931, cuando mi abuelo don Alfonso XIII se fue de España, se instaló primero en Francia y después en Roma, donde vivió hasta su muerte. Mis padres, que habían decidido vivir en Cannes, tuvieron que irse de allí debido a las manifestaciones hostiles en su contra durante el Frente Popular. Por lo que sé, desde el comienzo de la guerra civil el Gobierno de la República presionó a las autoridades francesas para que les obligaran a irse de Francia. Primero se instalaron en Milán, luego en Roma, donde vivieron algún tiempo en el hotel Eden antes de instalarse en el último piso del palacio Torlonia, en via Bocca di Leone. Finalmente se instalaron en Villa Gloria, en el viale Parioli. No tengo ningún recuerdo de Villa Gloria, pero sé que entonces el viale Parioli se encontraba casi en la periferia de Roma. Era un barrio donde vivía gente de la burguesía media, médicos, abogados, comerciantes... En todo caso no era un barrio residencial de lujo. Mis padres no se lo hubieran podido permitir.

A don Juan Carlos le bautizó el cardenal Pacelli —el futuro Pío XII— en la capilla de la Orden de Malta.

—Vuestro primer nombre es Juan, como el de vuestro padre. ¿Por qué el segundo?

—Era el nombre de mi padrino, mi abuelo el infante don Carlos de Borbón-Dos Sicilias, que se había casado con doña Luisa de Orleans, hija del conde de París. En mi bautizo, a mi padrino le representaba mi tío el infante don Jaime, pues aquél era general con mando de tropas en el ejército español y no podía desplazarse. Mi madrina fue mi abuela, la reina Victoria.

—¿Por qué razón se eligió la capilla de la Orden de Malta para vuestro bautizo?

—Simplemente porque se encontraba en la via Condotti, a dos pasos del palacio Torlonia. El propietario, Alessandro Torlonia, príncipe de Civitella Cesi, se había casado con mi tía la infanta Beatriz, una de las hermanas de mi padre. Allí se dio la recepción, a la que acudieron algunos españoles que pudieron desplazarse. No era el momento idóneo para viajar al extranjero. España estaba en plena guerra civil y la propia Italia se preparaba a entrar en otra... He oído hablar mucho a mis padres sobre la tensión en que se vivía cuando yo nací. Para los míos, la guerra civil era una tragedia cuyo resultado aparecía todavía incierto. Para muchos italianos, que detestaban el fascismo, el porvenir se presentaba de lo más negro.

Un ayudante entra en el despacho para entregar un sobre al Rey. Cuando nos quedamos de nuevo a solas, le pregunto:

—¿Recordáis el momento en que por primera vez os sentisteis... español?

Don Juan Carlos me mira un instante, estupefacto, como si no hubiera comprendido bien el sentido de mi pregunta. Después responde:

—Yo... siempre he tenido presente a España, ¡siempre! Creo que mis padres comenzaron a hablarme de España desde la cuna. De hecho, España era el único tema de conversación que apasionaba a mi padre. Todo lo relacionaba siempre con España.

Don Juan Carlos calla. Cambia de voz —un tono más sordo, más íntimo— cuando me dice:

—Creo que mi padre pudo soportar el exilio sólo porque vivía con la certidumbre de que un día u otro volvería a España, su paraíso perdido.

—También Vuestra Majestad ha conocido el exilio.

—Sí, pero mi exilio no tenía nada en común con el de mi padre. Yo había nacido exiliado. Nunca había conocido mi país. No podía añorar lo que añoran siempre los exiliados, esas cosas que no se escriben con mayúsculas. Pequeñas cosas tan importantes como la vida misma: colores, olores, voces familiares, cosas que se comen y se beben en el propio país y en ninguna otra parte. Mi padre había nacido en España. Había pasado aquí su infancia y una parte de su juventud. Sabía muy bien lo que había perdido. Su añoranza era real. Yo no tenía añoranza. Solamente esperanza. Y mucha curiosidad, José Luis, mucha curiosidad. Cuando el *Lusitania-Express* entró en Extremadura me obsesionaba esta idea: la España que desfilaba ante mis ojos, ¿era la España de que me hablaba mi padre?

—¿Lo era?

—Sí. Pero había que mirarla con el corazón, y no solamente con los ojos. Para mí era una cuestión de tiempo.

Los dedos del Rey se entrelazan sobre la madera pulida de la mesa.

—Morir en el exilio —dice don Juan Carlos— debe de ser lo peor que le puede suceder a un hombre. Estoy seguro de que durante su largo exilio esa idea debió de atormentar mucho a mi padre. Sobre todo durante la guerra civil. Si la República hubiera ganado la guerra, se hubiera acabado la posibilidad de nuestro retorno.

—La República perdió la guerra y sin embargo el conde de Barcelona tardó años en poder volver a su tierra.

Don Juan Carlos calla de nuevo. Mueve la cabeza y murmura:

—Sí. Para él debió de ser muy doloroso tener que decidir que yo volvería primero. A veces me estremezco pensando en lo que ese hombre debió de sufrir.

Suena el teléfono y oigo al Rey pronunciar el nombre de su hermana, doña Pilar. Me levanto y me alejo discretamente de su mesa. Las carabelas del duque de Baena brillan suavemente sobre las estanterías al alcanzarlas un último rayo de sol. Cuando el Rey cuelga el teléfono, vuelvo a sentarme frente a él.

—Sabes —prosigue en un tono confidencial—, cuando ya hacía años que yo estudiaba en Madrid y que mi padre se consumía en Estoril (tan cerca y tan lejos de España), nuestras relaciones fueron a veces difíciles, porque cuando me hablaba de España lo hacía de una España que formaba parte de su memoria histórica, de su nostalgia, una España convertida en un sueño, un puro reflejo de su espíritu. Y yo, que vivía en España, que la respiraba, que le tomaba el pulso cada día, me decía: «La España de que me habla mi padre ya no existe. España ha cambiado, los hombres y las mujeres que viven aquí ahora no se parecen en nada a los que mi padre conoció a los dieciocho años, la edad que él tenía cuando comenzó su interminable exilio.» Pero no podía contradecirle brutalmente diciéndole: «Papá, te equivocas, las cosas ya no son así. Tu España y mi España son dos Españas diferentes.»

Esta vez el silencio de don Juan Carlos no parece tener fin.

—Mi padre, sabes —dice al fin—, es un hombre tan decente —y el Rey pone énfasis en esa palabra— que se encuentra prácticamente indefenso delante de las trastadas que a menudo le han hecho en su vida. Por ejemplo, tenía las mayores dificultades para entenderse con Franco, porque mi padre es un hombre que va derecho al grano y el General, normalmente tan silencioso, podía, cuando le convenía, hablar horas enteras para no decir nada. Esos largos monólogos durante los que Franco hablaba mucho de la guerra de África (que no tenía nada que ver con los temas que se hubieran debido discutir) exasperaban a mi padre. Él es un hombre más claro que el agua, y el General complicaba las cosas deliberadamente con una especie de incapacidad para subir escaleras sin tener el aire de bajarlas. Era éste un talento que mi padre no apreciaba en absoluto. También yo fui a menudo víctima de esa inclinación del General hacia el secreto y el disimulo. Me acuerdo que a principios de julio de 1969 me fui de vacaciones a Estoril para pasar el día de San Juan con la familia. Muchos españoles iban por esas fechas a Portugal para felicitar al Rey. A mi padre le gustaba tener aquel día a toda la familia alrededor. Antes de irme de Madrid fui a El Pardo a despedirme del General.

»—¿Cuándo tenéis pensado regresar, Alteza? —me preguntó.

»—El doce o el trece, mi general. En todo caso, estaré de vuelta para el desfile militar del dieciocho de julio.

»—Muy bien. Pero venid a verme en cuanto regreséis, porque tengo algo importante que deciros.

»Estas últimas palabras del General me intrigaron, pero las olvidé enseguida. En cuanto llegué a Estoril mi padre me dijo que sabía de buena tinta que Franco tenía intención de nombrarme sucesor "a título de rey" muy pronto. Le dije a mi padre que Laureano López Rodó me había dicho más o menos lo mismo en Madrid, pero que por el momento sólo eran rumores. Si el nombramiento fuese inminente, expliqué a mi padre, Franco me lo hubiera dicho cuando fui a despedirme de él antes de venir aquí. "¿Entonces no sabes nada preciso?", insistió mi padre. "No, absolutamente nada."

»De vuelta a Madrid cuando se acabaron las vacaciones, fui a El Pardo a saludar al General. Como de costumbre, me recibió con mucha amabilidad.

»—¿Cómo está vuestra familia, Alteza?

»—Muy bien, mi general, gracias.

»—Bien. Tengo que anunciaros algo —me dijo sin cambiar de tono—. El próximo día 22 de julio voy a nombraros mi sucesor "a título de rey".

»Eso caía cinco o seis días más tarde. Me dejó estupefacto.

»—Pero, mi general, ¿por qué no me dijo nada cuando le vine a ver antes de ir a Estoril?

»—No quería que lo supierais antes de ver a vuestra familia —me respondió con la mayor tranquilidad del mundo.

»—Mi general, de todas formas ahora debo poner a mi padre al corriente de sus intenciones.

»—Preferiría que no lo hicierais.

»—Mi general, yo no puedo mentir a mi padre y menos todavía ocultarle una noticia tan importante.

»Me miró en silencio unos segundos, con cara impenetrable. Después me preguntó:

»—Entonces... ¿qué decidís, Alteza?

»No me dijo: "Tomaos tiempo para reflexionar vuestra respuesta." No. Tenía que responderle allí, enseguida. Al fin había llegado el momento que yo tanto temía. De pie, frente al General que esperaba imperturbable, hice un razonamiento muy sencillo, un razonamiento que ya había hecho a menudo para mis adentros. Mi padre, en contra de la opinión de muchos de sus consejeros, había querido que yo hiciera mis estudios universitarios y militares en España. Sabía mejor que nadie los riesgos que corría enviándome "al enemigo". No tardé mucho en saberlo yo también. Ahora, el envite principal no era saber quién iba a ser rey de España, si mi padre o yo. Lo importante era restaurar la Monarquía en España. "¿Qué decidís, Alteza?", acababa de preguntarme el general Franco. Si no le respondía allí, enseguida, podía apartarme de sus proyectos, porque no le gustaba que lo contrariaran y no le faltaban peones para continuar el juego si yo le dejaba el sitio libre. En tal caso, era seguro del todo que Franco no acudiría al conde de Barcelona. Dicho esto, José Luis, en ningún momento (y Dios sabe que sí hubo momentos difíciles) creí que el General fuera a cambiar de opinión respecto a mí. Que tardara tanto en nombrar un futuro rey no quería decir que no fuera un monárquico convencido. España (y eso me parece significativo) nunca dejó oficialmente de ser un reino durante todo el periodo que duró el franquismo. Yo hubiera querido naturalmente que las cosas pasaran de otro modo, sobre todo por respeto a mi padre. Pero aquel día Franco me puso entre la espada y la pared. Esperaba mi respuesta. Le dije: "De acuerdo, mi general, acepto." Sonrió imperceptiblemente y me estrechó la mano.

»De vuelta a casa llamé a mi padre a Estoril y le conté lo que acababa de pasar. Mi padre tuvo entonces una reacción perfectamente lógica. "Eso quiere decir —su voz se había alterado— que lo sabías cuando viniste aquí y que no has querido decírmelo." Le respondí que se equivocaba, que yo no sabía absolutamente nada cuando fui a Estoril. Estaba al corriente de ciertos rumores, lo mismo que él. Pero en Madrid hay que tomar los rumores por lo que valen. Yo decía la pura verdad, pero bajo el impacto de la noticia, mi padre no me creyó. Durante muchos meses estuvo muy frío conmigo. Después, con el tiempo, todo volvió a su cauce. Me abrazó y me dijo: "Después de todo, soy yo el que te ha puesto en ese trance al enviarte a España." Después añadió con amargura: "Pero nunca hubiera creído que las cosas se harían así."

»Las cosas se habían hecho según el estilo muy personal del General, que tenía costumbre de golpear duro, fuerte y sin avisar. Podía mostrarse extremadamente amable con uno de sus ministros a la salida de un Consejo y enviarle media hora más tarde un motorista comunicándole el cese. Reflexionando sobre ello después de tantos años, he llegado a la conclusión de que Franco se comportó en este asunto siguiendo una lógica que le era absolutamente personal. Hacía tiempo que había decidido que, mientras él viviera, mi padre jamás subiría al trono de España, y empleó el tiempo que consideró necesario para ponerme a prueba antes de nombrarme a mí heredero en lugar de a mi padre.

—El mismo hecho de nombraros debía de significar para él que su poder personal pronto llegaría a su fin.

—Sí, pero sólo con su muerte. Era quizá uno de los pocos españoles que sabía que algún día tendría que morir. Porque para la gente de su entorno, la muerte de Franco no estaba programada.

—¿Qué tipo de relaciones mantuvisteis con él?

—Dado el hombre frío y misterioso que era, mis relaciones con Franco fueron más bien buenas. Era muy amable, a menudo afectuoso, y siempre muy respetuoso con lo que yo representaba a sus ojos.

—Se ha dicho que os consideraba como a un hijo.

—¿Como al hijo que nunca tuvo?... Quizá sí. No dejaba de ser un hombre extraño. Cuando regresé a España después de casarme con doña Sofía, en 1962, no sabía en qué ocupar mi tiempo. A pesar de mi formación militar, sabía que Franco no iba a permitir que me encerrara en un cuartel o que sirviera a bordo de un barco de guerra. Entonces fui a verle y le dije: «Mi general, tengo que ocuparme en algo. Soy demasiado joven para estar sin hacer nada.» Me miró en silencio durante largo rato. Cuando tenía que responder a una pregunta que le parecía importante, Franco siempre se tomaba tiempo. Finalmente me dijo: «Haced que los españoles os conozcan, Alteza.» Y no dijo una palabra más. Yo tenía que comprender y decidir cuál era la mejor forma de que mis compatriotas me conocieran. Entonces, con la ayuda del general Vigón, que era ministro de Obras Públicas; de Vicente Mortes, su subsecretario, y de Laureano López Rodó me puse a estudiar los engranajes de la Administración Pública, pasando dos o tres meses en varios ministerios. Y después, siguiendo el consejo de Franco, empecé a viajar por toda España, visitando ciudad por ciudad, pueblo por pueblo.

—¿Cómo os recibía la gente cuando todavía erais un perfecto desconocido?

—Muy calurosamente y con mucha cordialidad. Naturalmente había excepciones a la regla. Recuerdo que en un pueblo, cerca de Valladolid, hubo gente que nos arrojó patatas cuando pasamos frente a ellos en coche. El ministro de Agricultura, con el que yo viajaba, estaba horrorizado. Tuve que tranquilizarle: «Cálmese, señor ministro, a quien las tiran es a mí, no a usted.» Otro día, en Valencia, iba andando por la calle con el capitán general de la región. Yo siempre tengo la costumbre de volverme para ver si me siguen y quién me sigue, y aquel día vi a un hombre que se acercaba a nosotros corriendo. Instintivamente, en lugar de avanzar más rápido, di un gran paso atrás y el capitán general se quedó solo en medio de la calle. A él le cayeron los tomates que me estaban destinados. Tuve que explicar de nuevo que los tomates eran para mí, y no para el capitán general. Gajes del oficio, como hubiera dicho mi abuelo don Alfonso XIII.

—Hubo una época en la vida de Vuestra Majestad que siempre me ha intrigado profundamente. Son esos años en los que aparecíais en público detrás de Franco, siempre silencioso, a menudo apesadumbrado. Se tenía la impresión de que estabais allí deseando estar a mil leguas del lugar. Para mucha gente erais alguien perfectamente enigmático. Y fuimos muchos los que nos equivocamos al respecto. Muchos de los que hoy son «juancarlistas» convencidos pensaban que si llegabais a subir al trono no duraríais más de quince días. Yo os había llamado Juan Carlos «el Breve», y Carrillo no andaba muy lejos de darme la razón.

El rostro del Rey se ilumina con una gran sonrisa:

—Oh, a menudo don Santiago y yo nos reímos de esto. No deja pasar una ocasión de recordarme hasta qué punto se equivocó.

La sonrisa del Rey desaparece y su rostro toma una expresión grave:

—¿Por qué guardaba siempre silencio? ¿Por qué nunca decía nada? Porque era una época en que nadie, ni siquiera yo, se atrevía a hablar. La autocensura (la prudencia, si prefieres) era general. Personalmente, yo no sabía cómo iban a ser las cosas. No sabía si yo iba a suceder a Franco estando él todavía vivo o si tendría que esperar su muerte para ser rey de España. Tampoco sabía cómo iba a aceptar el país el cambio que se le proponía.

—Cuentan incluso que cuando Franco empezó a agonizar

y Vuestra Majestad se mantenía a la espera de cómo se desarrollarían los acontecimientos, aquí, en La Zarzuela, con Torcuato Fernández Miranda, dijisteis: «Lo mismo podemos ver a gente que viene a ofrecerme la corona sobre un cojín, que a la Guardia Civil con orden de arrestarme.»

—Sí, creo que dije algo parecido. Estábamos todos muy nerviosos.

—Pero, ¿cómo era posible que Vuestra Majestad careciera hasta ese punto de información?

—No me faltaba información. Me faltaban *ciertas* informaciones. Sabía que Franco había decidido hacer de mí el rey de España, pero no sabía cómo iba a reaccionar el país a esta decisión del General. Porque, vamos a ver, ¿cuántos monárquicos había en aquella época, José Luis? Muy pocos, seamos sinceros. Así que había que ser realistas. Incluso la «operación retorno» de la Monarquía decidida por Franco no dejaba de ser peligrosa. ¿Cómo iba a reaccionar la izquierda? ¿Cuál sería la actitud del Partido Comunista? La gente no sabía nada. Pensando en ello, la frase del General en 1962 cobraba todo su peso: «Haced que los españoles os conozcan, Alteza.» Yo ya me había dado cuenta de que, si bien la aceptación de la Monarquía no iba a presentar problemas en el campo y en las ciudades pequeñas, a medida que se subía en la escala social apenas se disimulaban las reticencias. Sabía, eso sí, que los militares iban a aceptarme, porque yo había sido designado por Franco y las decisiones de Franco en el ejército no se discutían. También porque yo había pasado por todas las academias militares y me había ganado la amistad de muchos. Además, nunca perdía la ocasión de volver a tomar contacto con mis antiguos compañeros.

De repente don Juan Carlos levanta la voz y me pregunta:

—Si no hubiera tenido amigos fieles en el ejército, ¿crees que hubiera podido hacer lo que hice la noche del 23-F? Por supuesto que no.

Don Juan Carlos recupera su tono normal y me dice:

—Sabes, a Franco le pedí a menudo que me dejara pasar algún tiempo con mis compañeros de promoción en algún cuartel, o servir en un barco de guerra. A lo que el General me respondía: «¿Para qué? ¿Para ir al bar a jugar a las cartas?»

—El general Monasterio, que estaba al mando de la Caballería durante la guerra civil y del que mi padre fue ayudante durante toda la guerra, pretendía que Franco sentía un cierto desprecio por el ejército.

—Delante de mí nunca lo mostró —responde don Juan Carlos bastante secamente—. No quería que me incorporara al ejército porque sabía que tenía algo mejor que hacer que irme de teniente a cualquier regimiento. Antes me decías que en aquel tiempo yo hablaba poco. Es cierto. Pero escuchaba mucho. Y viajaba sin cesar por todo el país para intentar comprender mejor lo que era España. Sólo cuando Franco murió, sin embargo, me di cuenta de lo que se me venía encima. Mi gran preocupación era: muerto Franco, ¿cómo lo voy a hacer para instaurar la democracia? Me acuerdo de que Torcuato Fernández Miranda me decía:

»—No os angustiéis. Será más fácil de lo que imagináis. Cuando la gente vea que en lugar de Franco hay un rey comprenderá, sin que haya necesidad de explicárselo, que las cosas no pueden continuar como antes.

»—Sí —le respondía yo—, pero necesitaré un mínimo de tiempo, un paréntesis, para que entiendan bien lo que tengo la intención de hacer.

»Y Torcuato me decía:

»—Vuestro primer discurso será la clave de todo el cambio, y en él habréis de decir a los españoles: esto es lo que tengo la intención de hacer y así es como voy a hacerlo.

»Torcuato sabía que en el fondo mi pensamiento político era el mismo que el de mi padre: yo quería ser el rey de todos los españoles. Y me las arreglé para meter esa frase en mi primer discurso.

—¿Cuáles fueron las reacciones?

—Pues bien, como puedes imaginar —dice don Juan Carlos sonriente—, hubo gente que se inquietó bastante. Pero la gran mayoría del país respiró a gusto.

—¿Pensáis que Franco creía de verdad en su célebre frase: «Lo dejo todo atado y bien atado»?

—Nunca escuché esa frase de sus labios, y pienso que no hay que tomarla al pie de la letra. Creo que con esas palabras el General quería dar a entender que dejaba detrás de él las estructuras que el país necesitaba. Era demasiado inteligente como para creer que a su muerte las cosas se quedarían tal como estaban.

—Encuentro curioso que Franco, teniendo la intención de hacer de Vuestra Majestad su sucesor, no os pidiera colaborar con él en las funciones del Estado, que no os diera más explicaciones, más consejos.

—Franco sabía muy bien que yo no podría seguir la mayor parte de sus consejos. En cualquier caso, no todos. Pero me acuerdo de que, cuando ya estaba él gravemente enfermo, acudí a visitarle, me acerqué a su cabecera y entonces me cogió la mano, la apretó muy fuerte y me dijo en un suspiro: «Alteza, la única cosa que os pido es que mantengáis la unidad de España.» Es cierto que a menudo le pedí que me permitiera asistir a un Consejo de ministros para ver cómo los lidiaba. Él me respondía siempre: «No os serviría para nada porque no podréis hacer lo que yo hago.» A propósito de la frase esa de «atado y bien atado», sin duda tiene doble sentido, como muchas cosas que Franco decía. Franco tenía a veces el humor negro característico de los españoles. Recuerdo que, siendo ya príncipe de España, la prensa desencadenó una campaña de una violencia inaudita contra mi padre. Lo trataron de masón, de peligroso demagogo, incluso de inglés, porque había servido en la Marina Real Británica. Fui a quejarme al General. «No puede usted tolerar —le dije— que traten así a mi padre estando yo aquí.» Me miró sin pestañear y me respondió, sin la menor sombra de sonrisa: «Oh, ya sabéis, Alteza, son cosas de la prensa.» Y eso me lo decía en un tiempo en que ni un solo director de periódico se hubiera atrevido a publicar la más mínima palabra que hubiese podido disgustar al General.

—Además de irónico, cínico.

—El General te hubiera respondido: «La política es la política.» Pensándolo bien, mis relaciones con Franco nunca fueron banales. Yo siempre fui perfectamente sincero con él. Cuando algo no me gustaba, iba a decírselo. A veces le prevenía contra posibles problemas: «Mi general, he oído decir tal y tal cosa. Yo, en su lugar, lo verificaría.» Creo que apreciaba mi modo franco de hablar. En todo caso, sabía que yo nunca le doraba la píldora.

—Debíais de ser el único.

—Probablemente, no lo sé. No tenía nada que perder ni que ganar, pero así me quedaba en paz conmigo mismo. La única cosa que Franco hubiese podido decirme era: «Vuélvase a Estoril con su padre.» Y me hubiera ido encantado. A veces me preguntan si el General ejerció sobre mí una gran influencia. Pues sí, me influyó, por ejemplo, en la manera de ver las cosas con tranquilidad, tomando distancia, con cierto desapego. Pero sobre temas concretos, no creo que Franco haya intentado influirme nunca. Nunca iba más allá de una insinuación, de un consejo apenas velado. Siempre me dejó actuar con perfecta libertad. Dicho esto, no se preocupaba demasiado por facilitarme las cosas. Cuando ya estaba gravemente enfermo, me pidió que presidiera en su lugar el Consejo de ministros. Una vez terminaba el Consejo, tomé la costumbre de ir a verlo a su cama para informarle sobre lo que se había discutido. Por mi parte era un gesto de cortesía hacia una persona que seguía siendo el jefe del Estado. Pero a menudo, cuando llegaba al pie de su lecho, me encontraba a tal o cual ministro que se me había adelantado y le había informado en mi lugar. Un día, harto ya, me enfadé: «¿Qué pasa, mi general? Soy yo el que tengo que venir a dar cuenta de lo que ha pasado en el Consejo, y no tengo la intención de hacer carreras de automóviles para ser el primero en llegar. Si esto sigue así no vuelvo a presidir el Consejo.» Mis problemas parecían divertirlo. Tenía la impresión de que me ponía continuamente a prueba para percibir mejor mi carácter, para averiguar mis posibles fallos. Un día, al llegar a su cuarto, cuando me disponía a informarle me detuvo con un gesto: «No os molestéis, Alteza... Hoy el ministro de Agricultura ha llegado diez minutos antes que Vuestra Alteza.»

El Rey se echa a reír de buena gana.

—Cuando antes hablábamos de vuestra infancia en Roma dejasteis entender que vuestra familia sufría en aquel tiempo problemas de dinero.

—Sabes, cuando mi abuelo el rey Alfonso XIII se fue de España, en 1931, no tenía lo que hoy se dice una fortuna importante. Por otro lado, que yo sepa, los reyes nunca han tenido la costumbre de marcharse con la caja. Desde pequeño siempre he oído hablar en casa de problemas económicos. Para nosotros el dinero era un tema constante de preocupaciones. Tenía cinco o seis años cuando hice el primer mal negocio de mi vida. Fue en Lausana. Un español que había venido a visitar a mi padre me regaló una pluma de oro. Justo delante del hotel Royal, donde vivíamos, había una tienda a la que íbamos a comprar caramelos y chocolate. Como no tenía un céntimo en el bolsillo tuve la luminosa idea de ir a ver al portero del hotel para enseñarle mi pluma. «Es de oro —le expliqué—. ¿Cuánto me da por ella?» El portero me ofreció cinco francos. Le di mi pluma y me precipité a la tienda para comprarme unos caramelos. En cuanto mi padre se enteró fue a ver al portero, le dio diez francos y recuperó la pluma. Me dijo muy severo: «Me has hecho perder cinco francos.»

»Antes de ser príncipe de España y de recibir una asignación del Estado, a menudo andaba corto de dinero. Te decía el otro día que el marqués de Mondéjar ha sido para mí como un padre. Durante cierta época él era quien pagaba mis trajes en Collado. Digan lo que digan, ni mi padre ni ningún otro miembro de la familia real cobraron nunca un duro del Estado español durante todo el tiempo que duró nuestro exilio. En la época de don Alfonso XIII, el rey tenía una lista civil, o, si lo prefieres, un sueldo que le pasaba el Estado. Con ese salario había que pagar el mantenimiento de todos los palacios reales, Oriente, El Escorial, La Granja, Los Alcázares, Pedralbes... y otros que me olvido. Todo el dinero, sumas que debían de ser astronómicas, desaparecía en el saco roto de todas aquellas residencias suntuosas que no se pueden mantener con una docena de personas. Se necesitaban centenares, y sus sueldos se pagaban con la bolsa personal del rey. Sus cifras daban vértigo. Cuando yo estudiaba en San Sebastián, me alojaba en el palacio de Miramar, que era propiedad privada de mi padre, quien lo había heredado de don Alfonso XIII. Vivía solamente en algunas habitaciones, el resto permanecía cerrado porque mi padre no tenía medios para hacer frente al mantenimiento de todo el palacio. A su regreso a España mi padre vendió Miramar, lo mismo que más tarde el palacio de la Magdalena, que también era de su propiedad.

—¿Fue por los consejos de don Miguel Maura por lo que Vuestra Majestad no se instaló en Madrid, en el palacio de Oriente?

—No —responde el Rey riéndose—, aunque alguno de esos consejos me parece muy juicioso. Nunca pensé en instalarme en Oriente porque desde 1960 vivo aquí, en La Zarzuela, una casa que a doña Sofía y a mí nos gusta mucho, lejos de la ciudad, del ruido, de la contaminación y de las visitas inoportunas. Además yo no sé si tú has visitado los apartamentos privados del palacio de Oriente, pero lo menos que se puede decir es que mis abuelos y sus hijos no vivían con un lujo asiático. Si hubiera querido instalarme en Oriente en 1975, hubiera tenido que mandar hacerlo todo: la fontanería, la electricidad, la calefacción... Creo que el general Franco había pensado en restaurar un ala del palacio para hacerlo habitable, pero todo se quedó en un proyecto, probablemente porque resultaba demasiado caro.

—Se dice que el rey de España es el rey peor pagado de Europa.

—Creo que es un poco arriesgado simplificar las cosas hasta ese punto. Si se nos compara con los ingleses, quizá. Pero si es cierto que en España el rey no está demasiado bien pagado, por otro lado muchos de sus gastos corren por cuenta del Estado, que concede una lista civil al Rey, pero también a la Reina, al príncipe de Asturias y a las dos infantas. En tiempos de Alfonso XIII eso no existía. Quizá los monarcas ingleses estén mejor pagados que nosotros, pero nosotros tenemos un Patrimonio Nacional que corre con muchos gastos, entre otros el mantenimiento de los palacios reales. Antes, el Patrimonio Nacional era el Patrimonio Real, que comprendía todos los bienes de la Corona. Al final de la guerra civil, el Patrimonio Real se convirtió en Patrimonio Nacional y los bienes de la Corona se convirtieron en bienes nacionales. En cuanto al personal al servicio de la Corona, no se contrata como antes. He querido que esos puestos se cubran con gente procedente de la Administración Pública y no con gente relacionada con la Corona, como en tiempos de mi abuelo.

El Rey hace una pausa mientras mira las fotos de la Reina y de los infantes que él mismo ha tomado.

—Me preguntabas antes si en un momento dado tuve la intención de instalarme en Oriente. Pues no, nunca, y no solamente por razones económicas. Tenía otro motivo mucho más importante. Tenía la ambición de vivir con los míos una vida lo más parecida posible a la de una familia normal, en una casa en la que pudiéramos olvidar de vez en cuando el peso del Estado. Para eso necesitaba un alojamiento de escala humana, y Oriente no lo es. Oriente es un palacio, un enorme palacio. Sabes, José Luis, la profesión de rey es agotadora. De vez en cuando hay que poder olvidarla. La Zarzuela es un verdadero hogar. Oriente no hubiera podido serlo jamás. Aquí estamos entre nosotros, en habitaciones de dimensiones normales. El Príncipe va a la universidad, vuelve a comer, se va. Las infantas hacen lo mismo. Cuando nos encontramos todos juntos tenemos la ilusión de ser una familia como cualquier otra. El duque de Edimburgo se quejaba un día de que nunca podía tomar en su casa una taza de café caliente. En Buckingham Palace, la distancia entre las cocinas y los apartamentos es tan grande que el café se enfría por el camino. Están obligados a recalentar el café en un infiernillo, los pobres.

El teléfono suena de nuevo. El Rey descuelga, escucha unos instantes en silencio y dice: «Estoy aquí con José Luis de Vilallonga.» Cubre el aparato con la mano y me anuncia: «Es la Reina.» Instintivamente me incorporo. Y el Rey le dice a doña Sofía: «Se ha cuadrado.» Después se levanta y me da la mano por encima del despacho.

—Debo dejarte. Me esperan para cenar.

V

Algo que no se le puede reprochar a Franco es haber dejado de lado la educación del futuro rey de España.

—En 1953 —me explica don Juan Carlos— o quizá en 1954 (soy terrible con las fechas), mi padre y el General se encontraron en Las Cabezas, una finca perteneciente al conde de Ruiseñada. El tema que se iba a tratar aquel día era cuándo y cómo iba yo a hacer mis estudios universitarios y militares. Mi padre deseaba enviarme a la Universidad de Bolonia, de reputación mundial, o bien a la de Lovaina, en Bélgica. Después volvería a España para entrar primero en la Academia Militar de Zaragoza, después en la de Marina y finalmente en la de San Javier. Franco no estaba de acuerdo con ese programa. «Alteza —le dijo a mi padre—, si las cosas se hacen como Vuestra Alteza pretende, cuando el Príncipe venga a España tendrá ya veintidós o veintitrés años. A esa edad, será muy difícil para él integrarse en la vida militar rodeado de compañeros que tendrán todos entre diecisiete y dieciocho años. En España se llega a teniente a los veinte años. El Príncipe no se sentiría a gusto con compañeros mucho más jóvenes que él. En mi opinión, primero debería hacer sus estudios militares, y una vez acabados éstos, matricularse en alguna de nuestras grandes universidades, pues está fuera de lugar que un Príncipe que algún día ha de reinar sobre España se eduque en el extranjero.» La discusión entre los dos hombres duró un par de horas. Al final, sin más argumentos, pero sobre todo comprendiendo que Franco tenía razón, mi padre cedió. Por eso entré en la Academia Militar de Zaragoza a los diecisiete años. La disciplina era muy dura y mi padre había insistido para que me trataran como a cualquier otro alumno. Más tarde, desgraciadamente, las circunstancias políticas no me permitieron acabar mis estudios universitarios como yo lo hubiera deseado.

»En cuanto mi padre y el General se pusieron de acuerdo, me enviaron a Madrid. Allí me alojé en casa de los Montellano, que entonces vivían en un palacete de la calle de Eduardo Dato, hoy sede de una importante compañía de seguros. Me preparé en el Colegio de Huérfanos para entrar, en 1955, en la Academia Militar de Zaragoza. Después, entre 1957 y 1958, me enviaron a la Escuela Naval de Marín (formé parte de uno de los viajes del buque-escuela *Juan Sebastián de Elcano*) y mis estudios militares terminaron en la Academia del Aire de San Javier.

»Durante ese tiempo el duque de La Torre preparaba con mi padre el programa de mis estudios universitarios. En contra de la opinión de los miembros de su consejo privado, el duque había convencido a mi padre de que había de enviarme a la Universidad de Salamanca, pues la idea principal del duque era mantenerme lo más alejado posible de Madrid para que no me influyeran las ideas perniciosas de la capital y las intrigas de los tiburones del poder que nadaban entre dos aguas. Creo que también quería evitar una proximidad demasiado estrecha con Franco, con quien no se llevaba demasiado bien. Sin embargo, cuando tuve en el bolsillo mis diplomas de los tres ejércitos de Tierra, Mar y Aire, mi padre, que había cedido a las presiones de su consejo privado, decidió que yo hiciera mis estudios universitarios en Madrid y no en Salamanca. Por una vez Franco estuvo de acuerdo con él. Mientras me hospedé en las diferentes academias, Franco tuvo una discusión bastante violenta con el duque de La Torre a propósito de mí. El General no quería que fuese a la Universidad de Salamanca porque uno de sus profesores era don Enrique Tierno Galván, el "viejo profesor". Al duque de La Torre aquellas razones le parecieron ridículas y se puso rojo de furia. Para él, la Universidad de Salamanca era la más antigua y la más prestigiosa de las universidades españolas, cargada de historia y de tradición, y por lo tanto ideal para educar al futuro rey de España. Mi padre, apoyándose en la opinión de Franco y de los miembros de su consejo privado, puso fin a la controversia anunciando que me quedaría en Madrid. Entonces, el duque de La Torre, que no era hombre flexible, se despidió: "Me disteis vuestra confianza para la educación del Príncipe —dijo a mi padre—, y ahora Vuestra Alteza, de acuerdo con el general Franco, ha decidido retirármela. Así las cosas, me vuelvo a mi casa." Y el duque se fue dando un portazo. Me hizo saber cuánto lamentaba tener que dejarme. La marcha del duque me apenó mucho. Pero no podía hacer nada por él. Nadie había pedido mi opinión. Yo estaba como sobre un campo de fútbol. El balón estaba en el aire y yo no sabía de qué lado iba a caer.

»Pese a todo, Franco estaba de acuerdo con el duque de La Torre por lo que tocaba a la ciudad de Madrid. No quería que yo viviera en la capital. "Debéis estudiar —me dijo— en paz y tranquilidad. He pensado que podríais vivir en la Casita de Arriba." Era ésta un palacete que Franco se había hecho construir por si necesitaba refugiarse durante la Segunda Guerra Mundial. No era en absoluto un búnker, no te creas, era una especie de casa de muñecas cerca de El Escorial. Un salón, un comedor, tres dormitorios y un despacho. Eso era todo. Pero la Casita tenía una red de comunicaciones ultramodernas. Nadie hubiera creído que podía servir de refugio a una persona verdaderamente importante.

»El General me propuso instalarme en la Casita mientras se terminaban las obras de restauración de La Zarzuela. Viví allí durante varios meses. Iba a la universidad todos los días a las nueve de la mañana, volvía para comer y tenía las tardes libres para hacer deporte. La Casita estaba a cincuenta kilómetros de Madrid, por lo que me pasaba varias horas al día al volante.

El Rey me mira como si esperara una pregunta que no le hago. Entonces dice:

—Sí, a fin de cuentas Franco ganó en toda la línea. Me tenía cerca y me sustrajo a la influencia que hubieran podido ejercer sobre mí los hombres del consejo privado de mi padre, hombres que no le gustaban porque los consideraba demasiado liberales.

—Creo, Señor, que en aquella época entró en vuestra vida un hombre clave de la política española.

—¿Torcuato Fernández Miranda? Sí. Sobre todo fue un hombre que contribuyó mucho a mi formación de futuro rey. Venía todas las mañanas a la Casita para darme lecciones de Derecho político. Se sentaba delante de mí, sin papeles, sin notas, y me hablaba durante horas. Era un hombre de una inteligencia fascinante. Al cabo de algunos días le pregunté:

»—¿No me va a traer libros?

»—Vuestra Alteza no los necesita.

»—¡Cómo que no los necesito! ¡Los necesito para estudiar!

»—No, no... Vuestra Alteza debe aprender escuchando y mirando a su alrededor.

»—Pero cuando tenga que pasar un examen...

»Torcuato me interrumpía:

»—No los necesita.

»—¡Sí que los necesito!

»—No.

»Y no salíamos de ahí. Cuando me hablaba de mi futuro oficio de rey, de lo que yo tendría que hacer o no hacer, me dejaba angustiado:

»—Pero cómo voy a ponerme al corriente de todas esas cosas... ¿Quién va a ayudarme?

»—Nadie. Tendréis que hacer como los trapecistas que trabajan sin red.

»—¿Sin red?

»—Sin red.

»Eran conversaciones totalmente surrealistas. Torcuato —continúa diciéndome don Juan Carlos— tenía un sentido del humor frío que a veces era muy difícil de coger, porque sonreía muy raras veces. Pero me enseñó a tener paciencia, serenidad y, sobre todo, me enseñó a ver las cosas tal como son, sin hacerme ilusiones y sin fiarme demasiado de las

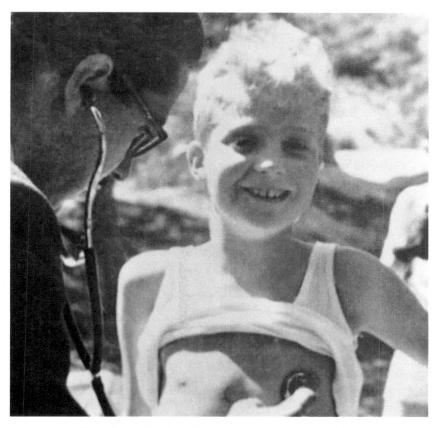

Don Juan Carlos durante una revisión médica.

«Mi opinión es que la amistad debe ser el resultado de una larga relación de confianza y de fidelidad. Es una prueba difícil y de fondo. Para mí, personalmente, el peligro se encuentra en la utilización que puede hacerse de mi amistad si la otorgo a alguien. Cuando se es rey, no siempre es fácil distinguir entre un cortesano y un amigo. Por lo demás, raras veces me equivoco a este respecto.»

Don Juan Carlos con sus compañeros del equipo de fútbol.
Junto a ellos don Heliodoro Ruiz Arias.

*«Estoy convencido de que el deporte tiene una importancia
enorme en el desarrollo de cada cual. El deporte te enseña la
tenacidad y te obliga a una disciplina de todos los días,
haciéndote sentir un hombre perfectamente libre.»*

«En Las Jarillas estaba también don Heliodoro Ruiz Arias, nuestro profesor de educación física [en la foto, corriendo]. Me entendía muy bien con él. Se le había metido en la cabeza hacer de mí un atleta completo. Su hijo, que también se llamaba Heliodoro, se ocupaba de nuestra salud. Don Heliodoro padre había sido monitor de gimnasia de José Antonio Primo de Rivera, el fundador de Falange, de quien yo había oído hablar mucho en casa.»

«No creas que nos trataban a cuerpo de rey. De hecho nos hacían estudiar mucho más que en un colegio ordinario, pues "dado quiénes éramos teníamos que dar ejemplo".»

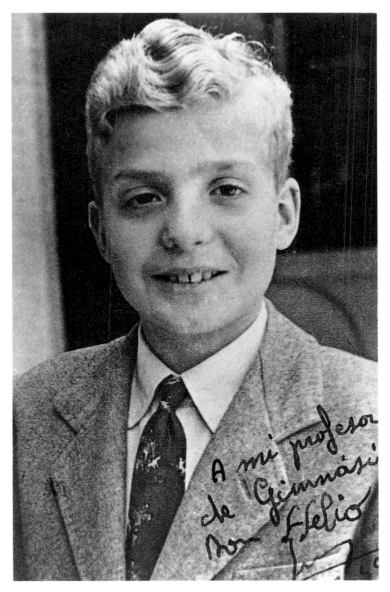

Fotografía dedicada a don Heliodoro Ruiz.

«Yo había nacido exiliado. Nunca había conocido mi país. No podía añorar lo que añoran siempre los exiliados, esas cosas que no se escriben con mayúsculas. Pequeñas cosas tan importantes como la vida misma: colores, olores, voces familiares, cosas que se comen y se beben en el propio país y en ninguna otra parte.»

Don Juan Carlos durante una partida de caza. A su lado, el marqués de Manzanedo. Detrás, contemplando el tiro, Francisco Franco.

El joven príncipe durante una cacería.

Otra imagen del príncipe durante su etapa escolar.

Junto a don Heliodoro Ruiz.

Un retrato de la adolescencia.

Junto al padre Aguilar.

apariencias. "Cuando digo a Vuestra Alteza —repetía a menudo— que mire bien a su alrededor, es para que comprenda que, a veces, situaciones que parecen idénticas son en el fondo muy diferentes. La Historia se repite, pero no se parece. Cada vez el envite es diferente."

—Es más o menos lo que decía Franco.

—En efecto. Torcuato estuvo a mi lado prácticamente desde los años sesenta. Yo puse toda mi confianza en él. Hasta su muerte fue de una lealtad total, perfecta. Cuando fui nombrado rey, el 22 de noviembre de 1975, el presidente del Gobierno era Arias Navarro y el presidente de las Cortes Rodríguez de Valcárcel, los dos, como tú sabes, fieles al General. Por razones políticas, y porque había que tener tranquilo al país, tuve que conservar a los dos en sus puestos durante algún tiempo. Pero cuando el 1 de julio de 1976 Arias se vio obligado a presentarme su dimisión, le pregunté a Torcuato: «¿Quieres ser presidente del Gobierno o presidente de las Cortes?» El puesto más importante del reino, después del mío, es el de presidente del Gobierno. No podía ofrecer nada mejor al hombre al que tanto debía. Torcuato me respondió sin dudar un segundo: «Al hombre político que soy le gustaría más ser presidente del Gobierno, pero puedo seros mucho más útil como presidente de las Cortes.» Era un hermoso gesto por parte de Torcuato. Aquellos días vivíamos momentos difíciles, por no decir peligrosos. La maquinaria franquista seguía en su sitio y disponía todavía de un enorme poder. Había que tomar en consideración que las Cortes eran una emanación del régimen precedente y que el Consejo del Reino lo integraban los ultras más puros y duros del franquismo. También había, naturalmente, hombres como Miguel Primo de Rivera, que me era fiel, con los que podía contar para comenzar con suavidad el cambio. Pero desgraciadamente eran una minoría. El único hombre capaz de influir en un sentido o en otro al Consejo del Reino era el presidente de las Cortes. Torcuato lo sabía y por eso prefirió ese puesto al de presidente del Gobierno. Durante semanas, tejió pacientemente su tela de araña conversando en privado con los procuradores más reticentes al menor cambio. Lo mismo hizo con los miembros del Consejo, con los que tomó la costumbre de reunirse cada quince días. Cada vez, la prensa y la gente enterada se decía: «El Consejo se ha reunido, algo debe pasar.» Pero no pasaba nada. Luego, un día, Torcuato vino a verme y me dijo: «Majestad, decidme el nombre del hombre que debe sustituir a Arias Navarro y me comprometo a hacer que lo voten.» Había trabajado en silencio durante semanas, argumentando con los unos, convenciendo a los otros. Todo el mundo le escuchaba y le respetaba porque era un hombre de una gran autoridad moral, que sabía juzgar a los hombres que se disponía a combatir.

—Sé que Vuestra Majestad estaba muy molesto por tener que jurar ante las Cortes el mantenimiento de los principios del Movimiento.

—Sí, porque sabía que incluso si juraba mantenerlos, los principios del franquismo no podían seguir vigentes, pues ello equivalía a admitir que el régimen precedente seguía en su lugar. Pero Torcuato, sin perder la calma, me decía: «Vuestra Alteza no debe preocuparse. Jurad los principios del Movimiento, que más tarde los iremos cambiando legalmente uno tras otro.» Su frase favorita era: «Hay que ir de la ley a la ley.» Y así fue como se hizo. Finalmente, todo el mundo, incluso los más encarnizados defensores del régimen franquista, comprendieron que, muerto Franco, las cosas no podían seguir como estaban.

—¿Se puede hablar en ese caso de un suicidio colectivo de los procuradores franquistas?

—Si quieres. Pero son palabras que no quiero que pongas en mi boca.

—Resulta increíble que el paso de una dictadura a una monarquía constitucional y democrática se haya hecho sin sobresaltos, de una manera tan fluida, tan serena. Parece un milagro.

—El milagro era poder contar con el pueblo español, que

en su gran mayoría nos dio su confianza, a la espera de lo que, gracias a Dios, le hemos podido dar.

Don Juan Carlos duda un instante antes de añadir:

—No creo que en ningún país del mundo haya habido un rey a quien se le haya dado la posibilidad de hacer lo que yo hice.

—A la vista de lo realizado, vuelvo a aquello del «hombre providencial». Nadie hubiera podido hacerlo en vuestro lugar.

—Seguramente no. Pero... lo de «hombre providencial» suena un tanto pomposo. Digamos más bien que yo era *the right man in the right place at the right moment.* Y además, para qué negarlo, a mí la suerte me sonríe a menudo. Tengo el don de cogerla al paso, incluso de provocarla. Creo firmemente que hay que defender la propia suerte con el mismo encarnizamiento con el que se defiende el propio derecho. Pero la suerte tiene toda clase de rostros. La mía ha consistido en tener siempre a mi lado al hombre que hacía falta en las situaciones delicadas. Sin duda Torcuato ha sido uno de esos hombres.

—¿Por qué la elección de Suárez?

—Porque era un hombre joven y moderno. Porque procedía del franquismo y porque no se le podía hacer sospechoso de pretender cambios demasiado radicales, inaceptables para ciertos sectores de nuestra sociedad. Adolfo, como todos los españoles que desempeñaron funciones públicas en esos años, había hecho su carrera en el seno del franquismo. Había sido secretario general del Movimiento, porque yo lo pedí, y director general de Televisión, desde donde trabajó mucho por mi imagen como príncipe. Pero, como vuelvo a repetir, era joven, moderno y suficientemente ambicioso como para desear ser el hombre capaz de afrontar los momentos que vivíamos. Adolfo Suárez, el franquista, logró convencer a los antifranquistas de que depositaran en él su confianza para poner el cambio en marcha. Su éxito superó todas las expectativas. Pero no olvidemos que detrás de él, detrás de nosotros, estaba el pueblo español entero, que ante todo aspiraba a la paz. Creo que la gente, dejando a un lado las ideologías, se dijo: «Vamos a ver si la cosa es posible al menos durante algún tiempo.»

—¿Cómo fueron vuestros primeros contactos con Felipe González?

—Muy buenos. Era el hombre de la oposición, pero de una oposición que quería colaborar en el éxito del cambio.

Y como si se tratara de un gran cumplido, don Juan Carlos añade:

—Era un hombre de mi edad.

—¿Es cierto que en el curso de una de las primeras entrevistas con Felipe González, Vuestra Majestad le preguntó: «¿Por qué vosotros los socialistas sois republicanos?», y que entonces él contó la anécdota del rey de Suecia y de su primer ministro?

—¿Olof Palme?

—No, mucho antes.

Fue durante la campaña electoral de 1937 o 1938, cuando la llegada al poder de los socialdemócratas, que preconizaban el régimen republicano. El entonces monarca sueco convocó al primer ministro *in pectore* y le dijo: «Señor primer ministro, tenemos que hacer frente a dos posibilidades: la primera es que ustedes respeten sus promesas electorales y por consiguiente, dado que disponen de la mayoría absoluta, el cambio no sea solamente político sino de régimen, y se proclame la República; la segunda posibilidad es que continúen con el sistema institucional monárquico. En cualquiera de los dos casos estoy dispuesto a respetar escrupulosamente la voluntad popular. Pero les propongo un compromiso: funcionemos todavía un año tal como estamos para no traumatizar aún más a la sociedad sueca. Si todo va bien, volveremos a hablar de esto el año que viene. Pero antes de que se vaya, señor ministro, quiero añadir algo: la Monarquía saldrá más barata que la República al pueblo sueco. Conmigo a la cabeza del Estado se ahorrarán lo que cuestan las elecciones presidenciales, en las que, como usted sabe, se despilfarra mucho dinero. Hasta la vista, señor primer ministro.» Pasó un año y el primer ministro socialdemócrata no volvió a abordar el tema de la República. Y así hasta hoy.

«Don Juan Carlos —añadió Felipe González— me escuchó atentamente sin dejar de sonreír. Creo que mi anécdota era una buena respuesta a la cuestión. El Rey, que parecía divertido, había comprendido que no era un simple "divertimento" y que había escogido la excusa de la anécdota para descubrir el fondo de mi pensamiento.»

—Sí —dice don Juan Carlos—, recuerdo muy bien esa anécdota. Felipe, como buen andaluz, sabe contar muy bien las cosas.

—Cuando acabó su historia le dije a Felipe: «El Rey te había preguntado por qué vosotros los socialistas erais republicanos y tú le contaste esa fábula sueca. Pero de hecho no contestaste a su pregunta.» «Sí, hombre —protestó Felipe—. Don Juan Carlos comprendió muy bien que si hasta entonces habíamos sido republicanos era porque la monarquía de su abuelo nunca se había puesto en contacto con nosotros. Don Alfonso XIII, en sus viajes al extranjero, conversó a veces largamente con socialistas franceses y laboristas británicos, pero jamás tuvo una conversación seria con un socialista español.»

—Eso es cierto —admite don Juan Carlos.

—Lo que equivale a decir que la Monarquía de antaño era la monarquía de una clase, la derecha, y que para aquella Monarquía el enemigo era la izquierda.

—Sí, y por eso durante muchos años mi padre repetía hasta la saciedad (lo que por otro lado le costó la Corona) que su ambición era llegar a ser el rey de todos los españoles. Y yo, José Luis, estoy muy orgulloso de haber hecho una realidad indiscutible el viejo sueño de mi padre. Actualmente, el rey de España reina con un partido de iz-

quierda en el poder, los socialistas. Pero yo escucho a todo
el mundo, a la izquierda, a la derecha, a los sindicatos, a
los patronos, a los comunistas... A propósito de comunistas,
tengo que contarte una historia que me parece muy curiosa
y muy significativa. Cuando Valéry Giscard d'Estaing, presidente de la República francesa, visitó España, se celebró
en su honor un gran banquete en el palacio de Aranjuez
cuyo resultado dejó mucho que desear. Todo salió mal. El
consomé frío estaba caliente, el pescado que hubiera debido estar caliente estaba frío, la carne demasiado dura, y
así todo. Lo cierto es que fue una cena catastrófica a la
que asistía, entre un centenar de invitados, Santiago Carrillo, entonces secretario general del Partido Comunista de
España. Dos o tres días después, Giscard nos devolvió la
invitación también en el palacio de Aranjuez. Todo fue absolutamente exquisito. La cena de los franceses fue suntuosa. Habían enviado por avión especial a los cocineros
de Chez Maxim's así como sus mejores vinos. La vajilla
era maravillosa y el servicio perfecto. A la salida, don Santiago, que también estaba en aquella cena, tomó por el brazo
al marqués de Mondéjar y le dijo: «Es una vergüenza, marqués. Se cena mejor con los franceses que con el rey de
España. Que no se repita. Las cenas oficiales ofrecidas por
Sus Majestades tienen que estar a la altura, si no más, de
las de los huéspedes extranjeros. Está en juego el prestigio
de nuestra Monarquía.» A don Santiago le parecía vejatorio
que los franceses lo hubieran hecho mejor que nosotros.
El secretario general del Partido Comunista se sentía herido en su amor propio porque «su monarquía» no había
estado a la altura. Don Santiago es un tipo verdaderamente
fuera de lo común.

Y el Rey se echa a reír de buena gana.

—Es alguien —dije— al que los españoles le deben mucho,
pues si hubiera querido poner zancadillas al principio...

—Yo sabía que no lo haría —me interrumpe don Juan
Carlos.

—¿Cómo, Señor?

—Oh, es una larga historia...

Don Juan Carlos lanza una ojeada al Breitling que lleva en la muñeca y murmura:

—No sé si voy a tener tiempo...

Noto que se muere de ganas de contarme su «larga historia» y, prudentemente, me callo.

—Bueno, trataré de resumir...

Don Juan Carlos abre el cajón donde guarda sus cigarros y enciende cuidadosamente un Cohiba que al momento aromatiza la sala.

—Pero antes —dice el Rey— tengo que volver atrás, a cuando yo era todavía príncipe, una época en que poca gente se atrevía a tomar públicamente contacto conmigo. Como ya sabes, antes de ser rey de España no había tenido contactos directos con Felipe González. Pero los tuve con otros miembros del Partido Socialista, como Luis Solana, que venía a verme en moto a La Zarzuela y que entraba aquí sin quitarse el casco, para no ser reconocido. Por Solana y por otros, Felipe González estaba al corriente de lo que yo pensaba hacer y de cómo lo haría. Con otros demócratas (pienso en Íñigo Cavero, en Oreja, en Ruiz Giménez), las cosas eran menos complicadas. Pero... estaba el Partido Comunista, del que nadie sabía gran cosa. En España, salvo los comunistas (y aún), nadie estaba informado sobre el Partido. ¿Cuántos eran? ¿Cuál era su verdadera fuerza? ¿Qué harían los dirigentes comunistas tras la muerte del General? ¿Cuál sería su actitud respecto a la Monarquía? Todos sabíamos, eso sí, que el Partido Comunista era el único que a veces había llegado a inquietar al General, por su eficacia y por los medios de que parecía disponer. Yo todavía era príncipe de España cuando comprendí que, en cuanto fuera rey, el Gobierno tendría que legalizar los partidos políticos si queríamos conseguir la democracia. Sabía que era impensable excluir al Partido Comunista. Por eso necesitaba cuanto antes averiguar todo lo posible sobre los comunistas y sus intenciones en un futuro que, dado el estado de salud del General, parecía cada día más próximo. Sabía que mi padre se había encontrado con Carrillo en París, que le había parecido muy inteligente. Pero no podía pedir a mi padre que se entrevistara otra vez con Carrillo para sondearlo en mi nombre. Era ésa una partida peligrosa que yo quería jugar solo, sin comprometer (pues podría haber habido filtraciones) al conde de Barcelona.

»Lo que tenía claro era que un día u otro habría que legalizar al Partido contra viento y marea. Pero para mí era aquél un hueso... enorme. Años más tarde, estando en el poder Adolfo Suárez, quien también consideraba imprescindible la legalización del Partido Comunista, el embajador de Francia, Jean-François Deniau, me decía: "Lo importante con los comunistas es tenerlos contabilizados, saber cuántos son. En Portugal, el partido de Alvaro Cunhal fue una amenaza constante para el Gobierno hasta que hubo elecciones y el Partido Comunista obtuvo el 14,6 por ciento de los votos. Para esos votantes el Partido Comunista era el porvenir, los amaneceres que cantan, la sociedad radiante, etcétera. Pero gracias a las elecciones se supo que el 84,4 por ciento de los portugueses no creía en todas esas mandangas. Y así se retiró al Partido Comunista el derecho a decir que era el pueblo, que representaba al pueblo, que era el porvenir. Eso es lo que hay que hacer en España, Alteza." Así me hablaba el embajador Deniau. Y añadía: "Yo no creo que el Partido Comunista de España obtenga un gran éxito en las urnas, pero en cambio adivino todos los inconvenientes que acarrearía su exclusión. Todos los observadores y toda la prensa internacional os dirían: vuestras elecciones no son verdaderas elecciones, vuestra democracia no es una verdadera democracia."

—Precisamente, en el curso de una reciente conversación con el embajador Deniau, me decía: «Para su Rey, la legalización del Partido Comunista planteaba un grave problema, pues tras la guerra civil había dejado en España una secuela de rencores y de sufrimientos excepcionales. Cuando hablaba a mis amigos españoles de la necesidad de legalizar al Partido Comunista, me decían:

»—Te apreciamos mucho, Jean-François, pero estás loco. No eres español y no has vivido la guerra civil como nosotros, de otro modo no hablarías así.

»Y yo les respondía:

»—Hay que correr el riesgo. Hay que legalizarlo.

»A lo que mis amigos de izquierda contestaban:

»—Deniau, vas demasiado lejos. Nosotros, porque somos de izquierdas, pensamos que hay que legalizar al Partido Comunista a sabiendas de que es una locura. Los españoles no aguantarán esa provocación y los militares harán saltar todo por los aires.»

—Si decían eso al embajador de Francia —murmura el Rey—, imagina lo que me dirían a mí. Porque yo también pensaba, como Jean-François Deniau, que no había que dejar al Partido Comunista el monopolio de la virtud cívica, ni el del misterio, ni el del porvenir. Pero yo no sabía qué había que hacer para convencer a los españoles de todo eso, José Luis. Entonces me dije que ante todo tenía que saber lo que pensaba hacer Carrillo y su partido el día que yo subiera al trono.

Don Juan Carlos calla un momento. Después continúa:

—La verdad es que no sé si te tendría que contar esto. Aún hoy, es un tema tan delicado... Hay gente que cuando se entere de que yo ya pensaba legalizar al Partido Comunista siendo todavía príncipe de España... Dirán... no sé... Se dirán que me disponía a engañarlos... a traicionarlos.

—Majestad, creo que, excepto una minoría de personas, la gente pensará, como yo, que tuvisteis antes que nadie una visión política muy exacta de las cosas, pues hoy nadie se atrevería a decir que hicisteis mal legalizando el Partido Comunista, revelando así el secreto de su fuerza, o más bien de su debilidad.

—Sí, quizá tienes razón... Pero insisto, es un tema tan delicado... Bueno —dice al fin—, voy a correr el riesgo. Voy a contarte cómo pasó. Mi problema consistía, como te iba diciendo, en hallar la manera de tomar contacto con Carrillo por medio de una tercera persona. ¿Pero quién? Finalmente, un día recordé que, cuando fui invitado a las fiestas conmemorativas del sha de Irán en Persépolis, allí, en una especie de sector reservado a los jefes de Estado y a las personalidades, me habían presentado a Ceaucescu, un megalómano, en mi opinión completamente loco, con quien tuve una breve conversación. Recordé que Ceaucescu me había dicho que conocía muy bien a Santiago Carrillo, quien tenía la costumbre de pasar sus vacaciones en Rumania. Rememorando aquella conversación, me dije: voy a saber lo que bulle en la cabeza de Carrillo a través de Ceaucescu. Y entonces convoqué a un amigo muy íntimo que tú conoces bien y de quien no diré el nombre, pues no creo que le guste verse mezclado públicamente en esta historia. Nuestro amigo vino a verme y yo le dije: «Tienes que ir a Rumania.» Por la cara que puso me di cuenta de que el viaje no le apetecía en absoluto. Le expliqué que era el único en quien podía depositar mi confianza. El mensaje que quería hacer llegar a Ceaucescu debía ser transmitido verbalmente, porque temía que cualquier paso en falso desencadenara un escándalo del que no se hubiera salvado nadie, y yo menos que cualquiera. Nuestro amigo voló a París o a Zurich, no recuerdo bien, y de ahí a Bucarest. Allí, a pesar de mi carta de presentación, lo encerraron durante dos días en una especie de entresuelo donde sólo podía ver la luz a través de un ventanuco con un par de barrotes. El ventanuco se encontraba a la altura de la acera, y nuestro amigo veía pasar los pies de los transeúntes que, demasiadas veces para su gusto, estaban calzados con botas militares, lo cual le hizo pensar que le habían encerrado en un cuartel. El pobre lo pasó muy mal, pues en aquel país y en aquella época, ya sabes... Durante todo el tiempo que lo tuvieron encerrado en aquel entresuelo le pasaron vídeos en honor y gloria de Ceaucescu. De vez en cuando, nuestro amigo se rebelaba: «He venido a Rumania para entregar un mensaje del futuro rey de España a vuestro presidente.» Sus guardianes se encogían de hombros y le decían que tuviera paciencia. «Hubo momentos en que creía que no volvería a ver mi patria ni a mi familia», me confesó más tarde. Al fin, Ceaucescu lo recibió. El mensaje que yo quería que transmitiera de viva voz al presidente rumano consistía, más o menos, en pedirle que comunicara a su amigo Carrillo que don Juan Carlos de Borbón, futuro rey de España, tenía la intención de reconocer, en cuanto accediera al trono, al Partido Comunista de España, así como a los demás partidos políticos. Ceaucescu también debía pedir a Carrillo que tuviera confianza en don Juan Carlos. Si él estaba de acuerdo, todo saldría bien. En caso contrario, las cosas podrían resultar muy difíciles y complicadas en España si había que contar con la oposición del Partido Comunista. Esperé una respuesta durante quince largos días. Finalmente nuestro amigo regresó de Rumania y me dijo que había transmitido mi mensaje a Ceaucescu, quien había prometido ocuparse de ello lo más rápidamente posible.

—¿Cuándo ocurrió eso?

—En 1975. Un mes o dos antes de que yo fuera nombrado jefe de Estado por segunda vez. Un buen día, anunciaron a nuestro amigo que un ministro rumano había llegado a Madrid y deseaba encontrarse con el Príncipe. Naturalmente, en el Gobierno nadie se había enterado de esa visita. En cuanto me encontré frente al ministro le pregunté: «¿Cómo ha hecho para entrar en España sin que las autoridades competentes hayan sido advertidas?» El hombre sonrió y murmuró: «Tenemos los contactos necesarios.» Evidentemente, sólo podían ser contactos con los comunistas españoles. Gente muy eficaz. La respuesta de Ceaucescu a mi mensaje era la siguiente: «Carrillo no moverá un dedo hasta que seáis rey. Después habrá que concertar un plazo, no demasiado largo, para que sea efectiva vuestra promesa de legalización.» Respiré tranquilo por primera vez desde hacía tiempo. Carrillo no lanzaría a su gente a la calle, así que podríamos trabajar con calma y serenidad. Le di las gracias al ministro rumano, que se marchó tal como había venido.

»Poco más tarde, el 22 de noviembre, fui proclamado rey de España. Pero para volver a hablar de la legalización del Partido Comunista hubo que esperar a la dimisión de Carlos Arias Navarro y la llegada a la cabeza del nuevo Gobierno de Adolfo Suárez.

Un ayudante llama a la puerta del despacho y entra para recordar a Su Majestad que dentro de un cuarto de hora tiene que recibir a tal y cual visitantes. El Rey se levanta, rodea su mesa de trabajo y se despide de mí con una sonrisa.

—Siempre es lo mismo, José Luis. En cuanto uno se pone a hablar de algo interesante hay que dejarlo para el día siguiente. Hasta mañana.

VI

Al saber que yo estaba escribiendo este libro, Jean-François Deniau accedió a concederme una entrevista. Embajador de Francia en Madrid y testigo privilegiado de los avatares de nuestra transición, Deniau me habló del «asunto del Partido Comunista de España».

—El asunto de la legalización del Partido Comunista era, para todos los que tenían interés en romper el proceso democrático español, un maná caído del cielo. Iban a poder sacar el tenebroso asunto de Paracuellos del Jarama (donde usted mismo perdió a varios familiares) e inculpar a Santiago Carrillo de crímenes contra la humanidad. «Después de todo —decían—, quienes han inventado los crímenes contra la humanidad que no prescriben son los europeos.» Si esa gente conseguía hacer que condenaran a Carrillo, relanzarían al mismo tiempo, con éxito, la atmósfera de preguerra civil. «Se envía al Partido Comunista a la clandestinidad, y la izquierda, incluyendo a los democratacristianos, se solidarizará con los comunistas, lo que obligará a la derecha a reagruparse en torno a los nacionales puros y duros, con lo cual el proceso democrático quedará frenado para siempre.» Ésa era su gran idea. Idea recogida en sordina por algunas de las vacas sagradas de la política. Creían que no eran sino ellos quienes debían llevar a término la transición, una transición que sería una continuación del franquismo con los retoques indispensables para dar la ilusión del cambio. Para las vacas sagradas en cuestión, Adolfo Suárez era únicamente un joven funcionario franquista que hubiera debido estar a sus órdenes. Esperaban también que el Rey («ese niñato», decía Arias Navarro) se contentara con hacer la función de comparsa, asumiendo simbólicamente la representación de un posfranquismo cuya evolución, si la había, sería muy lenta y prudente. Pero las cosas no sucedieron como las vacas sagradas lo habían imaginado. Ni el Rey ni Adolfo Suárez jugaron a ese juego. Don Juan Carlos tenía objetivos muy precisos. Por el momento había logrado que las Cortes franquistas cometieran un suicidio colectivo. Más tarde se alabaron sus valientes iniciativas durante la larga noche del golpe de Estado de Tejero, iniciativas reconocidas por el propio Carrillo que exclamó al día siguiente de aquella tragicomedia: «Majestad, nos habéis salvado la vida.» Pero, en mi opinión, es mucho más difícil reinar día tras día, cuando no pasa nada, que aguantar una noche que sin duda fue terriblemente peligrosa. Hay que saber lo que se quiere todos los días. Hay que evitar todos los días caer en las trampas que se le tienden a uno. Y para el Rey, la trampa más peligrosa era la del Partido Comunista, que debía legalizarse a cualquier precio. El Rey había comprendido perfectamente (y eso cuando todavía estaba a merced de un cambio de humor del general Franco) que lo mismo que no podía excluir a un bando («Yo soy el rey de todos los españoles»), tampoco podía excluir de la vida política el partido de Santiago Carrillo.

»Yo decía a mis amigos de derechas: "Pero bueno, abrid los ojos. Vuestro rey no es comunista. Simplemente es lógico. Yo tampoco soy comunista y sin embargo nunca aceptaría que se excluyera en mi propio país el partido de monsieur Marchais, porque así es como funcionan las democracias." Y a menudo decía al Rey: "La trampa está en permitir que se instale en el país el clima de una nueva guerra civil. Y para impedirlo hay que actuar deprisa." En el curso de una de nuestras conversaciones le dije a don Juan Carlos: "Vuestra Majestad y Adolfo Suárez son los únicos que pueden afrontar el problema del Partido Comunista sin ser víctimas de ideas preconcebidas. Porque ni uno ni otro han hecho la guerra civil. Y es necesario que los españoles puedan identificarse al fin con hombres que no tomaron parte en aquella absurda lucha fratricida. Vuestra Majestad es el único que puede dar vuelta a la página. De una vez por todas, hay que olvidar el pasado."

»La legalización del Partido Comunista era sin embargo un hueso difícil de roer. El ejército, naturalmente, no quería ni oír hablar del asunto. Y había personas bien situadas en el seno del nuevo poder que se introducían en los estados mayores y decían: "Estén tranquilos, mientras yo viva no se legalizará al Partido Comunista." También había gente que, para acelerar el estallido del proceso democrático, se ocupaba, a veces con éxito, en recrear un clima similar al que precedió a la guerra civil de 1936. Para ello había de nuevo que dividir España en dos campos: el de los buenos y el de los malos. Y la mejor carta para lograr tales fines era resucitar el tenebroso asunto de Paracuellos del Jarama.

»En el curso del primer año de guerra civil, Mola compareció ante un grupo de periodistas. Cuando un corresponsal extranjero le preguntó: "¿Cuándo va usted a tomar Madrid?", Mola le respondió: "Tengo cuatro columnas que avanzan sobre la capital y una quinta que se encuentra ya dentro." De ahí la expresión "quinta columna". Por supuesto, esa frase sibilina inquietó mucho en el Estado Mayor republicano. "Eso quiere decir —pensaron algunos— que en Madrid mismo hay gente armada lista para tomar el poder a espaldas nuestras, a espaldas del frente". El frente de Madrid se hallaba en el Manzanares y en la Ciudad Universitaria. Ahora bien, muy cerca de allí se encontraba también la Cárcel Modelo, donde estaban encerrados cinco mil prisioneros detenidos por los republicanos, especialmente por los comunistas, cuyo responsable de seguridad era el camarada Santiago Carrillo, de veintitrés años de edad. Ninguno de aquellos cinco mil prisioneros había sido acusado de un delito de justicia. Habían sido detenidos en la calle, o bien, subrepticiamente, en su domicilio, culpables de llevar corbata o sombrero, signos distintivos de todos los burgueses del mundo. Eran simplemente "enemigos" de la clase obrera: abogados, ingenieros, médicos, diplomáticos y, naturalmente, nobles y aristócratas.

»Cuando Mola dejó caer su pequeña frase envenenada, en el Estado Mayor republicano se dijeron al momento: "Son los miles de presos de la Cárcel Modelo los que se van a alzar. Los nacionales intentarán romper el frente con comandos, alcanzar la Modelo, que se encuentra apenas a ochocientos metros de las primeras líneas, y liberar de un solo golpe a cinco mil personas que se unirán inmediatamente a nuestros enemigos." En consecuencia, se tomó la decisión de evacuar a aquellos cinco mil peligrosos prisioneros hacia una cárcel más segura. Concretamente, la de Valencia. El traslado comenzó a toda prisa, pero ninguno de los cinco mil prisioneros llegó jamás a Valencia. Los autobuses municipales que se hicieron cargo de los detenidos se detuvieron en un terreno abandonado a la salida de Madrid, cerca de una aldea llamada Paracuellos del Jarama. Allí se hizo bajar a los prisioneros, se les obligó a cavar una fosa y se les asesinó de un balazo en la nuca. Se cubrió la fosa y los autobuses regresaron vacíos para volver al poco rato con un nuevo lote de víctimas. La ronda macabra sólo terminó cuando cuatro mil quinientas personas habían sido asesinadas.

»La gente ocupada en llevar al fracaso el proceso democrático se dijo, no sin razón: Paracuellos es un crimen de guerra contra la humanidad. No puede prescribir. Hay que llevar a Carrillo a los tribunales y recordar a los españoles que las manos de los comunistas están manchadas con la sangre de millares de víctimas. Ésta será la mejor forma de detener la legalización del Partido Comunista.

»Créame que fue un periodo muy difícil. Incluso en el seno del Gobierno, las opiniones estaban divididas. Habían algunos partidarios de la legalización, por supuesto, pero la mayoría pensaba que el paso era demasiado arriesgado. "Dentro de diez años quizá sí, pero no ahora —se decían. Y sacaban a relucir el eterno estribillo—: No es el momento oportuno." El Gobierno acabó por dar con un juez al que se le pidió su opinión a propósito de un eventual proceso al Partido Comunista en la persona de Santiago Carrillo, acusado de haber cometido crímenes contra la humanidad. Era un hombre cuyo padre y cuyo hermano habían sido masacrados en Paracuellos del Jarama, y por lo tanto un jurista del que se podía esperar que pronunciara un veredicto extremadamente severo. El juez emitió su opinión: no se podía acusar ni al Partido Comunista ni a Santiago Carrillo de "crímenes contra la humanidad", ya que el concepto "crímenes contra la humanidad" no existía cuando éstos fueron cometidos. El juez recordó, además, que la ley no puede ser retroactiva. En consecuencia, se pronunció a favor de sobreseer el caso. No se podía aplicar una ley que fue inventada por los aliados en el proceso de Nuremberg, años después de que se cometieran los crímenes de Paracuellos. El juez en cuestión era moralmente intachable, por lo que los partidarios del proceso contra Carrillo tendrían que cerrar el pico.

»Mientras tanto, don Santiago (como siempre lo llama el Rey) entra y sale de España cuando le parece. Se contenta con colocarse una peluca que no engaña a nadie. Termina por ser detenido en plena calle por un servicio paralelo de la policía (había mucha gente interesada en complicarlo todo) y conducido (con todo respeto, eso es cierto) a la cárcel de Carabanchel. Llevaba consigo un falso pasaporte francés a nombre, agárrese, de Giscard. Más tarde le dije: "¡Santiago, ese pasaporte falso es una provocación! Lo único que consigue es atizar el fuego de una campaña antifrancesa que nos acusa de ser los instigadores de la legalización del Partido Comunista en España." A lo que don Santiago, con su pachorra habitual, me respondió: "En absoluto. Simplemente, me había refugiado en Clermont-Ferrand y cuando hice que me fabricaran ese falso pasaporte me dije: mejor poner un nombre del lugar, así será más discreto."

»Don Santiago siempre ha tenido un gran sentido del humor. Él mismo me contó su última conversación con Stalin. Discutieron acaloradamente y, en un momento dado, Stalin le dijo: "¡No hay nada que hacer con vosotros los españoles! ¡No comprendéis nada del materialismo histórico, ni del internacionalismo proletario, ni del marxismo científico! Por lo demás no me extraña; lo único que os interesa son esas tonterías de Dios y de la Virgen Santísima..." Carrillo, muy digno, interrumpió al dictador: "Camarada secretario general, contra Dios di lo que quieras, pero a la Virgen Santísima, en mi presencia, ni tocarla."

»Pero como iba diciendo —prosigue la voz de Jean-François Deniau—, Carrillo está encarcelado en Carabanchel. Todavía existe la idea general de que será conducido delante de los tribunales y se parará el proceso democrático. En este momento se sitúa un episodio bastante curioso. Recibo en la embajada a un emisario muy importante del Partido Comunista de España que me dice:

»—Señor embajador, vengo a pedirle que transmita un mensaje a las más altas instancias del Partido Comunista francés.

»—Sabe usted —le respondo—, yo no tengo contactos privilegiados con las altas instancias a las que usted alude, pero dígame y ya veremos.

»Entonces el emisario me explica:

»—Como usted sabe, nuestro secretario general, el camarada Carrillo, se encuentra internado en Carabanchel y nos hemos enterado de que el Partido Comunista francés ha decidido convocar una manifestación de solidaridad delante de la embajada de España, en la avenida de Georges V, en París. Eso está muy bien, pero ¿podría usted pedirles que no exageren demasiado? Sabe usted, basta que los franceses se metan en los asuntos de los españoles para que al momento un millón de españoles vayan a gritar en la plaza de Oriente: "¡Viva Franco! ¡Viva España, Una, Grande y Libre!" Así que, por favor, haga usted que le digan a monsieur Marchais que estamos de acuerdo con una pequeña manifestación de solidaridad, pero que sea lo más discreta posible.

»Bastante extrañado por la petición del emisario, le pregunté:

»—Pero, dígame, ¿por qué no trasmiten ustedes mismos ese mensaje a sus camaradas franceses?

»El emisario me respondió tristemente:

»—Porque no nos iban a creer. A usted le creerán porque le respetan. Pero a nosotros no nos respetan.

»El tipo casi me dio pena. Tenía un aspecto tan humillado. Le prometí hacer lo que pudiera para que el mensaje llegara a tiempo a la plaza del Coronel Fabien. Y todo salió bien. Doscientos militantes escogidos se agolparon delante de la embajada de España, en la avenida de Georges V. Algunos gritos de rigor, algún desliz, pero nada de cristales rotos. Todo fue organizado perfectamente, como saben hacerlo los comunistas, que son gente disciplinada. Todo sucedió como me lo había pedido el emisario de los comunistas españoles. El buen hombre volvió a visitarme a la embajada para darme las gracias por mi intervención. Al final de la conversación, me dijo:

»—De todas formas, no merecía la pena que se molestaran en París. Nuestro secretario general no tardará en salir de la cárcel.

»Me quedé asombrado porque estaba convencido de que muy pocas personas —entre las que no figuraba ningún comunista— sabían nada de la inminente puesta en libertad de Santiago Carrillo, ya que antes de soltarle, el juez tenía que hacer saber que, jurídicamente, no se podía procesar ni al Partido Comunista ni a Santiago Carrillo, pues los crímenes de los que se les acusaba habían prescrito. Una liberación pura y simple del dirigente hubiera sido considerada por gran parte del ejército como una provocación injustificable. Ni siquiera mis amigos de la izquierda lo hubieran comprendido. Muchos de ellos continuaban pensando que la legalización del Partido Comunista constituía un grave error. "¿Se imagina usted —me decían— una sede del Partido Comunista en pleno Madrid, con la hoz y el martillo en el balcón? Eso acarrearía incidentes muy graves, con centenares de muertos." Yo hacía lo que podía para tranquilizarles: "Si Santiago Carrillo es inteligente, y yo sé que lo es, pondrá en su balcón una gran bandera española al lado de la de su partido. Si Carrillo es lo suficientemente astuto como para jugar el juego, ustedes también deberían jugarlo desdramatizando este asunto, que puede convertirse en un cáncer para la democracia."

»Antes de dejarme, el emisario del que antes hablaba repitió una vez más:

»—Le aseguro, señor embajador, que no merecía la pena que se preocuparan tanto en París.

»Hice lo que pude para dar la impresión de que no estaba al corriente de nada.

»—¿Y cómo sabe usted que Carrillo va a salir de la cárcel?

»—Tenemos pruebas. Y además, sabe usted, hay signos que no engañan.

»La posible existencia de filtraciones podía ser asunto muy grave, pues quienes estaban en contra de la legalización del Partido Comunista la aprovecharían rápidamente para encontrar otra cosa que detuviera el proceso democrático.

»—¿Qué pruebas? ¿Qué señales? —le pregunté.

»—Oh, es muy sencillo —me explicó el emisario—. Los guardias de Carabanchel ya no tutean a nuestro secretario general. Ya le llaman don Santiago.

»Si los guardias de Carabanchel trataban de "don" a Carrillo, era porque sabían que dentro de poco iba a ser alguien importante. Y en España, las personas verdaderamente importantes no se pudren durante mucho tiempo en la cárcel.

»No mucho después de la visita del emisario, ocurrió un drama: el juez que debía presentar el informe sobre el asunto de Carrillo falleció súbitamente de un ataque cardiaco. Hubo que buscar a toda prisa un segundo juez que estuviera tan convencido como el primero de que las leyes retroactivas amenazaban con abrir el camino a todo tipo de excesos espantosos. Se acabó encontrando al hombre adecuado y el proceso contra el Partido Comunista y contra Carrillo no tuvo lugar.

»Después, el tiempo pasó muy deprisa. Se celebraron las primeras elecciones libres, y la UCD de Adolfo Suárez ganó ampliamente. Los españoles no votaron ni por la extrema izquierda ni por la extrema derecha. Votaron al centro. Libre al fin de sus viejos demonios, el país parecía más sensato. Y el Partido Comunista únicamente recogió el 9 por ciento de los votos. El monstruo quedaba definitivamente desmitificado.

En el curso de nuestra larga conversación, también le pregunté al embajador Deniau:

—¿Cuántas personas estaban al tanto de que el Rey comprendía desde hacía tiempo que Santiago Carrillo iba a participar en el juego democrático?

—En mi opinión, éramos sólo unos pocos.

—¿Y cómo hizo para convencer a los militares de que había que legalizar el Partido Comunista?

—No creo que les haya convencido nunca verdaderamente. Algunos amigos que yo tenía en el ejército me acusaban a mí, embajador de Francia, de influir al Rey aconsejándole que legalizara el Partido Comunista. Pero yo no influía al Rey, ni positiva ni negativamente. El Rey es el Rey, les decía, escucha a quien cree que tiene que escuchar y después toma él solo las decisiones. El Rey había comprendido perfectamente que no podía subir al trono decidiendo de golpe sobre tal cosa o tal otra. Quienes en realidad tenían que decidir sobre la conveniencia o no de los comunistas eran los electores, y solamente los electores. Y eso, los militares, acostumbrados a mandar y ser obedecidos, no lo comprendían en absoluto. Hasta el último minuto me dijeron: «Todo esto acabará mal, habrá centenares de muertos. Los españoles no soportarán la vista de una bandera roja y la sangre correrá a chorros.» Para los militares, terriblemente desconcertados, admitir que los comunistas se paseaban a la luz del día equivalía a ceder terreno al enemigo al que habían vencido en la guerra civil de 1936.

»Afortunadamente, Carrillo, que es un hombre con olfato para saber por dónde sopla el viento, hizo las cosas con mucha discreción. No hubo manifestaciones de masas (por lo demás, ¿de qué masas disponía?), ni discursos incendiarios, ni banderas rojas agitadas como un capote delante de la nariz del adversario. Sólo la Pasionaria creía estar todavía en tiempos de Stalin. Cuando tomaba el micro en los mítines, gritaba con su hermosa voz exaltada: "Nuestros camaradas soviéticos, que representan el porvenir... Tenemos que luchar con todas nuestras fuerzas contra el Occidente corrompido..." Pero siempre había alguien para poner orden: "Dolores, aquí no, ahora no." Por entonces Carrillo era abiertamente antisoviético y la pobre Pasionaria sólo representaba el pasado.

»Lo más asombroso, sin embargo, era la admirable discreción de todo el pueblo español. Individualmente, nadie te podía dar una explicación sobre ese insólito sentido de la mesura en un pueblo que se ha ganado la reputación de hacerlo todo impulsivamente, empujado por la pasión. Se tenía la impresión de que los españoles, pese a no comprender muy bien lo que ocurría a su alrededor, eran plenamente conscientes de vivir un gran momento de su historia. Recuerde la frase de Ortega: "¿Qué es España? Es un torbellino de polvo en el camino de la Historia después de que un gran pueblo haya pasado al galope." Finalmente, el Partido Comunista fue legalizado. Hubo una nueva Constitución y todos los partidos políticos ocuparon el lugar que les correspondía en la vida política española.

—¿Pero cómo explica usted que los militares ni siquiera reaccionaran en el mismo instante en que se legalizó el Partido Comunista?

—En primer lugar, porque la cosa les pareció tan enorme que en el fondo ni ellos mismos se creyeron lo que ocurría. Y después, porque, para su gran sorpresa, los españoles no se tiraron a la calle para matarse unos a otros. Al fin, cuando constataron que el Partido Comunista obtenía en las elecciones un 9 por ciento de los votos, es decir, poca cosa, se tranquilizaron.

»Todavía se presentó una segunda ocasión para que aquellos que conspiraban para detener el proceso democrático hicieran oír sus sables. La unidad de España estaba en peligro. Cataluña y el País Vasco hablaban demasiado alto de independencia. Los sondeos realizados antes de las elecciones anunciaban la posibilidad de una mayoría de "frente popular" en Cataluña. Para los eternos conspiradores, era la ocasión soñada para alzarse de nuevo. La unidad de España era sagrada. Ni hablar de independencia, ni para los catalanes ni para los vascos. Pero los militares, desconcertados, debieron rendirse una vez más a la evidencia. Nadie les seguía. En su gran mayoría, los españoles no querían que el ejército interviniese, ni para excluir al Partido Comunista ni para resolver el problema que planteaban los nacionalismos vasco y catalán. Las intervenciones del ejército no entusiasmaban a nadie. Definitivamente, había pasado de moda.

»Aun así, el desmembramiento de España era algo mucho más grave que la presencia de Carrillo en la comunidad nacional. Los militares, que no habían reaccionado con suficiente rapidez en el asunto del Partido Comunista, se juraron obrar con eficacia frente al problema catalán.

»El Rey disponía de fuentes de información muy seguras en el seno mismo del ejército. Por mi parte, yo me mantenía al corriente gracias a mis propias redes de información, que no eran menos seguras que las del Monarca. El ejército, me comunicaban, saldrá de sus cuarteles si hay en Cataluña una fuerte mayoría de "frente popular" en las elecciones. Pero también me informaban que se discutía mucho en el interior de los cuarteles. Si el frente popular alcanzaba el 15 por ciento de los votos, los tanques saldrían a la calle. Pero con sólo el 12 por ciento, no. Era esa posibilidad de éxito del "frente popular" catalán lo que proporcionaba al ejército su última oportunidad para tomarse la revancha por el asunto de la legalización de los comu-

nistas. Los militares se dijeron: "Vamos a matar dos pá-
jaros de un tiro. Vamos a poder decir: los comunistas y el
Frente Popular han tomado el poder en Barcelona y se va
a declarar la independencia de Cataluña. Y el ejército, que
garantiza la unidad de España, saldrá de sus cuarteles para
defenderla." Mis informadores me avisaron de que las unidades de elite se agitaban, especialmente los paracaidistas
y el estado mayor de la División Acorazada Brunete. Todo
estaba preparado para reconquistar Barcelona y poder al fin
disparar sobre los comunistas. Ciertamente, estábamos a
dos pasos de la guerra civil.

»Y entonces el Rey hizo suya una idea genial: mandar
llamar a don Josep Tarradellas, en su exilio en Saint-Martin-le-Beau. Era un hombre que gozaba de una extraordinaria autoridad moral, un hombre de una enorme dignidad
que había vivido pobremente durante todo el franquismo,
negándose obstinadamente a formar un gobierno catalán
en el exilio, algo que estaba en posición de poder hacer en
su condición de presidente de la Generalitat de Cataluña.

Explico al embajador Deniau que conocí bien a Tarradellas:

—Sentía por él una gran admiración. A menudo, cuando
venía a París, iba a visitarle al Mont-Thabor, un hotel muy
modesto donde se alojaba. Al despedirse, siempre me decía: «Perdone que no le invite a cenar, pero no tengo medios.» En Saint-Martin-le-Beau, en el salón donde recibía
a sus visitantes, había calderos en el suelo para recoger el
agua que caía de las goteras. Un buen día, Tarradellas pasó
del Mont-Thabor al hotel Crillon, en la plaza de la Con-
cordia. Al enterarme de que el Estado español corría con
los gastos del presidente de la Generalitat, comprendí que
algo importante iba a ocurrir en Cataluña.

—Sí, el proceso de retorno a su país empezaba. Tarradellas ya no era un pobre político exiliado, sino el presidente de la Generalitat de Cataluña a punto de volver a
ocupar su puesto. Pero, sabe usted, el primero que me habló del retorno de aquel hombre de edad, un mito viviente

para los catalanes, fue el propio Rey. «Vamos a ir a buscarle a Francia para pedirle que vuelva. ¿Qué te parece, Jean-François?», me dijo. Respondí a don Juan Carlos que me parecía una genial jugada de póquer. Al hacer regresar a Tarradellas a su país, el Rey por una parte calmaba la impaciencia de los catalanes, y por otra paraba en seco cualquier acción violenta de los militares, pues con Tarradellas desaparecía el peligro de un éxito electoral de la izquierda independentista.

»Un avión fue a buscar a Tarradellas a París. A las diez de la mañana el Rey le recibía en el palacio de La Zarzuela. Los dos hombres se entendieron de maravilla. Hasta su muerte, Tarradellas, "un republicano de toda la vida", hizo panegíricos entusiastas de don Juan Carlos de Borbón. Después de dejar al Rey, Tarradellas vino a verme a la embajada. Quería agradecer a Francia, en la persona de su embajador, el haberle ofrecido hospitalidad durante sus largos años de exilio. Era por su parte un gesto a la vez cortés y natural que la prensa dejó pasar en silencio por razones mezquinas.

»Tarradellas, un hombre alto e imponente a pesar de su edad, tenía un extraordinario sentido del humor. En el momento de subir al avión que debía llevarle a Barcelona, preguntó: "Mi predecesor en la Generalitat de Cataluña fue fusilado en el foso de Montjuïc. ¿Qué garantías tengo yo de no correr la misma suerte?" Pálido, uno de los funcionarios que le acompañaban respondió: "Tiene la garantía personal de don Adolfo Suárez, señor presidente." Evidentemente, la garantía indiscutible de Tarradellas era el propio Rey, pero se evitó cuidadosamente pronunciar su nombre. Así sucede en los asuntos de la política de altos vuelos. Entonces Tarradellas, entrando en el avión, gruñó: "En el fondo, la única garantía que quiero es la de que me eviten hacer el ridículo."

»La llegada de Tarradellas a Barcelona desencadenó el entusiasmo de la multitud que le esperaba. Por fin Cataluña iba a tener su propio gobierno, y a su cabeza, el honorable Josep Tarradellas. Se acabó el miedo a un auge de la izquierda frentepopulista. Tarradellas no era hombre que se dejara comer el terreno. Una vez más, todos los que conspiraban en la sombra para romper el proceso democrático habían perdido la ocasión de hacerse oír con las armas en la mano. Pero puedo asegurar que se estuvo a dos pasos de la guerra civil. La gran mayoría de los españoles (no los catalanes) vivieron esos graves momentos sin enterarse apenas. Siguiendo su costumbre, el Rey había obrado hábilmente, sin dejar al enemigo tiempo para reaccionar. Todo el peligro quedaba apartado como por un toque de varita mágica. Como buen marino que es, el Rey no olvida nunca que no hay buena navegación si no se sabe a dónde se va. Y el Rey de ustedes siempre sabe a dónde va y por qué. Su misión histórica (de la que es terriblemente consciente) es evitar que los españoles vengan otra vez a las manos como tantas veces lo han hecho en el pasado. Ésa es su tarea cotidiana, la más dura, la más difícil. Lo que hizo cuando Tejero, estuvo bien, fue magnífico. Una hermosa estampa: el Rey en uniforme de jefe supremo del ejército; el príncipe de Asturias a su lado, muerto de sueño, y millones de españoles pendientes de los labios de ese hombre a quien mucha gente estaba interesada en ver mezclado con aquel golpe de Estado que aspiraba a que España regresara a la edad de las cavernas. Estoy de acuerdo en que era impresionante. Pero puedo decir, porque lo he vivido, que la noche que pasamos antes de la llegada de Tarradellas a Barcelona, pues bien, tampoco se quedó manca... Todo el mundo se hacía la misma pregunta: ¿va a estropearse todo o terminarán por arreglarse las cosas? Para el Rey no dejaba de ser una formidable jugada de póquer. Si la mayonesa se corta... Pero no se cortó. Y los acontecimientos se sucedieron como por arte de magia. El ejército no se movió... porque no había motivo. Y si no hay motivo, tampoco hay ninguna razón para salir del cuartel. Cuando se sacan los carros de combate a la calle hay que poder explicar después por qué.

VII

Don Juan Carlos, que sigue un tratamiento de rehabilitación de la pierna que se lesionó a finales del invierno, anda hoy con dificultad, y está claro que le molesta. Lentamente ocupa su lugar detrás de la mesa de su despacho y deja en el suelo sus muletas.

—¿Dónde nos habíamos quedado, José Luis?

—En la respuesta al mensaje que los rumanos habían hecho llegar a Carrillo.

—Sí... He reflexionado mucho a propósito de lo que te dije sobre la legalización del Partido Comunista y de los militares. Hay una cosa que quisiera que explicaras claramente. Toda mi filosofía, toda mi estrategia, antes, después y durante la legalización del Partido Comunista, se basaba en una idea: no quería a ningún precio que los vencedores de la guerra civil fueran los vencidos de la democracia. La idea maestra de toda mi política era conseguir que nunca más los españoles se dividieran en vencedores y vencidos.

Don Juan Carlos tarda unos segundos en añadir:

—Los vencedores raras veces tienen en cuenta la desesperación de los vencidos. Y con gente desesperada no se puede hacer gran cosa. Había que curar muchas heridas en España antes de convencer a los unos y a los otros de que el diálogo es el mejor medio para arreglar cualquier problema.

Don Juan Carlos hace un gesto de dolor y se coge la pierna con ambas manos para cambiar de posición.

—Una mañana —prosigue al cabo de un momento—, Adolfo Suárez vino a decirme: «Ha llegado el momento de legalizar los partidos. Todos los partidos.» Y yo le contesté: «Adolfo, en este asunto tengo algo que decir. El ejército no nos creará problemas en lo que concierne al Partido Socialista, pero corremos el riesgo de tener un problema, y gordo, cuando se entere de que albergamos la intención de legalizar el Partido Comunista. Así que te pido, Adolfo, que no hagas nada sin consultarme antes.» Llegados aquí, José Luis, hay que tener mucho cuidado en la manera como vamos a explicar las cosas.

Don Juan Carlos permanece un momento pensativo. Después, de repente, con esa sonrisa impregnada de tristeza a la que no llego a acostumbrarme, dice:

—Bueno, arréglatelas... El escritor eres tú.

De nuevo serio, el Rey continúa explicándome:

—Mucho antes de la legalización del Partido Comunista yo había avisado a Manolo Gutiérrez Mellado de los contactos que había tenido con Carrillo a través de los rumanos. «Manolo —le dije—, Santiago Carrillo no se moverá. Tengo su palabra. Si legalizamos su partido, aceptará la Monarquía y la bandera roja y gualda.» Gutiérrez Mellado lanzó un suspiro de alivio. Adolfo también estaba al tanto de mi pacto con el secretario general. Me dio la impresión de que en aquellos momentos Adolfo no confiaba totalmente en Carrillo. Así que insistí: «Adolfo, me lo ha prometido y estoy convencido de que cumplirá su palabra. Dicho esto, tenemos que obrar sin herir la susceptibilidad de los militares. No tenemos que darles la impresión de que maniobramos a sus espaldas. Conozco bien a los militares. Detestan las sorpresas, los subterfugios y los pequeños misterios, y en ningún caso admiten la mentira. Me gustaría hablarles yo mismo de este asunto, pero debes ser tú, en tu calidad de presidente del Gobierno, quien les ponga al corriente de nuestras intenciones. Harías bien en reunir aquí, en Madrid, a los capitanes generales para decirles: "Señores, ha llegado el momento de legalizar a los partidos políticos, incluido el Partido Comunista." Probablemente van a poner el grito en el cielo, pero tú les explicarás que no tendremos nada que temer de los comunistas a partir del momento en que actúen dando la cara, y que nos interesa que los españoles se enteren de que el Partido Comunista es un partido minoritario cuyo prestigio no haríamos más que incrementar manteniéndolo en la clandestinidad.» A Adolfo no parecía hacerle mucha gracia ese encuentro que yo le proponía con los capitanes generales. Manolo Gutiérrez Mellado se ofreció entonces a hacerlo en su lugar, pero Adolfo se negó. En tanto que presidente del Gobierno, él era el que tenía que coger el toro por los cuernos.

—Pero Suárez nunca llegó a reunirse con los militares.

—Sí, se reunió con ellos y además tuvo un gran éxito personal, lo cual era bastante extraordinario, ya que muchos de aquellos militares acudieron a la cita dispuestos a cantarle las cuarenta al presidente del Gobierno. A los pocos días de haber sido nombrado Adolfo Suárez, se reformó el Código Penal sobre el llamado delito de asociación ilícita, que había quedado embarrancado en las Cortes. Con esta legislación, a primeros de septiembre, Adolfo se reunió con los capitanes generales y la cúpula militar para explicarles el proyecto de ley de Reforma Política que acababa de aprobar el Gobierno. Me dijo Suárez que un alto mando militar le preguntó si se iba a legalizar el Partido Comunista, y que él le contestó, sin llegar a decir que nunca lo legalizaría, que con los estatutos que en aquel momento tenía el partido, era imposible su legalización. La arrolladora simpatía del joven Suárez consiguió anular todas las reticencias. Según me cuenta el general Fernández Campo, presente en la reunión, hubo incluso un coronel que jaleó a Suárez con un «¡Viva la madre que te parió!». Suárez explicó a los militares que había llegado el momento de legalizar los partidos políticos y, curiosamente, los convenció sin demasiadas dificultades.

—Por aquel entonces, Suárez ya tenía reputación de no ser muy apreciado por los militares. ¿Les tenía miedo?

Don Juan Carlos me mira sorprendido.

—¿Miedo? No creo que sea la palabra adecuada. La noche del golpe de Estado, Adolfo demostró que era un hombre muy valiente. Fue el único, con Carrillo, en permanecer sentado en su escaño ante los fusiles que apuntaban al hemiciclo. No, no creo que Adolfo tuviera miedo de los militares. Digamos que formaban parte de un mundo que le era ajeno.

Enrico Berlinguer, el secretario general del Partido Comunista italiano y Georges Marchais, su homólogo francés, habían llegado a Madrid el día 2 de marzo para participar en la cumbre eurocomunista, pero sobre todo para prestar su apoyo al Partido Comunista de España, todavía fuera de la ley, subrayando de paso, para tranquilizar a los españoles, el clima tenso y distante de sus relaciones con Moscú.

Carrillo, que ya había salido de Carabanchel, se movía por Madrid con entera libertad. A oídos de Suárez llegaron rumores según los cuales el secretario general empezaba a impacientarse. Había por lo tanto que mantener la palabra dada y legalizar a los comunistas. Suárez se reunió el Lunes Santo con Gutiérrez Mellado y con Alfonso Osorio, ambos vicepresidentes de su Gobierno; con Landelino Lavilla, ministro de Justicia, y con el de Interior, Rodolfo Martín Villa. Les dijo que había que encontrar lo más rápidamente posible un soporte jurídico para justificar a los ojos del país —y sobre todo de los militares— la legalización del Partido Comunista. Alguien observó que el fiscal general podía conceder un *nihil obstat*, ya que el Tribunal Supremo se había declarado incompetente para declarar la ilegalidad del Partido Comunista de España. El 9 de abril, pues, el fiscal general del Reino constató que nada probaba el carácter ilícito del partido de Carrillo.

El sábado siguiente —Sábado Santo— la prensa informó a los españoles de que el Partido Comunista acababa de ser legalizado.

—¿Cuál fue la reacción de los militares, Señor?
—Desigual. Recuerda que tanto el vicepresidente para la Defensa, Gutiérrez Mellado, como los ministros del Ejér-

cito y del Aire continuaron en sus puestos. Pero es cierto que otros se consideraron engañados. En otros tiempos habían combatido a los comunistas, los habían vencido, y allí estaban otra vez, en cierto modo victoriosos. Tuve que hablar con muchos de ellos para explicarles que no iba a pasar nada, que Carrillo permanecería tranquilo, que no habría ni banderas rojas ni manifestaciones callejeras. Para mí fueron aquéllos momentos muy difíciles. Pero al fin las cosas se calmaron y Santiago Carrillo mantuvo su palabra.

—A veces tengo la impresión de que sentís por Carrillo cierta, digamos... fascinación.

Don Juan Carlos me mira como probablemente Franco lo miraba cuando él le hacía una pregunta a la que el General no quería responder. Pero don Juan Carlos termina siempre por reaccionar positivamente a mis preguntas.

—¿Fascinación, dices? No es la palabra, no creo. Sin embargo, en todo lo relativo a la legalización del Partido Comunista, tengo que decir que Carrillo se portó muy bien. Después hemos tenido a menudo ocasión de hablar juntos, él y yo. A veces insiste en hacerme saber que él no es monárquico. Y yo le respondo riendo: «Es posible, don Santiago, pero tendría usted que rebautizar su partido y llamarlo el "Real Partido Comunista de España". A nadie le extrañaría.»

Es una vieja tradición de los Borbones de España el tutear a sus súbditos. Pero don Juan Carlos se salta a menudo esa regla cuando se dirige a personas que merecen su respeto. En el caso concreto de Carrillo, el tratamiento de usted por parte del Rey obedece a una razón muy particular. El propio Carrillo me ha contado que cuando iba a encontrarse con don Juan Carlos por primera vez le explicaron que probablemente el Rey le tutearía. Santiago Carrillo, que todavía no era un «juancarlista» convencido, como lo es hoy, respondió, molesto: «Que yo sepa no hemos hecho la mili juntos. Si el Rey me tutea, yo también le tutearé.» Parece que a don Juan Carlos le transmitieron este comentario del secretario general del Partido Comunista, y que cuando éste se presentó en palacio el Rey le tendió la mano y le dijo: «Encantado de conocerle, don Santiago.» Más tarde le pregunté yo a Carrillo si de verdad hubiera tuteado al Rey en el caso que éste lo hubiera hecho: «No, no lo creo —me respondió—, porque a pesar de que es mucho más joven que yo, don Juan Carlos es un hombre que me causa mucha impresión.»

En los sectores más retrógrados de la sociedad española, la estima que el ex secretario general del Partido Comunista manifiesta por el Rey es mal comprendida.

—¿Sabéis, Señor, que una duquesa española, que no brilla precisamente por su inteligencia, llegó a preguntar a Jean-François Deniau si no creía que el Rey era comunista?

Don Juan Carlos ni siquiera sonríe. Se contenta con murmurar:

—En todo caso, los españoles le deben un gran favor a don Santiago.

Después añade, divertido:

—Creo que a ti te reprochan ser amigo de Carrillo.

—Sí. Y son las mismas personas que no comprenden que el Rey de España pueda estar agradecido a un comunista por haberle permitido llevar a buen término la transición.

—Tú lo conoces bien, ¿verdad?

Explico a don Juan Carlos que, en efecto, conocí bien a Santiago Carrillo cuando yo era portavoz en París de la Junta Democrática, durante el año que precedió a la muerte de Franco. En aquel tiempo, siempre que la prensa francesa mencionaba a la Junta añadía: «de obediencia comunista», lo cual era totalmente falso. Mi trabajo consistía en visitar, uno tras otro, a los directores de los diferentes periódicos para explicarles que la Junta estaba muy lejos de obedecer

Don Juan Carlos, durante su etapa de formación militar. «Todo el mundo sabía quién era yo, pero hacían como que no lo sabían, aunque no siempre con éxito. Para los más íntimos yo era Juan o Carlos; para otros, yo era Borbón; y para los demás yo era SAR, pero sin poner ningún énfasis en la sigla.»

«Me preparé en el Colegio de Huérfanos para entrar, en 1955, en la Academia Militar de Zaragoza. Después, entre 1957 y 1958, me enviaron a la Escuela Naval de Marín (formé parte de uno de los viajes del buque-escuela Juan Sebastián de Elcano) y mis estudios militares terminaron en la Academia del Aire de San Javier.»

Arriba, el joven don Juan Carlos durante un partido de polo.

A la derecha, practicando el esquí, uno de sus deportes favoritos.

«He pasado buena parte de mi tiempo intentando eliminar las eternas sospechas que levanta el ejército entre los políticos. Tanto más cuanto que son sospechas sin fundamento real. Yo, que los conozco bien, sé que se puede tener confianza en los militares, a condición, naturalmente, de jugar limpio con ellos.»

En la Academia Militar: «Mi padre había insistido para que me trataran como a cualquier otro alumno.»

únicamente a las consignas del Partido Comunista y que Santiago Carrillo no tenía más autoridad en el seno de la Junta que cualquier otro de sus miembros, entre los que había gente del Opus Dei, como el profesor Calvo Serer, o liberales de buen tono como José Vidal Beneyto, un conocido ensayista. El único miembro de la Junta al que no podía poner una etiqueta ideológica era Antonio García Trevijano —el «coordinador» de todas las tendencias políticas de la Junta—, antiguo notario de provincias, rupturista a ultranza, que quería cortar todo contacto con quienes, de cerca o de lejos, habían tenido algo que ver con la Administración franquista. Lo menos que puede decirse es que la suya era una toma de posición utópica. Delgado, con bigote, cetrino como un moro, Antonio García Trevijano era una especie de Saint-Just implacable. A la inversa de él, Carrillo predicaba un entendimiento con todos los que, aun habiendo tenido responsabilidades bajo el régimen franquista, podían colaborar positivamente con la Monarquía.

Desde mi primer contacto con Carrillo me atrajo su gran sentido común («Mis años de exilio en Francia han reforzado mi cartesianismo habitual», le gustaba decir), así como un sentido del humor poco habitual entre los comunistas. Dos o tres días después de conocernos, Carrillo me propuso que almorzáramos juntos. Dudé en aceptar, porque entre Carrillo y yo se interponía la sombra de Paracuellos del Jarama, donde varios miembros de mi familia habían sido salvajemente asesinados. Pero mi curiosidad pudo más que mis escrúpulos, y me fui a almorzar con él a un café de Saint-Germain-des-Prés. En cuanto estuvimos sentados el uno frente al otro puse las cartas boca arriba. Expliqué a Carrillo que de regreso, gracias a un permiso, del frente de Valencia, mi padre me había dicho cuando le encontré en San Sebastián: «Sé muy afectuoso con tu madre, porque acaba de enterarse de que varios de sus primos madrileños han sido asesinados en Paracuellos del Jarama.»

—Así que entre tú y yo —le dije a Carrillo—, se levanta

por ahora esta barrera que no sé cómo salvar. Ni siquiera sé si voy a ser capaz de hacerlo.

Carrillo me miró largamente sin decir nada, con un vaso de vino en la mano. Después me preguntó:

—¿Sabes qué edad tenía yo cuando lo de Paracuellos?

No, no lo sabía. Tenía, me explicó, tres o cuatro años más que yo, es decir, apenas veintiún años.

—¿Tú crees, José Luis, que a esa edad me hubieran hecho cargar a mí con la responsabilidad de asesinar a centenares de prisioneros, que podrían haber tenido para nosotros, en cualquier caso, una importancia excepcional?

¿Qué podía responderle? Entonces Carrillo añadió:

—Si quieres puedo escribirte en dos o tres hojas la verdadera historia de Paracuellos del Jarama, donde los anarquistas jugaron un papel bastante más importante que el mío.

Mantuvo su palabra. Cuarenta y ocho horas más tarde dejó en mi despacho unas cuantas hojas escritas a máquina. Lo que leí me convenció de la posible inocencia de Carrillo en la masacre de Paracuellos.

—Pero dime —le pregunté—, si las cosas sucedieron como tú dices, ¿por qué diablos no te explicas públicamente por medio de la prensa o de algún libro?

Me respondió con una sonrisa indefinida que teñía de amargura sus palabras:

—Porque en nuestro país, cuando te cuelgan un sambenito es para toda la vida. De nada vale clamar inocencia. Nosotros, los españoles, siempre hemos preferido los culpables a los inocentes. Tú, tú serás el «marqués rojo» hasta que te mueras, y yo seré por toda la eternidad «el asesino de Paracuellos del Jarama».

Don Juan Carlos no hace el menor comentario, pero su silencio es más elocuente que cualquier palabra. Entonces le cuento que a finales del franquismo algunas personas cercanas al general Franco creyeron oportuno entrar en contacto con el «asesino de Paracuellos» para saber cuál iba a ser la actitud del Partido Comunista en caso de un posible cambio de régimen.

—Vaya... Don Santiago no me ha hablado nunca de eso —dice don Juan Carlos sorprendido.

—No erais el único, Señor, en preguntaros cuál iba a ser la actitud del Partido Comunista en un cambio de régimen ineluctable. Los franquistas, aunque por otras razones, se inquietaban también.

»Una mañana Carrillo me dijo que una persona del entorno del General le había propuesto comer con él en el Vert Galant, cerca del palacio de Justicia. La persona en cuestión no quiso decir su nombre. "Ese almuerzo me interesa —me dijo Carrillo—. Siempre es bueno saber qué es lo que preocupa al enemigo. Pero quiero saber con quién me siento a la mesa. Así que te propongo que vayas tú también al Vert Galant y que te instales en una mesa que no esté muy alejada de la mía. Unos minutos después de que llegue el misterioso personaje, yo iré al lavabo, donde podremos reunirnos para que me digas si has reconocido a mi interlocutor." Así lo hicimos. Me senté con una amiga en una mesa desde donde podía ver a Carrillo y a su visitante. Al cabo de un momento vi entrar en el restaurante a un hombre bastante corpulento, de rostro triste y aspecto desarreglado. Lo reconocí inmediatamente. Era el hijo de Nicolás Franco, hermano del General.

—¿Nicolás Franco Pascual del Pobil? —pregunta el Rey.

—El mismo. Cuando me reuní con Carrillo en el lavabo le dije: «Santiago, estás almorzando con el sobrino del general Franco.» «¿El hijo del embajador en Portugal?» Carrillo volvió a su mesa encantado. Su almuerzo con el sobrino del General terminó bastante rápidamente. En cuanto Nicolás Franco Pascual del Pobil se retiró, fui a tomar café a la mesa de Carrillo. «¿Qué es lo que quería saber ese tipo?», le pregunté. «Oh, lo mismo que los demás. Si voy a hacer de ogro o si voy a ser bueno cuando se muera su tío.» «¿Y qué le has respondido?» «Nada concreto. Simplemente he aprovechado para despistar. El mensajero se ha ido más inquieto de lo que ha venido.» Y ésa fue toda la explicación que Carrillo me dio de aquel encuentro contra natura.

A pesar de la estima que le demostraba públicamente el Rey, el secretario general del Partido Comunista tardó bastante tiempo en ser aceptado —la palabra «tolerado» sería más justa— por la sociedad española. «La primera vez que fui a una recepción en palacio —me contó un día—, fui recibido a mi llegada por un coronel en uniforme de gala que no se dignó dirigirme la palabra, y cuando me acerqué a saludar al Rey y a la Reina, oí voces que me insultaban claramente: "¡Asesino, asesino!"»

Hoy, quizá debido a sus problemas políticos, el ex secretario general, convertido en periodista, es considerado como una especie de mito histórico. Se mueve por Madrid sin escolta de ningún tipo y recibe —sobre todo por parte de los burgueses que al fin han comprendido lo que le deben— toda clase de muestras de estima y de amistad.

—De todo este asunto referente a la legalización del Partido Comunista —dice don Juan Carlos— lo que me parece importante es que hayamos logrado hacer la transición sin derramamiento de sangre. Nadie negará que, en España, la cosa es bastante rara. Yo quería una transición sin espíritu de revancha, sin venganzas personales, sin ajustes de cuentas. Quería que todo pasara con suavidad, sin sobresaltos, de una forma civilizada. Y creo que los españoles comprendieron que no sólo se trataba de pasar de un régimen a otro, sino de algo mucho más importante que eso: se trataba de pasar de una época ya superada, a una época nueva, con todos sus imponderables, sus peligros y sus esperanzas. Para tener éxito en ese paso se necesitaban hombres nuevos, jóvenes, hombres con una visión del mundo que sus mayores no osaban tener. Bajo el franquismo, el poder, el poder absoluto, lo ejercía un anciano. Y yo, el recién llegado, era un hombre joven con una necesidad casi física de rodearme de hombres jóvenes como yo.

—¿Hombres como Suárez y después Felipe González?

—Exactamente. En aquellos momentos difíciles tuve, como digo, la suerte de que la mayoría de los españoles comprendieran la necesidad de aquella evolución. Naturalmente hubo excepciones. Las de los hombres que tenían miedo a los cambios, que querían seguir siendo leales a sus ideas de siempre.

—Eso no es lealtad, eso es arterioesclerosis.

—Tal vez sí. Pero no todos piensan como tú.

—¿Creéis, Señor, que Torcuato Fernández Miranda, que ya no era un jovencito, hubiera legalizado de buena gana el Partido Comunista?

—La idea en sí habría podido fastidiarle, pero si hubiera sido presidente del Gobierno estoy seguro de que hubiese legalizado el Partido Comunista, a pesar de su edad y de su talante conservador. Los hombres inteligentes siempre tienen el espíritu joven y Torcuato era un hombre excepcionalmente inteligente.

—En cuanto pudisteis, os rodeasteis de hombres jóvenes, pero habéis pasado gran parte de vuestra vida entre hombres maduros. De esos que pueden jactarse de tener experiencia.

—La experiencia sólo es el resultado de una determinada suma de errores. No seré yo quien se jacte de eso.

—¿Hubierais podido entenderos con alguien como José María de Areilza si hubiera sido presidente del Gobierno en lugar de Suárez?

—Siempre me he entendido bien con Areilza. Además de una gran experiencia, tiene muy buena cabeza.

—Y muy buena pluma.

—En efecto, escribe muy bien.

—Pero preferisteis a Suárez.

La famosa mirada «directa a los ojos» de don Juan Carlos debe servirme de respuesta. Así que le explico:

—La misma tarde del día en que Suárez fue designado presidente del nuevo Gobierno, Areilza creía tener todas las bazas para ser elegido.

—¿Ah, sí?

La ingenuidad no le va bien al Rey. Pero la finge con talento.

—Areilza —continué— se quedó muy decepcionado, yo diría que incluso molesto, por la elección de Suárez.

—Sí, y fue una gran lástima, porque el conde de Motrico es un hombre de mucha valía.

Lo que don Juan Carlos no confesará jamás es que no le hubiera gustado tener como presidente del nuevo Gobierno a un antiguo hombre-emblema del conde de Barcelona, un personaje que había formado parte del consejo privado de «su majestad don Juan III». En un drama shakespeariano, Areilza habría sido en cierto modo «la mala conciencia del joven rey» que había ocupado el lugar del rey anciano.

—Cambiando de tercio, Señor, ¿Ceaucescu pasó factura por su intervención?

—Siempre me preguntas cosas a las que no tendría que responder. Pero, en fin, después del tiempo que ha pasado... Ya creo haberte dicho que soy un hombre con suerte... Sí, me fastidiaba mucho saber que cualquier día iba a tener que recibir aquí a Ceaucescu para darle las gracias..., pero una vez más me sonrió mi estrella. Ceaucescu anunció dos veces su visita y dos veces hubo acontecimientos graves (temblores de tierra en Rumania, creo) que impidieron que se desplazara. Al fin vino a Madrid en 1979 o 1980, no recuerdo bien, pero para entonces el tiempo había pasado y nadie podía relacionar ya la visita del líder rumano con la legalización del Partido Comunista. Salvo el propio Carrillo, naturalmente. La mayoría de la gente se dijo que Ceaucescu había venido a Madrid en visita de cortesía.

Suena el teléfono sobre la mesa del Rey. Me levanto y me alejo para permitir que hable con tranquilidad. Una vez más me voy a examinar de cerca el cuadro de Dalí, que en cierto modo choca en esta sala a la vez tan sobria y tan suntuosa. De Dalí no me gustan ni el hombre ni el pintor. El hombre fue toda su vida un niño prodigio que no quiso crecer. En lo que respecta al pintor, estoy completamente de acuerdo con Marie Laure de Noailles cuando decía: «El gran drama de Dalí viene de que quiso construir Santa Sofía y de sus manos salió el Sacré-Coeur de Montmartre.» Pero me guardaré muy bien de decir esas cosas delante del Rey, que dio testimonio de su admiración por Dalí haciéndole marqués de Púbol, lugar en el que residió durante algunos años en su ancianidad.

Cuando vuelvo a sentarme delante de don Juan Carlos, le digo:
—Hay un libro muy interesante, *Anatomía de un cambio de régimen*, de José Oneto, en el que Suárez afirma, en un epílogo escrito de su propia mano, que tuvo que legalizar el Partido Comunista «en solitario».
—Es cierto.
—Pero en cierto modo fue Vuestra Majestad quien puso en marcha, cuando todavía era príncipe de España, la estrategia que permitiría algún día legalizar el Partido.
—Sí, de acuerdo. Pero fue Adolfo Suárez quien, llegado el momento, tomó el asunto en sus manos.
—Ya, pero... sin los contactos rumanos iniciados por Vuestra Majestad, ¿hubiera podido Suárez...?
Don Juan Carlos me interrumpe:
—¿Adónde quieres ir a parar?

—A lo siguiente: Suárez legalizó el Partido Comunista, pero fue la Corona quien allanó el camino para permitirle algún día actuar «en solitario».

Don Juan Carlos menea la cabeza sonriendo:

—Parece ser que un día, en París, tu madre tuvo con mi padre una discusión a propósito del retorno de la Monarquía. Tu madre pensaba que no se avanzaba suficientemente deprisa. Al cabo de un momento, a falta de argumentos, mi padre le respondió: «Pero Carmen... recuerda que yo también soy monárquico...»

—¿Por qué me contáis eso, Señor?

—Porque a veces tú también me pareces más monárquico que el Rey.

Cuando don Juan Carlos se ríe, su juventud parece casi insultante.

—Sabéis, Señor, cuando yo no conocía personalmente a Adolfo le ataqué mucho (a veces injustamente) en mis crónicas de prensa. Después, un buen día, nos presentaron en la consulta del doctor Redondo, nuestro dentista común. Y como tantos otros antes que yo, caí en las redes del legendario encanto del presidente. Su valor físico, por otro lado, es innegable. Lo demostró a lo largo de la noche del 23-F. Pero es evidente que no se encuentra a gusto con quienes están más acostumbrados al poder que él. Y tampoco se encontró a gusto con hombres como el presidente Tarradellas. En su primer encuentro en Madrid, el anciano logró hacerse con él gracias a su arte consumado. A los periodistas que le preguntaron cómo se había desarrollado la entrevista, Tarradellas respondió: «Muy bien. El presidente Suárez y yo nos hemos entendido de maravilla.» Meses más tarde, almorzando con Tarradellas en Barcelona, el presidente de la Generalitat de Cataluña me dijo recordando la tormentosa cita de Madrid: «Suárez creía que me hacía un favor recibiéndome en La Moncloa. Pero se equivocaba. Era yo quien se lo hacía segando la hierba bajo los pies de los militares, dispuestos a cualquier cosa si Cataluña se agitaba. Conmigo sabían que eso no ocurriría, al menos en el sentido que a ellos les preocupaba. Pero después de todo, la única persona cuya opinión contaba para mí era la de Su Majestad el Rey. Así que, como usted entenderá, los estados de ánimo de Suárez»...

—Hasta su muerte Tarradellas fue conmigo de una perfecta lealtad —dice don Juan Carlos—. Varias veces me repitió: «Soy un defensor sin tacha de la Monarquía de Vuestra Majestad.» Yo hubiera preferido oírle decir «de la Monarquía» a secas, porque el matiz es importante.

—Ese matiz fue el que permitió a muchos «republicanos de toda la vida» identificarse con la Monarquía de hoy.

—Ya lo sé. Pero aun así... ¿Veías mucho a Tarradellas en Barcelona?

—Iba a veces a visitarlo con Antonio de Senillosa. Antonio y yo estábamos de acuerdo en que Tarradellas se sentía un poco encorsetado en su Cataluña querida. «Es un poco lo que hubiera sentido De Gaulle si le hubiesen dado a gobernar Córcega», decía Senillosa, que sentía mucho afecto por el anciano presidente. Y es verdad que Tarradellas era un personaje muy a lo De Gaulle. Tenía el porte y las ambiciones del estadista francés.

—A mí lo que me gustaba de él —dice el Rey— era la distancia que sabía tomar con los problemas a los que no veía solución. Muy pocos políticos son hoy en día capaces de distanciarse de los acontecimientos que no son fáciles de juzgar sin cierta perspectiva. En eso Tarradellas se parecía a Franco.

En algún lugar del despacho suena la hora.

—¿De qué vamos a hablar mañana? —me pregunta don Juan Carlos levantándose para darme la mano.

—De vuestros estudios militares, si así lo deseáis.

Es un tema sobre el cual el Rey siempre tiene algo nuevo que decir.

VIII

Llueve a cántaros en la sierra y el viento sopla con ráfagas violentas, obligando a los ciervos y a los jabalíes a buscar refugio bajo las ramas de los alcornoques. El ayudante que me espera en lo alto de una de las escaleras —uno de los hijos del duque del Infantado— me anuncia que Su Majestad llegará hoy con cinco minutos de retraso. Me instalan en un saloncito donde apenas tengo tiempo de mirar a mi alrededor —sobre una consola hay la maqueta de un barco que me hubiera gustado examinar desde más cerca—, cuando el ayudante regresa a buscarme. «Te había dicho cinco minutos, José Luis, pero me he equivocado. Tenía que haberte dicho cuatro.»

La primera cosa que hace el Rey al verme entrar en su despacho es darme excusas por este retraso de cuatro minutos.

—Tenía a un personaje del que no me podía librar. ¡Y eso que Dios sabe si conozco la técnica! —me explica sonriendo.

Me coloco frente al Rey, como de costumbre. Hoy va vestido de gris claro y lleva una corbata suficientemente audaz como para que me pare a examinarla. Mañana pasaré por Hermès para ver si encuentro otra igual, aunque sospecho que las corbatas del Rey son modelos únicos.

—Creo que hoy querías que habláramos de mis estudios militares, pero tengo la impresión de que ya lo hemos hecho.

—Es cierto, Señor, pero hay un aspecto de vuestro paso por las diferentes academias militares sobre el que desearía volver.

—¿Cuál?

—Señor, sois el hijo del conde de Barcelona, y en aquella época, para los monárquicos, vuestro padre era el único heredero legítimo de la corona de España. ¿Hablabais a menudo de esta cuestión con vuestros compañeros?

—Muy raras veces. Y sólo con amigos muy íntimos. Porque, sabes, me interesaba mucho ser simplemente «un cadete más». Confundirse en la masa, como suele decirse, evita muchos problemas. Todo el mundo sabía quién era yo, pero hacían como si no lo supiesen, aunque no siempre con éxito. Para los más íntimos, yo era Juan o Carlos; para otros, yo era Borbón; y para los demás yo era SAR, pero sin poner ningún énfasis en la sigla.

—¿Y los profesores?

—Se dirigían a mí dándome el tratamiento de Alteza.

—En la época en que residíais en las diferentes academias militares tenía lugar, día tras día, lo que hoy llamaríamos una vasta campaña de difamación contra vuestro padre. A través de la persona del conde de Barcelona se desacreditaba en bloque a los Borbones, pero a él concretamente se le acusaba de ser masón, mujeriego y, supremo insulto, de haber servido en la Marina británica. La campaña de difamación salpicó incluso a la figura de don Alfonso XIII, quien tanto había hecho por la carrera militar de Franco. Fue gracias a la benevolencia de vuestro abuelo como Franco se convirtió en el general más joven de Europa. Difamando a vuestro padre y a vuestro abuelo se intentaba, como digo, alcanzar a la dinastía de los Borbones al completo, haciéndoles culpables de haber llevado a España al borde del abismo. Todo eso no podíais ignorarlo.

—¡No lo ignoraba! Al contrario. En varias ocasiones me peleé con compañeros que habían emitido en mi presencia opiniones sobre mi padre que no me gustaban. Nos dábamos cita, de noche, en el picadero de la academia, y allí ajustábamos las cuentas a puñetazos. Varias veces salí de esos encuentros con un ojo a la funerala. Gracias a Dios, no sucedía a menudo. Mis compañeros sabían que me encontraba en una situación muy difícil y evitaban tocar ese tema delante de mí. En cuanto al propio Franco, ya te he dicho que cuando me quejé a él del trato que mi padre recibía en la prensa, me dijo que le era imposible hacer nada, ya que la prensa era libre de exponer sus opiniones. Aquello era tan gordo, que lo único que podía hacer era reírme.

—Pero... ¿de dónde venía ese odio de Franco hacia el conde de Barcelona?

Don Juan Carlos contempla largamente el escudo grabado en su anillo de oro.

—Pienso —dice al fin— que Franco veía en mi padre a la única persona que podía disputar la legitimidad de su poder. Por lo demás, tal vez acabó creyéndose lo que decían sus servicios de propaganda a propósito de mi padre. Debía de ver realmente en él a un peligroso liberal que amenazaba con dar al traste con el conjunto de su obra. Un peligroso liberal que se inclinaba del lado de los «rojos». Cuando mi padre decía: «Quiero ser el rey de todos los españoles», Franco debía de traducir: «Quiero ser el rey de los vencedores y de los vencidos.»

—Pero... ¿no era cierto?

—Sí, naturalmente, pero para Franco eso debía de resultar intolerable. Sin embargo, el General sabía que aquel «peligroso liberal» se había presentado en 1936 en la frontera española con intención de combatir a los «rojos» como voluntario, en la unidad que Franco hubiera querido señalarle. En aquella ocasión, el General escribió a mi padre una carta muy hermosa para agradecerle su gesto, y en ella le decía que su vida era demasiado preciosa para el porvenir de España y que le prohibía arriesgarla en el frente de batalla. ¿Por qué la vida de mi padre era tan preciosa sino porque era el heredero de la Corona? Pero qué quieres, José Luis, el General era así. Un pragmático que actuaba según las exigencias del momento. A veces era muy difícil de soportar. Pero yo, sabes, me había convencido de una vez por todas de que para llegar a mis fines tenía que soportar muchas cosas. El objetivo valía la pena.

—El objetivo era la Monarquía.

—Naturalmente. ¿Qué si no?

—¿Creéis sinceramente que Franco era monárquico?

—No tengo la menor duda. Cuando organizó en 1947 el famoso referéndum, en el que obtuvo un 98 por ciento de los votos, Franco estaba en condiciones de hacer lo que quisiera.

—¿Pero qué, Señor?

—¿Cómo saberlo? No me gusta hacer suposiciones. En todo caso, hubiera podido hacer cosas que no hizo. Por el contrario, reiteró que España era una Monarquía y que algún día tendría un rey. Sabes, José Luis, la filosofía del General era muy simple. Tenía gran confianza en aquello de dejar pasar el tiempo. Y es verdad, nadie puede negarlo: el tiempo arregla muchas cosas que parecen no tener solución de inmediato. Franco creía en el buen fundamento de los dichos y refranes de la sabiduría popular. A propósito de Gibraltar (un problema que no parecía preocuparle demasiado) le oí decir una vez: «Eso es como una fruta, cuando madure caerá...»

—Yendo al fondo de las cosas, ¿quién creéis que tuvo más influencia sobre Vuestra Majestad, el general Franco o vuestro padre?

Don Juan Carlos parece casi ofendido por la pregunta.

—¡Mi padre, por supuesto! Nunca dudé de la sinceridad de mi padre cuando me aconsejaba sobre esto o lo de más allá. Con Franco, en cambio, era muy diferente. Yo siempre tenía ganas de hacer lo que mi padre me aconsejaba, mientras que a menudo me costaba seguir el camino que me indicaba el General. Por lo demás, aunque lo hubiera querido, no hubiese podido.

—A menudo oigo decir a la gente: «El Rey ha hecho lo que hubiera querido hacer su padre.» Personalmente, tengo la impresión de que habéis ido más lejos de los objetivos de vuestro padre.

—Nadie puede saber lo que hubiese hecho el conde de Barcelona si hubiera subido al trono —responde don Juan Carlos con un tono bastante seco.

Los dos permanecemos en silencio un largo rato. Después, don Juan Carlos prosigue dubitativo:

—No sé si hay que creer demasiado en las influencias que pueden ejercer sobre nosotros las personas de nuestro entorno o los miembros de nuestra familia. Es evidente que si, cuando yo era niño, mi padre no me hubiera hablado de España con la pasión que ponía en cada una de sus palabras, yo no hubiese tenido hoy la misma visión «enamorada» que tengo de mi país. Si pienso, si actúo, si a veces hablo como lo hubiera hecho mi padre, ello no se debe únicamente al resultado de una influencia, sino también al simple hecho de haber recibido desde muy joven el ejemplo de alguien a quien admiro y quiero: mi padre. Con Franco aprendí sobre todo a saber lo que *no* había que hacer. Y advierte que digo «no hacer» y no «no volver a hacer». Por lo demás, como ya he contado, él mismo me decía: «No me pidáis consejos que no habéis de poder seguir.» A fin de cuentas, ¿qué significa influir?

—Influir a alguien es darle su alma, decía Oscar Wilde.

—Entonces a mí me influyó mi padre y nadie más.

Después de un corto titubeo, don Juan Carlos añade:

—Hasta el momento en que yo mismo empecé a influir a mi padre.

—¿Cómo es eso?

—El exilio, sabes, cuando dura demasiado (el otro día hablamos de ello) acaba por falsear completamente la idea que uno se hace del paraíso perdido. Mi padre vivía rodeado de hombres que, en su mayor parte, eran exiliados desde la guerra civil. Hablaban de una España que no existía más que en los libros. Cuando pensaban en la Monarquía, recordaban la de Alfonso XIII. Levantaban el futuro de España sobre viejos sueños. Ramón Padilla, uno de los hombres que habían seguido a mi padre en su exilio, me decía un día: «Cuando hablo de España a Vuestra Majestad, me pregunto si esa España existe todavía.» A menudo, cuando iba de permiso a Estoril (te hablo de la época en que estaba en la Academia Militar de Zaragoza) y hablábamos de tal o cual problema, mi padre se irritaba: «¡Demonios! ¡Me hablas desde el punto de vista de Franco!» Pero, ¿qué otra cosa podía hacer? Yo vivía en la España de Franco. Y cuando Franco me hablaba de España, hablaba de una España que yo conocía y cuya existencia mi padre admitía sólo difícilmente. Mi padre soñaba con España. Yo la vivía. De modo que, poco a poco, mi padre empezó a escucharme y a tener confianza en mí. Y creo que en ciertas circunstancias le ayudé mucho a ver claro. Aunque no sé si le gustaba.

—La gente de cierta edad admite muy difícilmente que los jóvenes puedan tener razón.

—Quizá es porque no conocen los efectos negativos de la nostalgia. Los jóvenes viven en la realidad como pez en el agua, en tanto que la realidad es muy difícil de soportar para los que creen que cualquier tiempo pasado fue mejor.

—Cuando yo regresé de mi exilio después de la amnistía general de 1975 (no olvidéis que durante treinta años yo fui un «rojo» y resultaba tan peligroso, si no más, que vuestro padre) llegué a España lleno de ilusiones, como esos viejos elefantes africanos que hacen miles de kilómetros para ir a morir entre los suyos. Pero la España en la que desembarcaba no tenía nada que ver con la que yo había dejado y con la que había soñado durante largos años. Incluso el aspecto físico de los españoles había cambiado. Los de mi tiempo eran pequeños, peludos y bastante feos. Los nuevos españoles se parecían a veces a los nórdicos.

—Porque habían aprendido a comer bien.

Me callo para dejar a don Juan Carlos el tiempo de encender uno de esos Cohibas que ya no me ofrece, pues siempre los rechazo. Durante unos instantes se convierte en ese «hombre en instancia de felicidad» del que hablaba Stendhal.

—¿En qué momento de vuestra vida sentisteis verdaderamente el peso de la soledad?

El Rey me observa con esa famosa mirada —un poco ausente, un poco melancólica— de la que no le gusta que hable.

—Cuando las cosas van mal, siempre está uno bastante solo. Y desgraciadamente las cosas casi nunca van del todo bien para quien se encuentra en lo alto de la pirámide.

—«La autoridad se acompaña de prestigio, y el prestigio de alejamiento», escribía De Gaulle en *Al filo de la espada*. ¿Creéis que eso es cierto?

—Sí. La autoridad, incluso cuando se vive a su sombra (como fue mi caso mientras Franco vivió), hace que la gente le trate a uno de forma poco natural, por no decir completamente artificial. Para ser sincero contigo, José Luis, siempre me he sentido bastante solo. Pero sobre todo he sentido el peso de esa soledad cuando fui nombrado príncipe de España y Franco pensó en mí para sucederle «a título de rey». Se abrió entonces un periodo en el que se sabía que yo iba a ser rey sin que nadie estuviera completamente seguro de ello. Franco podía cambiar de idea en cualquier momento y nombrar a otro en mi lugar. Por lo tanto era conveniente ser «amable» conmigo, pero no demasiado. Me encontraba solo, pero al mismo tiempo muy rodeado. Mi padre, por otro lado, sí que conoció durante años la verdadera soledad. Excepto algunos fieles que siempre estuvieron junto a él, la gente se lo pensaba mucho antes de ir a visitarlo a Estoril. Durante mucho tiempo, ser visto cerca del conde de Barcelona constituyó, más que una torpeza, un pecado político. Podía costarle a uno el puesto, o el permiso de importación del coche al que tenía echado el ojo. Tampoco podía él fiarse demasiado de los que se le acercaban, porque muchos, en cuanto volvían a Madrid, se precipitaban a El Pardo para dar su informe: el conde ha dicho esto, el conde ha dicho lo otro, etcétera. La mayor parte de las veces se le atribuían palabras que ni siquiera se le habían pasado por la cabeza, y cuando decía algo verdaderamente importante todos se callaban por miedo a hacer creer que lo aprobaban. Mi padre llegó a límites de soledad insospechados. Aprendí mucho del sufrimiento de mi padre. Gracias a él, de algún modo me inmunicé contra el miedo a derrumbarme ante la idea de lo que un día u otro se me vendría encima. Y comprendí muy pronto que el silencio es un valor seguro. Siendo príncipe de España, recibía a gente que estaba abiertamente del lado de Franco y contra el Borbón que yo era, pero que me visitaba por si las moscas. Otros se jactaban de estar contra Franco y creían que eso les daba derecho a escuchar mis confidencias. No podía fiarme ni de unos ni de otros. Y como yo hablaba muy raras veces, mucha gente se creía que me callaba porque no tenía nada que decir. Era lo contrario: tenía muchas cosas que decir, pero prefería callarme porque la menor frase, la más mínima palabra, podían ser interpretadas de un modo negativo. A veces tenía incluso que vigilar mis gestos. Ha sonreído, luego está a favor. No ha sonreído, luego está en contra.

—Debía de ser muy cansado imponerse esa disciplina a lo largo de todo el día.

—Muy cansado, José Luis, y muy duro para los nervios.

—A menudo debían de entraros ganas de iros dando un portazo.

—Sí, pero habría sido escoger el camino más fácil. Un camino que a mis adversarios les hubiera gustado verme tomar. Irse cuando las cosas se ponen difíciles está al alcance de cualquiera. Un rey, me dijo mi padre, nunca debe abdicar. No tiene derecho a hacerlo. Yo todavía no era rey, pero como si lo fuera.

—Si me lo permitís, Señor, voy a leeros un extracto de un artículo publicado en *L'Express* del 12 de diciembre de 1991, firmado por Jacques Renard.

—Por favor.

Saco de mi maletín el artículo y leo: «Juan Carlos se ocupó de explicar a Santiago Carrillo que durante veinte años había tenido que "hacer el idiota, lo que no es fácil", y que sin duda lo logró "pues todo el mundo se lo creyó."»

—No recuerdo haber dicho exactamente eso, pero si Carrillo lo cuenta probablemente sea cierto —dice el Rey con un tono neutro.

El mismo artículo dice un poco más adelante que «François Mitterrand también cayó en la trampa cuando escribía en *L'Abeille et l'architecte* del 12 de octubre de 1975: "Yo jamás he creído en Juan Carlos, ese rey de tercera mano, pero le compadezco sólo de pensar en la ola que se lo llevará por delante. ¡Heredero de Franco! ¡Bonita pierna para un cojo que corre hacia el vacío!"»

El Rey escucha sonriente.

—¿Continúo, Señor?

El Rey hace un signo afirmativo con la cabeza y yo prosigo mi lectura:

—«Se cuenta que algunos años después, el presidente francés, en visita oficial a España, se detuvo en La Zarzuela delante de unas fotos que mostraban a Franco con el futuro rey en segundo plano. Y Juan Carlos comentó con una sonrisa: "Qué tonto parece uno cuando se está esperando... Usted sabe bastante de eso, señor presidente."» ¿Es cierta esta anécdota, Señor?

Don Juan Carlos se encoge de hombros.

—Sabes, las falsas anécdotas llegan a ser verdaderas a fuerza de repetirlas.

Sospecho que don Juan Carlos pierde deliberadamente la memoria para no apabullar al presidente de la República francesa.

—La historia de Carrillo —murmura— sí, quizá, todavía... aunque en español la palabra «idiota» tiene connotaciones irreversibles... No sé si es la palabra que yo hubiera empleado.

—La anécdota está contada en francés, y en francés *faire l'idiot* es a veces una prueba de inteligencia.

—¡Entonces, José Luis, es absolutamente mi caso! —exclama don Juan Carlos con una breve risa.

IX

El ayudante que me introduce esta tarde en el despacho del Rey —un oficial de Marina de ojos muy azules— me dice por lo bajo: «Su Majestad dio esta mañana algunos pasos sin muletas. Está de muy buen humor.» Me alegro, porque el humor de don Juan Carlos tiene una gran incidencia sobre el desarrollo de mi trabajo. Cuando el Rey está relajado, habla con profusión, insiste en los detalles. Cuando algo le preocupa, su conversación se resiente.

En cuanto entro en el despacho don Juan Carlos me recibe con una gran sonrisa. Sobre su corbata azul vuelan minúsculas gaviotas. Sus muletas ya no están en el suelo, al pie de su sillón. Se encuentran apoyadas junto a un asiento situado un poco más lejos. Es evidente que, a solas, el Rey se entrena a andar por la sala donde pasa la mayor parte de la jornada.

—¿De qué quieres que hablemos hoy?

El tono es abierto y confiado. El marino de ojos claros no se ha equivocado. El Rey está de excelente humor.

—Cuando el otro día hablamos del paso de Vuestra Majestad por las diferentes academias militares, hubo algo que me extrañó mucho.

—¿Qué?

—Me dijisteis que cómo creía yo que hubierais podido hacer lo que hicisteis la noche del golpe de Estado de Tejero y de Milans si no hubieseis tenido amigos fieles en el ejército.

—Sí. Lo recuerdo. ¿Eso te extraña?

—No, Señor. Eso responde a otra pregunta que iba a plantearos y que ya no tiene razón de ser.

—¿Qué pregunta?

—La de si una educación militar tan rigurosa como la que

recibisteis era verdaderamente necesaria para ejercer vuestro oficio de rey.

—Creo que los acontecimientos del 23-F son la mejor respuesta que pueda darte. Los militares me obedecieron, no sólo porque yo era uno de los suyos, sino también, y sobre todo, porque yo era el jefe supremo de las Fuerzas Armadas. De otro modo, ¿qué autoridad, si no, hubiera yo tenido sobre unos hombres que, en su mayor parte, creían de buena fe que España naufragaba y estaban listos a lanzarse a esa espiral de violencia que era la trampa que les tendían los terroristas de ETA? ¿Quién me hubiese tomado en serio si no hubiera podido ponerme el uniforme de capitán general para dirigirme a ellos delante de las cámaras de televisión?

En la noche del 23 de febrero de 1981, don Juan Carlos dejó de ser para millones de españoles el hombre que había sucedido al general Franco «a título de rey» para convertirse simplemente en el rey de España, sin más. Durante aquella dramática noche, los españoles descubrieron que don Juan Carlos poseía las tres virtudes específicas de los Borbones de España: tenía sentido común, memoria y coraje. Un coraje sereno en el que se combinaban la audacia y la paciencia. Y también la certidumbre de lo bien fundado de sus actos.

—Me molesta mucho —me dice don Juan Carlos— oír calificar el golpe de Estado de Milans y de Tejero de «complot de opereta». Fue un complot de opereta porque fracasó. Pero, ¿qué habría sucedido si esa gente hubiera tenido éxito, José Luis? Posiblemente, ni tú ni yo estaríamos hablando aquí.

—Pocos días después del fracaso del golpe de Estado, un semanario (creo que era *Tiempo*) publicó una lista de varios centenares de personalidades (políticos, periodistas, actores, escritores, incluso algunos militares) que los amotinados de Milans y de Tejero habían pensado eliminar en las cuarenta y ocho horas que siguieran a su victoria. Mi nombre se encontraba en un puesto destacado.

—¿Dónde estabas tú la noche del golpe de Estado? —me pregunta don Juan Carlos.

—Aquí, en Madrid, en mi casa del paseo de la Castellana. Me enteré por la radio de lo que pasaba en las Cortes. Un poco después, mi mujer, que volvía de la peluquería, me explicó que se había cruzado en la calle con camiones llenos hasta los topes de guardias civiles.

—¿Pensaste en irte a alguna parte?

—No, y no me preguntéis por qué. Pero no creí ni por un minuto en el éxito de aquella insurrección. Esperaba, como tantos millones de españoles, a que Vuestra Majestad hablara por la radio o la televisión. Y a propósito de la radio..., ¿sabéis lo que me heló de verdad la sangre en las venas? Oír durante varias horas seguidas las marchas militares del año 1936. El himno de la Legión, etcétera. ¡Veía a España retrocediendo cuarenta años de un salto! Recuerdo también haber llamado por teléfono a mi amigo Enrique Meneses, un periodista con gran experiencia en guerras civiles y tribales de todo tipo.

La palabra «tribal» hace sonreír a don Juan Carlos, que me escucha atentamente.

—Pregunté a Enrique lo que pensaba de la situación y me respondió fríamente: «No pasará nada. Se han olvidado de tomar Campsa. Y sin gasolina no se ganan las guerras.»

El Rey sonríe levemente y cambia de tono.

—El golpe de Estado de Milans y de Tejero cogió de sorpresa a mucha gente...

Tiene razón. Sorprendió incluso a todos aquellos que hubieran debido esperárselo. En España, siempre es un error no prestar oído al ruido de sables. Como fue un error no tomar más en serio la Operación Galaxia, diciéndose que se trataba de un ridículo complot entre viejos compañeros de armas, públicamente considerados como unos eternos descontentos.

La Operación Galaxia —así llamada porque los conjurados se reunían en la cafetería Galaxia—, montada por el teniente coronel de la Guardia Civil Antonio Tejero y por el capitán Sáenz de Ynestrillas —asesinado más tarde en su coche por un comando de ETA—, tenía como finalidad asaltar el palacio de La Moncloa con doscientos hombres y tomar prisioneros a Adolfo Suárez y a los miembros de su Gobierno mientras celebraban el Consejo de ministros. Apresar, capturar a todo el Gobierno: ésa era la idea clave, la obsesión de Tejero. La Operación Galaxia debía desarrollarse mientras el Rey se encontraba de viaje oficial a México. Según Tejero y sus cómplices, don Juan Carlos, a su regreso a España, hubiera avalado la operación. Pero la idea de Tejero no era solamente hacer prisioneros a Suárez y a sus ministros. Había además que humillarlos. Cuando más tarde Tejero invadió el Parlamento con sus guardias, humilló a España entera obligando a los miembros del Gobierno y al conjunto de los diputados a que se echaran al suelo bajo sus escaños. Sí, fue un error no tomar más en serio la Operación Galaxia, pues venía a constituir una especie de ensayo general de lo que más adelante sería el golpe de Estado del 23-F.

—¿Cuáles creéis, Señor, que fueron las razones que empujaron a los militares a...?

—A algunos militares —me corrige el Rey.

—¿...que empujaron a algunos militares a arrastrar con cierto estrépito sus sables?

—¿Las razones? —murmura don Juan Carlos pensativo.

Las razones eran muchas. Para esos hombres, que vivían en su propio universo, que permanecían, por decirlo de algún modo, aislados del exterior, había muchas razones... Los asesinatos casi cotidianos de ETA, el independentismo del País Vasco, y el más silencioso, casi podría decirse marginal, de Cataluña... Para los militares, la unidad de España no era susceptible de discusión.

—Recuerda que en su lecho de muerte —me dice don Juan Carlos— Franco cogió mis manos entre las suyas y me dijo que la única cosa que me pedía era que preservara la unidad de España.

—¿Hasta qué punto os identificáis, Señor, con los militares?

Desconcertado por un instante, don Juan Carlos se recupera enseguida:

—Tanto como le es posible a alguien que, como yo, los conoce y los quiere. Sé cómo piensan y cómo pueden reaccionar cuando se les pone entre la espada y la pared. Han pasado los años y casi todos mis compañeros de promoción son ahora oficiales de alta graduación o generales. Muchos se encuentran en la cumbre de la pirámide. Y como yo, son hombres de cierta edad. Así que, para estar al corriente de lo que piensan hoy los oficiales jóvenes, llamo a menudo a los compañeros de mi hijo, el príncipe de Asturias.

—¿Es muy diferente la mentalidad de esos jóvenes oficiales y la de sus predecesores?

—Sí, mucho. Son más abiertos, más curiosos a los cambios del mundo. No ponen en tela de juicio ni la democracia ni, aún menos, la Monarquía. Yo hago lo que puedo, en tanto que rey y jefe supremo de las Fuerzas Armadas, para que la gente comprenda y admita que los militares también forman parte del pueblo. Con el Estado Mayor, intento acabar con los guetos militares, es decir, trato de darles a éstos la posibilidad de vivir como personas normales y no en esos bloques de viviendas exclusivas para ellos. Mao decía que los militares deben vivir en el interior del pueblo como peces en el agua. Tenía razón. Los españoles deben dejar de considerar a los militares como habitantes de otro planeta. Curiosamente, y aunque pueda parecer una paradoja, el terrorismo de algún modo nos ha ayudado, obligándonos a dispersar a los militares para que dejen de ser un objetivo fácil para los que ponen las bombas. Sí, José Luis, los militares han cambiado mucho estos últimos años. Se interesan mucho más que los de antes por la Historia, la geopolítica, las lenguas extranjeras...

—¿Así que tenéis frecuentes contactos con los oficiales jóvenes?

—No tantos como quisiera. Pero cada vez que visito una brigada, en Córdoba, por ejemplo, o en Badajoz, almuerzo con los oficiales jóvenes y les pido que me hablen de sus problemas y de sus ambiciones. No siempre es fácil, pues precisamente porque son jóvenes les cuesta hablarme con libertad. Entonces acudo al Príncipe, que es un oficial joven que conoce bien los problemas de sus compañeros.

—A propósito de don Felipe, ¿le empujó Vuestra Majestad a que estudiara Derecho?

—Sí, y también Economía. A nadie le viene mal tener dos carreras.

Don Juan Carlos echa hacia atrás su asiento para cruzar las piernas.

—Sabes, las cosas están cambiando muy deprisa en el ámbito militar. Cambiarían más despacio si yo no fuera un rey que ha recibido una sólida formación militar. Pero soy un rey que ha recibido una sólida formación militar y puedo enfrentarme con conocimiento de causa a casi todos sus problemas. Lo más determinante es siempre la falta de dinero. Quisiera hacer de nuestras Fuerzas Armadas una institución cada vez mejor adaptada a las corrientes del mundo moderno. Desde la ocupación de España por las tropas de Napoleón, por ejemplo, tenemos la costumbre de poner a la cabeza de cada región un capitán general que, de algún modo, dispone de su propio ejército...

—¿Señores de la guerra, en suma?

—No exageremos. Lo que queremos, simplemente, es que

el ejército dependa un poco menos de los capitanes generales y un poco más del Estado Mayor de Tierra. Necesitamos unidades más reducidas, más ágiles. Las que tenemos ya (la Brigada Paracaidista y la Aerotransportada) nos resultan enteramente satisfactorias. Las grandes divisiones, ya ves, funcionan bien en teoría, pero teniendo en cuenta la geografía española y, sobre todo, nuestra mentalidad, las que mejor funcionan son las pequeñas unidades. Para resumirlo en pocas palabras, digamos que creo más en la eficacia de David que en el poderío de Goliat.

—¿Tuvisteis que hacer frente, en la época del cambio, a muchas resistencias?

—Pues sí... algunas.

—Procederían, naturalmente, de oficiales de cierta edad...

—Por qué negarlo.

—Las personas mayores a veces estorbamos.

—Yo diría más bien —responde don Juan Carlos— que hay hombres todavía jóvenes que temen todo lo nuevo, lo que los vuelve mayores antes de tiempo.

El Rey borra con un gesto de la mano el recuerdo de antiguos contratiempos y continúa explicando:

—Actualmente, nuestro objetivo es sacar al ejército de las grandes ciudades. Hay demasiados hombres acuartelados en el centro mismo de algunas de ellas. Pero trasladar a otro lado todos esos soldados cuesta mucho dinero. Sólo la instalación en Badajoz de la brigada que formaba parte de la División Acorazada Brunete ha supuesto un gasto de catorce mil millones de pesetas.

—Sí, pero nadie puede negar que la presencia de la Acorazada Brunete a pocos kilómetros de Madrid representaba un peligro permanente para el poder establecido, en caso de que fuera discutido por los militares.

El Rey asiente con un gesto impaciente de la cabeza.

—He pasado buena parte de mi tiempo intentando eliminar las eternas sospechas que levanta el ejército entre los políticos. Tanto más cuanto que son sospechas sin fundamento real. Yo, que los conozco bien, sé que se puede tener confianza en los militares, a condición, naturalmente, de jugar limpio con ellos. Pero, en general, los políticos desconfían. Los militares piensan de otro modo, eso es todo. Por eso hay que hacer un esfuerzo para entenderlos.

Siempre noto los momentos en que don Juan Carlos titubea entre las ganas de hablar y la necesidad de callarse. Pero sus silencios son a menudo tan significativos como sus palabras. A muchas de mis preguntas —a veces demasiado concretas— sobre la noche del 23-F, me ha respondido ya en varias ocasiones: «No me corresponde a mí emitir opiniones personales sobre hechos que ya han sido juzgados por un tribunal militar.» Pero yo sé, por ejemplo (incluso en los palacios reales se producen filtraciones), que cuando llamó por teléfono a todos los capitanes generales, uno tras otro, para preguntarles cuál era su posición respecto al golpe de Estado, todos le respondieron lo mismo: «Estoy a las órdenes de Vuestra Majestad para lo que sea.» Ese «para lo que sea» equivalía a responder al Rey con toda franqueza: «Si apoya la acción de Milans y de Tejero, estamos con Vuestra Majestad. Pero si está en contra, ayudaremos a Vuestra Majestad a frenar los ímpetus de esos hombres.» Este dato decisivo abre paso a la pregunta que se plantearon aquella noche muchos españoles durante las horas que precedieron a la aparición del Monarca en las pantallas de televisión: ¿estaba el Rey a favor o en contra de los militares rebeldes?

Volvamos atrás. El 23 de febrero de 1981, exactamente a las seis y veinte de la tarde, el teniente coronel Antonio Tejero entra pistola en mano, seguido de sus guardias civiles, en el hemiciclo de las Cortes, en el momento mismo en que Landelino Lavilla, presidente de la asamblea, procedía, mediante votación nominal, a la investidura del nuevo presidente del Gobierno.

Tejero —físicamente un personaje que parece salido de una zarzuela— sube los tres o cuatro escalones que le sitúan a la altura del presidente Lavilla y grita:

—¡Al suelo! ¡Todos al suelo!

El general Gutiérrez Mellado —un hombre frágil, con rostro fino de intelectual— se levanta de un salto y se encara a los guardias civiles que le apuntan con sus metralletas.

—¡Depongan inmediatamente las armas!

Respuesta de Tejero:

—¡Sólo recibimos órdenes del general!

Gutiérrez Mellado se indigna:

—¿Qué general? ¡Aquí el único general soy yo!

Tejero —nunca se ponderará lo bastante hasta qué punto aquel hombre grotesco pudo ser soez— empuja a Gutiérrez Mellado y grita de nuevo:

—¡Quiero ver a todo el mundo en el suelo!

Ministros y diputados le obedecen como un solo hombre y se tiran bajo sus escaños. Gregorio Peces Barba aplasta con todo su peso a Felipe González, que no logra esquivarlo a tiempo. Sólo Adolfo Suárez y Santiago Carrillo siguen sentados en su sitio, decididos a morir con dignidad. En cuanto al general Gutiérrez Mellado, se queda de pie, con las manos en las caderas, a algunos metros de Adolfo Suárez, con una mueca de supremo desprecio en los labios.

Tejero anuncia por los altavoces que obedece «órdenes del Rey y del general Milans del Bosch, capitán general de Valencia», ciudad que acaba de ser tomada por sus carros. Y comienza lo que Antonio de Senillosa, diputado y noctámbulo de tradición, calificó a la mañana siguiente como «la noche más larga de mi vida».

—De todos aquellos capitanes generales con los que hablasteis por teléfono, ¿no hubo ninguno que estuviera a medio camino entre la lealtad y la rebelión?

Don Juan Carlos me responde sin dudarlo un segundo:

—No hay término medio entre la lealtad y la rebelión.

El único en responderme algo que yo no podía admitir fue el propio Milans del Bosch, que exclamó con voz alterada: «¡Majestad, hago esto para salvar a la Monarquía!»

—¿Salvarla de qué?

—No se lo pregunté. Hubiéramos perdido demasiado tiempo en explicaciones vanas.

—¿Se podía dudar del sentimiento monárquico de Milans del Bosch?

—En absoluto.

—Es decir, que obraba de buena fe.

—Creo sobre todo que fue víctima de una sutil intoxicación. Como es sabido, él no negaba su repudio, en bloque, a todos los cambios ocurridos en España.

El Rey es un hombre peculiar. En ningún momento, durante nuestras conversaciones, emitió sobre quienes le perjudicaron la sombra de un juicio que aún pudiera herirles. Pero tiene razón cuando deja entender que Milans es persona bastante desconcertante. Una noche, sentado a la mesa del conde de Barcelona en su chalet de la Moraleja, afirmó para gran estupefacción de los comensales: «No pasaré a la reserva sin haber sacado antes mis carros a la calle.» No era una vana amenaza, pues acabó por hacerlo en Valencia. Si bien, al parecer, después de haberse desperdigado por la ciudad, los carros se paraban con toda prudencia cuando los semáforos estaban en rojo.

¿Es la naturaleza de un hombre lo que triunfa sobre su apariencia, o es a la inversa? En el caso de Milans del Bosch el problema ni siquiera se plantea. Tenía la apariencia de lo que era: un guerrero, más que un militar. Grande, ancho de hombros, con el gesto arrogante de quien jamás tiene dudas, llevaba sobre el labio superior uno de esos finos bigotes en horizontal consustanciales, en España, a cualquier viejo fascista que se respetara. Más autoritario que convincente, su proceso intelectual era tan pesado como sus carros de combate. Es muy posible que Milans creyera sinceramente salvar a la Monarquía echándole una mano a Tejero, sin darse cuenta de que con ese gesto (inútil, por otro lado, pues no había nada que salvar) ponía en grave peligro a la democracia y, con ella, a la misma Monarquía. Maniobró cuanto pudo antes de obedecer la orden que le daba el Rey de retornar los carros de combate a los cuarteles. Cuando, a las cuatro de la mañana, don Juan Carlos habló con él por teléfono por segunda vez, todavía no la había obedecido. Por el contrario, se había puesto en contacto con el coronel que mandaba la base aérea de Manises para ordenarle que se sumara a él con sus aviones de caza. El coronel en cuestión —uno de los antiguos compañeros del Rey— llamó enseguida a La Zarzuela para poner al Monarca al corriente de los hechos. «He respondido al general Milans del Bosch —explicó— que no recibo más órdenes que las del Estado Mayor del Aire, y por si se atreve a acercarse a Manises con sus carros, he colocado mis aviones de forma que defiendan la entrada de la base a golpe de misiles.»

—Y lo hubiese hecho —me comenta el Rey—. ¡Hubiera sido la primera vez que unos aviones entraran en combate sin despegar de la pista! Ya ves, José Luis, hasta qué punto me sirvieron aquella noche los amigos y compañeros que tenía, tanto en el ejército de Tierra como en el del Aire y en la Armada.

En su conjunto, pese a todo, el ejército estaba muy lejos de ser tan leal al Rey como éste creía, o al menos como fingía creer. Milans del Bosch —hijo y nieto de militares, conspiradores también ellos en sus ratos de ocio— no era el único que tramaba complots. Los pronunciamientos forman parte de la rutina histórica de España. Desde comienzos del siglo XIX hasta 1936, pronunciamientos, motines y rebeliones estaban en este país a la orden del día. Un general entraba a caballo, sable en mano, en un edificio oficial y tomaba el poder durante cierto tiempo, hasta que otro general ocupaba su lugar. A menudo esas aventuras militares fracasaban estrepitosamente. Pero raras veces los rebeldes terminaban delante del pelotón de fusilamiento. Ni Milans ni Tejero se jugaban el pellejo en la aventura del 23-F, porque la pena de muerte había quedado abolida en España en 1978.

Don Juan Carlos tiene razón cuando dice que fue una equivocación no tomarse en serio «complots de opereta» como el de la cafetería Galaxia, pues hubieran podido tener éxito. Lo mismo pudo ocurrir el 23-F. Porque no hay que creer que los únicos en conspirar eran los militares. Civiles de la derecha más conservadora —banqueros, grandes industriales, incluso algún príncipe de la Iglesia— animaban a éstos bajo mano con su dinero y sus influencias políticas.

—¿Se sabe con certeza quiénes eran los civiles que apoyaban el golpe de Estado militar?

La mano del Rey se agita en el aire. Es su gesto preferido cuando quiere eludir una pregunta que necesita demasiadas explicaciones.

Al igual que la Operación Galaxia, tampoco fue tomada en serio la reunión que, del 13 al 16 de noviembre de 1977, tuvo lugar en Játiva entre el general Milans del Bosch, su colega Coloma Gallegos, capitán general de Cataluña, y el almirante Pita da Veiga, que llegó acompañado de los generales De Santiago y Álvarez Arenas. Esa reunión confirmaba lo que muchos observadores temían: que el ejército estaba inquieto y descontento. Los conspiradores de Játiva pretendían formar un gobierno de «salvación nacional» que hubiera parado en seco a España en su camino hacia el progreso, llevándola *manu militari* a la edad de las cavernas. Eran hombres decididos a acabar con esa democracia que, según ellos, había entregado el poder a los vencidos

El Rey durante su alocución televisada en la noche del golpe de Estado del 23-F. Al escuchar las últimas palabras de su mensaje, España entera lanzó un enorme suspiro de alivio. El golpe de Estado estaba condenado. La noche del 23 de febrero de 1981 supuso para don Juan Carlos, según la feliz expresión de Philippe Nourry, «la noche de la consagración».

Firmando el decreto de sucesión. «Siempre me he sentido bastante solo. Pero sobre todo he sentido el peso de la soledad cuando fui nombrado príncipe de España y Franco pensó en mí para sucederle "a título de rey". Se abrió entonces un periodo en el que se sabía que yo iba a ser rey sin que nadie estuviera completamente seguro de ello.»

Don Juan Carlos conversa con Rodríguez de Valcárcel y con el almirante Carrero Blanco durante el desfile de la Victoria (Madrid, 1973). «De haber seguido con vida, pienso que Carrero no hubiera estado en absoluto de acuerdo con lo que yo me proponía hacer. Pero no creo que se hubiera opuesto abiertamente a la voluntad del Rey.»

Don Juan Carlos, a la salida de uno de los consejos de ministros presididos por Francisco Franco en 1974. Carlos Arias Navarro (a la derecha) era presidente del Gobierno.

*Una de las últimas fotos tomadas a don Juan Carlos en
compañía de Franco, durante el verano de 1975.*

«... en aquel primer discurso de la Corona dije mu[

...aramente que quería ser el rey de todos los españoles.»

«*A mí la suerte me sonríe a menudo. Tengo el don de atraparla al paso, incluso de provocarla. Creo firmemente que hay que defender la propia suerte con el mismo encarnizamiento con el que se defiende el propio derecho. Pero la suerte tiene toda clase de rostros. La mía ha consistido en tener siempre a mi lado al hombre que hacía falta en las situaciones delicadas. Sin duda Torcuato ha sido uno de esos hombres.*»

*Don Juan Carlos durante los funerales de Francisco Franco.
A su lado, a la derecha, el general Alfonso Armada.*

*Don Juan Carlos junto a Josep Tarradellas, presidente de la
Generalitat de Cataluña. «El primero que me habló del retorno
de aquel hombre de edad, un mito viviente para los catalanes,
fue el propio Rey. "Vamos a ir a buscarle a Francia para
pedirle que vuelva. ¿Qué te parece?"», recuerda Jean-François
Deniau, embajador de Francia en Madrid durante la transición.*

*«En todo lo relativo a la legalización del Partido Comunista,
tengo que decir que Carrillo se portó muy bien. Después hemos
tenido a menudo ocasión de hablar juntos, él y yo. A veces
insiste en hacerme saber que él no es monárquico. Y yo le
respondo: "Es posible, don Santiago, pero tendría usted que
rebautizar su partido y llamarlo 'Real Partido Comunista de
España'. A nadie le extrañaría."»*

«Adolfo Suárez era joven, moderno y suficientemente ambicioso como para desear ser el hombre capaz de afrontar los momentos que vivíamos.»

Para Felipe González «don Juan Carlos es un hombre que los españoles respetan, y ese hombre encarna la institución de la Monarquía».

La proyección internacional de don Juan Carlos I es indiscutible. Su protagonismo en los foros mundiales ha ido creciendo con el transcurso de los años. Arriba, ante la Asamblea General de la ONU. A la derecha, con Mijaíl Gorbachov.

Una intervención de don Juan Carlos I ante el Consejo de Europa.

de 1939. Sin don Juan Carlos a la cabeza del Estado, es posible que aquellos hombres hubieran derrocado hacía tiempo al Gobierno legítimo. Pero para aquella gente el Rey era un obstáculo difícil de evitar. Había quienes pensaban que para tener éxito en un golpe de Estado contra la democracia había en primer lugar que deshacerse del Rey. De ahí a decirse que había que liquidarlo no mediaba más que un paso.

—¿Os sentisteis en algún momento en peligro...? Quiero decir físicamente.

—¿Si tuve miedo a algún atentado? Pues...

Don Juan Carlos reflexiona antes de añadir:

—Nunca pienso en la muerte. No se puede vivir teniendo miedo de la muerte. Y menos cuando se es rey, porque, sabes, no es un oficio sin riesgos.

—¿Pero cómo se puede decidir no pensar en la muerte?

—No me acuerdo del nombre del torero al que, habiéndole preguntado si tenía miedo en el momento de salir al ruedo, contestó: «El miedo no me deja tener miedo.»

—Indira Gandhi, a quien entrevisté en Nueva Delhi, recibía cada mañana durante la ceremonia del *darshan*, en los jardines de su residencia de Safdarjang Road, a varios miles de personas que a veces venían de los rincones más apartados de la India. Se paseaba a través de aquella multitud de desconocidos, con una sombrilla en la mano, hablando a los unos y a los otros. Una mañana le pregunté: «¿No teme, señora, que un día la asesine alguno de esos fanáticos que han jurado que lo harán?» Indira Gandhi me respondió: «I never think of it. But if they kill me... well, that is destiny.»

—Y la mataron precisamente en uno de esos jardines, ¿no es así?

—Sí, uno de sus propios guardaespaldas.

—*That is destiny* —murmura don Juan Carlos—. Tenía razón. A cada uno su destino.

—¿Han atentado alguna vez contra la vida de Vuestra Majestad?

—Hummm... no.

—Sin embargo, he oído hablar de una bomba que parece ser fue colocada bajo el estrado que debíais ocupar para presidir un desfile de las Fuerzas Armadas...

—Ah, sí... En La Coruña. Parece ser que habían cavado un túnel bajo el estrado, pero...

De nuevo agita don Juan Carlos su mano en el aire, como un exorcismo contra los malos recuerdos.

—...nunca volví a oír hablar de ese asunto...

El tono es de una total indiferencia.

—¿Tenéis la impresión de estar bien protegido por vuestros servicios de seguridad?

—Sí, todos cumplen muy bien su trabajo. Pero creo que lo esencial de la seguridad consiste en disuadir a quien intenta acercársele a uno con la intención de agredirle. Dicho esto, nadie puede hacer nada contra un loco o un fanático, y todos los terroristas lo son. Más que pensar en la muerte, hay que creer que a uno le protege la suerte o la buena estrella. También conviene estar seguro de poder reaccionar convenientemente en el momento en que otros se dejarían arrastrar por el pánico. Don Alfonso XIII salvó su vida lanzando su caballo contra el individuo que lo apuntaba con un revólver. Pero el pobre Mountbatten no pudo hacer nada contra el terrorista del IRA que pulsó un botón a varios centenares de metros del barco que hizo volar. A Kennedy lo asesinaron en presencia de varias docenas de agentes del FBI, y a Reagan por poco lo mata un desequilibrado que quería deslumbrar a una actriz de cine de la que estaba enamorado. La gente que organiza mi seguridad está mucho más preocupada por mi presencia en actos oficiales programados con meses de antelación que por las escapadas que a veces hago con la Reina a restaurantes donde no nos esperan. Creo que la mejor manera de evitar los atentados es actuar de improviso, y eso, en mi profesión, no siempre es fácil. La mayoría de los militares asesinados por ETA cayeron cuando recorrían el camino que tenían por costumbre tomar. Si el almirante Carrero Blanco no hubiera ido durante años a oír misa todos los días a la misma hora y en la misma iglesia, todavía estaría en el mundo de los vivos.

—En efecto, eso era facilitar las cosas a los terroristas. Pero a Vuestra Majestad a menudo le gusta despistar a los miembros de su escolta...

Don Juan Carlos se apoya sobre el respaldo de su asiento y suelta una carcajada.

—¡Ah! ¡Ya se acabaron aquellos tiempos! Sabes, José Luis, era formidable recorrer Madrid en moto, con el casco puesto para conservar el anonimato. A veces me lo quitaba delante de un semáforo y la gente de los coches de al lado se quedaba paralizada. ¡Eran los buenos tiempos!

Dejo al Rey unos instantes con sus recuerdos y después, cuando la sonrisa se borra de su rostro, le digo:

—Nos hemos alejado bastante de nuestro tema: el golpe de Estado del 23-F

—¡En absoluto! El golpe de Estado era también un atentado, cometido en ese caso contra España entera. Así, por otra parte, lo entendieron los españoles, que reaccionaron como lo hubieran hecho ante la amenaza de una nueva guerra civil. Antes de que yo saliera en las pantallas de televisión, la gente de Comisiones Obreras me telefoneó varias veces para decirme: «Quemamos nuestros archivos y nos tiramos al monte.» Y yo les respondía: «¡Sobre todo no hagáis eso! ¡Tengo el asunto controlado!»

—¿Lo teníais verdaderamente controlado?

—Sí, porque ya había hablado con la mayor parte de los capitanes generales.

—Y ni siquiera un instante dudasteis de la lealtad de esos hombres que se ponían a vuestra disposición «para lo que fuera».

—No, no tenía ningún motivo para dudar de ellos.

El tono no es muy convincente. Es más bien el tono empleado por alguien que no quiere poner en tela de juicio fidelidades que sabe eran más o menos seguras. La lección que ciertos hombres impartieron a don Juan Carlos la noche del 23-F fue lo suficientemente dura como para que tambalearan las certidumbres de este rey generoso y confiado.

Milans del Bosch y Armada eran compañeros de armas, pero no estaban hechos ni para apreciarse ni para entenderse. Sólo tenían en común el uniforme que llevaban, uno para irse de maniobras a campo abierto y el otro para coger el camino de su despacho. Milans era un general muy popular en el ejército. Fue uno de los defensores del Alcázar de Toledo durante la guerra civil, bajo las órdenes del general Moscardó. Pese a ser gran admirador del Caudillo, sus nostalgias franquistas no empañaban para nada su fidelidad a la Monarquía. A menudo don Juan Carlos demostró simpatía hacia él.

El Rey sabía que Milans le tenía rencor al Gobierno de Suárez por no haberle nombrado jefe del Estado Mayor de Tierra. Según él, ésa era una injusticia que le comía vivo. Pero todo el mundo comprendía que Milans no era el hombre ideal para ese puesto, y todavía menos para el de ministro de Defensa, que también codiciaba. Milans encarnaba el tipo mismo del guerrero tal y como aparece pintado en las estampas. Un hombre con dos... A menudo resultaba bastante inquietante. Mucho antes del golpe de Estado, cuando estaba al mando de la División Acorazada Brunete, se jactaba de poder tomar Madrid con sus AMX en cualquier momento. Tenía todos los diplomas y todas las medallas que un militar de alto rango podía desear. Pero estaba muy lejos de ser... sutil. Si lo hubiera sido, nunca se hubiera metido en un golpe de Estado junto a un hombre como Tejero, que detestaba al Rey tanto como a la Monarquía.

El estallido de Milans, el peleón, no sorprendió demasiado a don Juan Carlos.

—Había dicho tantas veces que algún día sacaría sus carros, que a nadie debería haber sorprendido que por fin los sacara en Valencia. Y sin embargo, cuando me enteré de que Milans había decidido «salvarme», me quedé estupefacto.

—¿La traición de Armada os sorprendió también?

—Ah... Armada... Ya te he dicho, José Luis, que no me corresponde a mí hablar sobre hechos ya juzgados.

El Rey mueve lentamente la cabeza, con los ojos fijos en sus manos, apoyadas sobre su mesa de despacho.

El único que vio claro el doble juego de Armada fue Suárez. Cuando el general Gabeiras nombró a Armada su segundo en el Estado Mayor de Tierra, probablemente para complacer al Rey, Suárez intentó impedirlo por todos los medios. Cuánto mejor hubiera sido escucharle.

El plan imaginado por Armada empezó a tomar forma cuando la crisis del Gobierno Suárez se hizo evidente para la opinión pública. El partido que lideraba iba a la deriva como un barco sin timón. Suárez parecía impotente frente a la escalada terrorista de ETA, que exasperaba al ejercito, su principal víctima. Atacado por todas partes, no sabía a qué santo encomendarse. Los militares no le perdonaban la legalización del Partido Comunista. La derecha de su partido le reprochaba el haber sido el primer presidente de Gobierno en recibir al terrorista Arafat y abrazarle en público. La patronal sostenía contra él una guerra de desgaste que parecía no tener fin. Los banqueros estaban decididos a no soportar más las impertinencias de aquel hombre que se jactaba de despreciar el dinero. La Iglesia se alarmaba al oír hablar de una ley de divorcio propuesta por Fernández Ordóñez. Los sindicatos ya no creían en las buenas palabras, pues nunca tenían efecto. Suárez había llegado a ser extremadamente impopular, y finalmente arrojó la toalla. Entonces fue cuando ciertos militares de alta graduación, animados en sordina por Alfonso Armada, «el amigo del Rey», lanzaron la idea de un «golpe de timón» a lo De Gaulle. Una idea que varios socialistas bien situados parecieron apreciar. A su vez, políticos de derechas admitieron no ver ningún inconveniente en sostener una solución radical en el marco legal de las instituciones, sin tener en cuenta que todo ello podía degenerar en un golpe de fuerza. «Ganemos primero la batalla contra Suárez —decían—, y ya veremos después.»

El Rey no podía hacer gran cosa contra aquella animosidad que suscitaba Adolfo Suárez. Por otro lado, incluso la más discreta intervención del Monarca era susceptible de poner en tela de juicio el poder de árbitro de que disponía. Josep Melià, en aquel tiempo secretario de Estado, observó que «si bien la confianza del Rey había pesado mucho en el nombramiento de Suárez como presidente del Gobierno, hubiera tenido un carácter negativo si hubiera sido utilizada para mantenerlo en el poder». Pero contra toda lógica, la discreción que el Rey manifestó en todo este asunto desencadenó todo tipo de rumores, los unos con peor intención que los otros.

—Me acusaron —dice don Juan Carlos— de haberme desprendido de Adolfo. Pero eso era ignorar cuál debe ser el papel del rey en un régimen parlamentario. Yo no tenía ningún poder que me permitiera imponer una solución política a mi gusto.

Esta actitud de don Juan Carlos, que no podía ser más correcta desde el punto de vista constitucional, animó a ciertos jefes militares a decir después que el Rey, «con su significativo silencio», les había empujado a tomar las iniciativas que llevaron al 23-F. Era ignorar de nuevo que en las atribuciones del Rey no entraba el provocar cambios políticos, y menos aún golpes de timón confiados a los militares.

—Yo recibía —me explica don Juan Carlos— a los oficiales superiores que deseaban exponerme en privado su punto de vista sobre la situación, como siempre lo he hecho, a demanda suya. Les escuchaba atentamente y, cuando me parecía que sus argumentos se alejaban demasiado de la realidad, hacía cuanto podía para que entraran en razón. Pero también les daba a entender claramente que en ningún caso debían contar conmigo para cubrir la menor acción contra un gobierno constitucional como el nuestro. Esas acciones, de tener lugar, les decía, serían consideradas por el Rey como un ataque directo a la Corona.

A pesar de esta firme actitud adoptada por don Juan Carlos, el general Armada dedujo que la única manera de que actuara el ejército era utilizando el nombre del Rey. Así que pacientemente comenzó a tejer una tela de araña en la que iban a caer hombres del carácter impulsivo de un Milans del Bosch. Armada sabía que era necesario cubrir a cualquier precio a los golpistas con el prestigio de la Corona. En contacto directo desde hacía tiempo con la familia real, nadie en el mundo militar pondría jamás en duda las palabras de Armada cuando éste confiara a sus interlocutores en tono de confidencia: «El Rey piensa que... El Rey desearía... El Rey me ha dicho...», etcétera.

El 29 de enero de 1981, Adolfo Suárez anunció en el curso de un mensaje televisado su intención de dimitir. Con anterioridad mantuvo una larga conversación con el Rey y le ofreció su cabeza en bandeja, «como única manera —le dijo— de evitar a Vuestra Majestad el riesgo político de resolver la crisis que se anuncia». Se dirigió después a los españoles con voz amarga: «Dimito porque no quiero que el sistema democrático, tal como nosotros lo hemos deseado, sea, una vez más, un simple paréntesis en la historia de España.»

A partir de la caída de Suárez, el general Armada multiplicó sus actividades. Había servido al príncipe de España durante casi veinte años como secretario general de su Casa y, una vez proclamado rey, don Juan Carlos lo mantuvo a su lado. Después, para gran indignación suya, había sido apartado de La Zarzuela y se le había concedido el mando de una división de montaña en Lérida. Pero Armada se aburría en sus montañas, y así se lo hizo saber a quien correspondía. Creyó dar un gran paso adelante cuando Gabeiras le nombró su segundo en el Estado Mayor del ejército. Paradójicamente, Armada no fue de ninguna utilidad en ese puesto cuando los golpistas entraron en acción. En sus frecuentes visitas a otros oficiales superiores, Armada explicaba incansablemente que la única solución a los problemas de España era un gobierno de «salvación nacional» presidido, según concretaba, «por un general de prestigio, fiel al Rey y respetuoso con la democracia». Los políticos puestos al corriente de esas confidencias pensaban que ese «general prestigioso» sólo podía ser el teniente general Gutiérrez Mellado, vicepresidente del Gobierno Suárez. Pero una buena parte del ejército detestaba a Gutiérrez Mellado, por lo que Armada sabía que éste nunca sería un obstáculo en su camino.

En Madrid ya se hablaba directamente de «la solución Armada». Éste ponía buen cuidado en situarse al margen de cualquier operación que pudieran desencadenar otros con independencia de él. Armada sabía con toda certeza que el teniente coronel Tejero, por ejemplo, no tendría ningún escrúpulo en poner en peligro a la Monarquía y a la democracia. Sería entonces cuando se recurriría a él, el general Armada, para salvar la situación.

Mientras Armada juega a ser Maquiavelo, Tejero, un revoltoso con cerebro de pájaro, toma contacto con el comandante Mas Oliver, el ayudante de Milans del Bosch, para ponerse a su disposición y explicarle su intención de repetir la operación fallida de La Moncloa, aunque esta vez en el Congreso de los Diputados, donde podrá retener a todo el Gobierno con motivo de la elección del sucesor de Suárez.

De todos los complots, el de Armada era el más peligroso, porque su plan estaba mucho mejor estructurado que el de los otros conspiradores. Milans, decidido a deshacerse de Tejero en cuanto éste saliera con éxito de su golpe de Madrid, comprendió muy pronto que necesitaba a Armada para garantizar la cooperación del Rey, o al menos su venia. Los militares a los que Milans pedía su adhesión al levantamiento preguntarían todos la misma cosa: ¿está de acuerdo el Rey? La mejor respuesta a esto era el nombre de Armada. En este asunto todos tenían la intención de engañar a todos. Milans iba a desprenderse de Tejero en la primera ocasión y Armada iba a utilizar a Milans para convertirse en el «salvador» de la Monarquía y de aquella democracia a la que, en su opinión, había que cortar las alas.

—¿De qué manera supisteis lo que pasaba en las Cortes?

—Por alguien de aquí que acababa de oírlo en la radio. Me preparaba para jugar una partida de *squash* cuando vinieron a decirme que unos guardias civiles habían entrado en el hemiciclo. Inmediatamente, cogí el teléfono y llamé al jefe del Estado Mayor de Tierra.

»—¿Qué pasa en Madrid? —pregunté.

»—Precisamente estamos informándonos, Señor. Pero si Vuestra Majestad quiere hablar con el general Armada, está aquí, a mi lado.

»—Pásamelo. Alfonso, ¿qué es toda esta historia?

»Armada respondió tranquilamente:

»—Recojo unos documentos en mi despacho y subo a La Zarzuela a informaros personalmente, Señor.

Hasta ahí, todo normal. Que Armada, el segundo jefe del Estado Mayor, propusiera al Rey ir a La Zarzuela para ponerle al corriente de los acontecimientos que tenían lugar en Madrid era algo completamente natural. Pero, de pronto, sin que mediara ninguna evidencia, el Rey tuvo la intuición de un peligro relacionado con la presencia de Alfonso Armada en La Zarzuela. La voz de éste, demasiado serena, indiferente casi, era la voz de alguien que no parecía sorprendido por lo que ocurría en las Cortes. Esa voz fue lo que puso al Rey en estado de alerta. Por ella supo que *no* tenía que recibir a Alfonso Armada en La Zarzuela. Y entonces, en aquel mismo momento, Sabino Fernández Campo entró en el despacho del Rey y le hizo señales de tapar el teléfono con la mano. Don Juan Carlos enseguida adivinó lo que le iba a decir. Una vez más, la suerte iba a ponerse de su lado. Antes de llamar a Gabeiras al Estado Mayor, el Rey le había dicho a Sabino: «Mientras llamo, telefonea al general que está al mando de la División Acorazada y pregúntale si todo va bien allí.» Todavía con la mano cubriendo el teléfono, interrogó a Sabino con un gesto de la cabeza. Éste le respondió en voz baja: «Se trata de Armada.» El Rey destapó entonces el teléfono y se disculpó con su interlocutor: «Alfonso, espérame al teléfono unos instantes, me traen unos papeles a firmar.» De nuevo tapó el teléfono con la mano. Sabino, siempre con murmullos, le dijo: «Tened mucho cuidado, porque el general Juste acaba de decirme: "Dile al Rey que no haga nada si el general Armada se pone en contacto con él. Que espere a que yo llame antes de decidir nada."» Asintiendo con la cabeza, don Juan Carlos se dirigió de nuevo a Armada: «Alfonso, antes de venir aquí intenta informarte con detalle sobre lo que sucede en las Cortes. De momento no puedo recibirte, pero intentaré verte un poco más tarde.» Y colgó sin darle tiempo a responder. Al momento, Sabino dio las órdenes necesarias para impedir que Armada llegara a palacio. Tanto él como el Rey habían tomado súbitamente conciencia de lo que se tramaba. «Si Armada —le dijo el Rey a Sabino— está más o menos implicado en este asunto, la lógica pide que venga aquí y que se ofrezca a tomar contacto en mi nombre con los capitanes generales de las diferentes regiones, ahorrándome así conversaciones que podrían resultarme desagradables. ¿Y qué significará eso? Que el Rey está al corriente del golpe y que deja hacer.»

En efecto, ¿quién iba a creer que el Rey no estaba en el ajo si Alfonso Armada se instalaba en el teléfono de La Zarzuela? Sabino estuvo completamente de acuerdo con don Juan Carlos y juntos decidieron que sería éste quien llamara personalmente, uno tras otro, a todos los capitanes generales, con el resultado que es sabido.

Mientras tanto, Tejero, en las Cortes, permite al fin que los ministros y los diputados se levanten y vuelvan a ocupar sus escaños. Desde lo alto del estrado donde se encuentra el presidente de las Cortes, Tejero anuncia por los altavoces que obra «en nombre del Rey y del general Milans del Bosch». Ya embalado, Tejero añade que otras regiones militares, como la IV de Barcelona, la II de Sevilla, la VII de Valladolid y la V de Zaragoza, se han sumado al levantamiento del general Milans del Bosch.

Un oficial a las órdenes de Tejero anuncia, a su vez, la formación de un próximo gobierno presidido por un «prestigioso general», y dice que una personalidad, «militar, naturalmente», vendrá dentro de poco al hemiciclo para dar las explicaciones pertinentes. Esta misteriosa personalidad —¿era Armada o el propio Milans?— nunca hizo acto de presencia. En adelante, se la llamó «el Elefante Blanco».

Tras anunciar la llegada de ese personaje mítico, Tejero ordenó salir del hemiciclo al presidente Suárez. Después sacó a su vez al general Gutiérrez Mellado, al ministro de Defensa Rodríguez Sahagún, a Santiago Carrillo y, finalmente, a Felipe González y Alfonso Guerra. Más tarde, siendo ya presidente del Gobierno, Felipe González admitió que en aquellos momentos estaba convencido de que los iban a asesinar a todos. Pero se contentaron con encerrarlos en un salón llamado «del reloj», cerca del bar donde los guardias se habían puesto a beber nada más llegar.

El resto de los diputados esperó con sumisión la llegada del Elefante Blanco. El diputado catalán Antonio de Senillosa, que pasó la noche leyendo una novela de Marguerite Yourcenar, le sopló a su vecino: «No me creo en absoluto que el Rey tenga nada que ver con un golpe de fuerza conducido por este siniestro idiota de Tejero.»

Desde el comienzo de los acontecimientos, y sin que nadie se diera cuenta, una cámara filmaba en circuito cerrado el desarrollo del más grotesco de los pronunciamientos de la historia de España.

En La Zarzuela, entretanto, los teléfonos funcionan continuamente. El marqués de Mondéjar, jefe de la Casa del Rey; el general Valenzuela, jefe del Cuarto Militar del Rey, y el general Sabino Fernández Campo responden a las llamadas procedentes del mundo entero.

El general Juste se pone de nuevo en contacto con La Zarzuela y pregunta si Armada está allí.

—No, y tampoco le esperamos aquí esta noche —responde el general Fernández Campo.

El general Juste comprende enseguida y lanza un suspiro de alivio. Algunos minutos más tarde reúne a sus oficiales y les anuncia que la División Acorazada no se moverá y que «el Rey no está involucrado en el golpe». Sólo el comandante Pardo Zancada logrará reunirse con su amigo Tejero en las Cortes, acompañado de unos cincuenta hombres. Es una ayuda irrisoria; sólo un gesto simbólico.

El general Gabeiras, jefe del Estado Mayor de Tierra, que ha llamado a Milans del Bosch para darle orden de hacer regresar sus carros al cuartel, oye cómo éste le contesta secamente: «No hablaré más que con el general Armada.» Pero Armada no está allí, y Milans se equivoca pensando que su cómplice se encuentra ya en La Zarzuela.

Desde allí, mientras tanto, Sabino Fernández Campo, el marqués de Mondéjar y Fernando Gutiérrez, jefe de Relaciones Públicas de la Casa del Rey, intentan en vano, uno tras otro, entrar en contacto con Prado del Rey, sede de la Radio Televisión Española. Cuando Fernández Campo logra finalmente conectar con el director general de RTVE, le pide que con toda urgencia le envíe a La Zarzuela un equipo para grabar un mensaje del Rey a la nación. Pero el director de RTVE le da a entender con medias palabras que se encuentra prisionero en su despacho y que el resto del edificio está ocupado por varias compañías del regimiento Villaviciosa nº 14, cuyos acuartelamientos no quedan lejos.

El Rey sabía que desde el momento en que se dieron a conocer las primeras noticias del levantamiento, millones de españoles, encerrados en sus casas, se estarían preguntando con angustia cómo iba a reaccionar. Mientras el Rey no se pronunciara públicamente, sus enemigos podían hacer correr los rumores más disparatados. Era imprescindible que un equipo de televisión llegara lo más rápidamente posible a La Zarzuela para grabar la respuesta de don Juan Carlos a los conjurados. En cuanto Mondéjar consiguió que uno de los oficiales que habían tomado Prado del Rey se pusiera al teléfono, le puso con el Rey Éste ordenó que se facilitara la inmediata salida de un equipo de televisión con destino a La Zarzuela.

El equipo en cuestión, con Jesús Picatoste a la cabeza, llegó media hora más tarde. Se decidió que Jesús realizaría una doble grabación del mensaje del Rey y que cada una de las dos copias tomaría un camino diferente al dejar La Zarzuela, pues nadie sabía con precisión lo que sucedía en el exterior del palacio, si las tropas rodeaban la finca o si estaban vigilados los accesos. Picatoste no había visto nada, pero había que actuar con cautela. La Guardia Real estaba lista para cualquier eventualidad, pero solamente en el interior de la finca. Más tarde se supo que en los planes de los conjurados no estaba prevista la ocupación de La Zarzuela. ¡Ni siquiera habían cortado las líneas telefónicas!

Mientras aguardan en La Zarzuela la llegada de Jesús Picatoste, el general Aramburu Topete, director general de la Guardia Civil, había establecido su cuartel general en las oficinas de la dirección del hotel Palace, a unos pasos de las Cortes. Aramburu, un hombre de estatura media, corpulento, fuerte, está rojo de ira. Toma como una ofensa personal que una parte de sus guardias se haya encerrado con ese loco de Tejero en aquel edificio que amenaza convertirse en un nuevo Alcázar de Toledo si los geos se atreven a atacarlo. Una nube de oficiales rodea al general Aramburu y le mantiene en relación permanente con el Estado Mayor de Tierra y, en caso necesario, con otros centros del poder militar.

Hacia las siete de la tarde, Aramburu, ya harto, entra valientemente en el interior de las Cortes seguido de un ayudante. En cuanto se encuentra en presencia de Tejero estalla su cólera. A voz en grito y empleando palabras muy duras, intima a Tejero a que se rinda. «¿Rendirme? —ríe Tejero—. Antes prefiero pegarme un tiro en la cabeza después de haberle matado a usted.» Al límite de sus nervios, Aramburu hace el gesto de desenfundar su arma. Al momento es rodeado por unos guardias que lo apuntan con sus metralletas.

Entretanto, a corta distancia de allí, en el ministerio de Defensa, el general Gabeiras, un hombre apuesto con aspecto de oficial del Ejército de Indias, se encuentra en su despacho con el general Armada, sabedor ya de que éste se halla implicado en el complot. Don Juan Carlos le ha pedido que mantenga a Armada bajo vigilancia constante, y sobre todo que no le permita acudir a La Zarzuela. Gabeiras, por su lado, decide en su fuero interno que el propio Armada se vea en situación de participar en el desmantelamiento del golpe. Le pide, para empezar, que dé orden de retirada al regimiento Villaviciosa n° 14 que ocupa los edificios de la RTVE, que regrese a sus cuarteles. Pero aprovechando que Gabeiras debe acudir a la Junta de Jefes de Estado Mayor, Armada vuelve a entrar en contacto telefónico con Milans del Bosch. Éste sabe ya que los demás capitanes generales no han secundado el golpe, y lo que le cuenta Armada le deprime aún más. Tampoco en Madrid las cosas ocurren como estaba previsto. Tejero está solo con sus guardias en el interior de las Cortes y todos los que le conocen temen que cometa algún gesto irreparable. En cuanto a la División Acorazada, ya no se puede contar con ella. El general Juste, su comandante, la mantiene férreamente inmovilizada. Milans escucha, sin interrumpirlo, el relato monocorde de Armada, que no le deja abierta ninguna esperanza. Los capitanes generales ceden y el Rey no ha caído en la trampa. Sólo Tejero continúa creyendo en unos refuerzos que no llegarán nunca. «Llama a La Zarzuela —acaba por decir Milans con voz fatigada—, y propón la formación de un gobierno que tú presidirás, un gobierno que pueda entrar en negociaciones inmediatas para que Tejero entre en razón.» Por su parte, Milans dará orden de que sus carros vuelvan a los cuarteles.

En cuanto Milans del Bosch cuelga, Armada entra de nuevo en contacto con La Zarzuela y se pone a disposición del Rey para negociar la rendición de Tejero. Una vez más, don Juan Carlos rechaza el ofrecimiento que le propone su antiguo colaborador. Al corriente de las maniobras de Armada, Gabeiras no ve inconveniente en servirse del general —cada vez más desinflado— para desactivar esa bomba de relojería que es el teniente coronel Tejero. Con este objeto, da a Armada las órdenes pertinentes: «Vaya a las Cortes, entrevístese con Tejero, y, en caso de que acepte rendirse, propóngale dos aviones para llevarle a él y a sus hombres al país que prefieran. Cualquier otro acuerdo con Tejero sólo puede negociarlo usted a título personal, sin comprometer ni a su majestad el Rey, ni al Estado Mayor del ejército. Puede usted disponer.»

Después de una breve pero intensa reflexión, Armada vuelve a cobrar esperanzas y se juega el todo por el todo. Con un poco de suerte, todavía puede ser «el hombre que ha salvado la situación».

Cuando el equipo de Jesús Picatoste llega por fin a La Zarzuela, el Rey ya se ha puesto el uniforme de capitán general. Don Juan Carlos se dispone a cargar en unos instantes con la responsabilidad de enfrentar al país a su destino. Si hubiera quedado siquiera un ministro en libertad, don Juan Carlos, en tanto que rey constitucional, hubiese tenido que inclinarse ante las iniciativas que éste tomara. Pero todos los miembros del Gobierno se encontraban prisioneros en el interior de las Cortes. El único poder civil que existía era el de los secretarios y subsecretarios de Estado, reunidos en el ministerio del Interior bajo la presidencia de Francisco Laína, director de Seguridad, en contacto permanente con el Rey. Así que don Juan Carlos tiene las manos libres para actuar tal como le dicte su conciencia en tanto que jefe supremo del ejército. Aquella noche, el Rey supo lo terrible que puede ser el peso de la soledad.

Más tarde hubo gente que dijo que aquella noche el Rey había extralimitado los derechos que le otorga la Constitución. Pero él conserva la conciencia tranquila, por cuanto una de sus grandes preocupaciones durante aquellas horas dramáticas fue preservar escrupulosamente la legalidad democrática.

Al colocarse delante de las cámaras de Jesús Picatoste, don Juan Carlos sabe que no se está jugando solamente la Corona. También se juega la vida. Pero tiene el valor legendario de los Borbones y está imbuido del profundo sentido de su deber de rey de todos los españoles. Se enfrenta, pues, a la situación y sale victorioso. Con una voz tranquila, aunque apagada por la emoción, mira a su pueblo a los ojos y dice, pronunciando claramente cada una de las palabras de su mensaje:

«Al dirigirme a todos los españoles con brevedad y concisión en las circunstancias extraordinarias que en estos momentos estamos viviendo, pido a todos la mayor serenidad y confianza y les hago saber que he cursado a los capitanes generales de las regiones militares, zonas marítimas y regiones aéreas la orden siguiente:

»Ante la situación creada por los sucesos desarrollados en el palacio del Congreso y para evitar cualquier posible confusión, confirmo que he ordenado a las autoridades civiles y a la Junta de Jefes de Estado Mayor que tomen todas las medidas necesarias para mantener el orden constitucional dentro de la legalidad vigente.

»Cualquier medida de carácter militar que, en su caso, hubiera de tomarse, deberá contar con la aprobación de la Junta de Jefes de Estado Mayor.

»La Corona, símbolo de la permanencia y de la unidad de la Patria, no puede tolerar en forma alguna acciones o actitudes de personas que pretendan interrumpir por la fuerza el proceso democrático que la Constitución votada por el pueblo español determinó en su día a través de referéndum.»

Al escuchar las últimas palabras del Rey, España entera lanza un enorme suspiro de alivio. El Rey —al contrario de lo que muchos creían— es libre de sus actos en el puesto de mando. El golpe de Estado está condenado. La noche del 23 de febrero de 1981 es para don Juan Carlos, según la feliz expresión de Philippe Nourry, «la noche de la consagración».

Cuando las cámaras de Jesús Picatoste dejan de funcionar, el Rey llama de nuevo por teléfono a la III Región Militar y, una vez tiene al otro lado del hilo a Milans del Bosch, le habla con toda la firmeza de que es capaz.

—Te ordeno que anules tu proclamación, que considero subversiva, que hagas regresar a los carros a los cuarteles y que ordenes a Tejero que se rinda y abandone las Cortes. Hasta ahora me he esforzado en creer que no eras un rebelde. Pero a partir de este momento tendré que considerar que lo eres. Y no podré volverme atrás...

La voz de Milans titubea al teléfono:

—Lo que he hecho, Majestad, ha sido para salvar a la Monarquía.

Don Juan Carlos le responde de inmediato:

—Tendrías que hacerme fusilar para lograr tus fines.

Y el Rey cuelga bruscamente el teléfono.

Inmediatamente después de este diálogo, de una tensión

inaudita, La Zarzuela envía un télex a Milans del Bosch redactado en los términos siguientes:

«Confirmando lo que ya te he dicho, quiero hacerte saber lo siguiente con toda claridad:

»I. Afirmo mi rotunda decisión de mantener el orden constitucional dentro de la legalidad vigente; después de este mensaje ya no puedo volverme atrás.

»II. Cualquier golpe de Estado no puede escudarse en el Rey, es contra el Rey.

»III. Hoy más que nunca estoy dispuesto a cumplir el juramento a la bandera, muy conscientemente, pensando únicamente en España; te ordeno que retires todas las unidades que hayas movido.

»IV. Te ordeno que digas a Tejero que deponga su actitud.

»V. Juro que no abdicaré la Corona ni abandonaré España. Quien se subleve está dispuesto a provocar una guerra civil y será responsable de ella.

»VI. No dudo del amor a España de mis generales; por España primero, y por la Corona después, te ordeno que cumplas cuanto te he dicho.

»Juan Carlos Rey.»

Milans obedeció, pero tardó algún tiempo. Ante sus subalternos evocó en varios momentos su honor de soldado y su repugnancia a abandonar a todos aquellos que se habían comprometido con él. A las cuatro de la madrugada dio, por fin, la orden de que sus carros regresaran a los cuarteles. Después telefoneó al Rey para decirle que, obedeciendo sus órdenes, acababa de redactar un texto que anulaba la proclama que había puesto en marcha el levantamiento. Como no quería entablar una conversación con él, don Juan Carlos le pasó el aparato a Sabino Fernández Campo. Milans le leyó a éste el mensaje que iba a publicar inmediatamente, pero insistió en una «solución Armada» que permitiera a todo el mundo salvar la cara. Lo hizo sin depositar ya demasiada confianza en sus palabras. Una vez se tuvo en La Zarzuela conocimiento del mensaje de Milans, fue transmitido desde allí a todas las demás regiones militares.

El télex del Rey había convencido a Milans de que en ningún caso podía contar con don Juan Carlos para secundar su pronunciamiento. No hay que olvidarse, por otro lado, de las presiones que Milans sufriría por parte de sus más próximos colaboradores, que le aconsejaban abandonar. Milans, sin embargo, era un tipo duro. Cuando el gobernador militar de Valencia, el general Caruana, a quien Gabeiras había ordenado detener a Milans, se presentó en el despacho de su superior y le dijo: «Vengo a detenerte por orden del jefe del Estado Mayor», Milans colocó su arma delante de él, sobre el despacho, y le respondió: «¡Atrévete!» Pero ya en ese momento sabía que todo estaba perdido.

¿Hubiera podido tener éxito el golpe de Milans? Milans tenía cartas importantes en las manos. El vacío del poder civil. Cierto malestar en el ejército. Y el general Armada, que se había comprometido a entrar en danza en cuanto Tejero hubiera encendido la mecha. Pero nada de eso sirvió, comenzando por Armada, que más tarde mantuvo delante del tribunal militar que nunca había sido puesto al corriente del plan concertado entre Milans y Tejero. Para que ese plan tuviera éxito, era necesario que Armada fuese recibido en La Zarzuela para convencer al Rey de la necesidad de formar un gobierno monárquico presidido por un militar, es decir, por él.

Se trataba de una idea extremadamente peligrosa para la Monarquía. De hecho, el Rey sabía que ninguna monarquía ha sobrevivido a ese tipo de gobierno. La única razón de ser de una monarquía moderna es precisamente colocarse por encima de los partidos. Sobre todo de los partidos monárquicos.

¿Estaban los conjurados verdaderamente convencidos de que Armada iba a obtener el acuerdo del Rey para ese tipo de solución? En todo caso, lo estaban de que Armada tenía acceso a La Zarzuela. Pero incluso si en el fondo no estaban

totalmente convencidos, tenían tantas ganas de creérselo...
Milans, que se jactaba de despreciar la política, dejaba obrar
a Armada, un maestro en el arte de la desinformación. Para
Milans, Armada era un elemento fundamental del puzzle,
ya que garantizaba «la cobertura del Rey». Tejero, por su
lado, se desentendía completamente de Armada, que a sus
ojos sólo era un burócrata que defendía el principio monárquico en el que él no creía. Pese a ello, estaba convencido también, pues Milans se lo había dicho, de que
Armada disponía del favor real. Todo ello conformaba una
vasta operación de intoxicación que acabó por intoxicar a
los mismos que la habían imaginado.

Ciertamente, como dice don Juan Carlos, no hay que
subestimar nunca las posibilidades de éxito de lo que, una
vez ha fracasado, algunos llaman «complots de opereta».
Milans, en efecto, tenía en sus manos varias bazas fundamentales para llevar a buen fin su golpe. El secuestro del
gobierno entero por los hombres de Tejero. Su propio levantamiento en Valencia, que hubiera debido desencadenar
un efecto dominó sobre las demás capitanías generales. El
pretendido entendimiento entre Armada y el Rey. Y, finalmente, el apoyo de la División Acorazada, con sus catorce mil hombres acuartelados a las puertas mismas de
Madrid.

Pero las cartas estaban marcadas. Armada no logró em-
barcar al Rey en la aventura. Tejero ni siquiera quiso escuchar las propuestas que le hacía Armada. Y el propio Armada fue desenmascarado desde el comienzo mismo de la
operación. En cuanto a la Acorazada, se negó a invadir Madrid con sus carros.

El verdadero error de Milans en aquel asunto fue su total
desconocimiento de la personalidad del Rey. Nunca intentó
saber quién era don Juan Carlos, ni lo que pensaba. En lo
que a este punto concierne, no vio más allá de sus narices.
Para él, puesto que don Juan Carlos era el Rey, el gobierno
monárquico que iba a proponerle no podía disgustarle.
Puesto que don Juan Carlos era un militar, forzosamente

debía pensar las mismas cosas que para él —para Milans—
tenían valor de verdades fundamentales. La complacencia
de don Juan Carlos, por lo tanto, se daba por descontada.

Milans —y otros con él— nunca comprendió, ni aceptó,
que don Juan Carlos pudiera ser el servidor convencido de
la voluntad popular. Dicho en otros términos: que el Rey
pudiera ser verdaderamente un demócrata respetuoso de
la Constitución. Si hubieran conocido mejor a don Juan
Carlos, ni Milans, ni Armada, ni Tejero hubieran montado
su golpe con tanta ligereza...

Me abstengo de referirle al Rey el comentario de un oficial de Caballería —hijo de uno de los conjurados— para
quien el concepto de democracia carecía de sentido: «La
próxima vez habrá que empezar por bombardear La Zarzuela...»

X

Don Juan Carlos se sume un momento en sus recuerdos, pero, recuperándose enseguida, me dice:

—Más tarde hubo gente que dijo que aquella noche yo había extralimitado los derechos que me otorga la Constitución.

—Nunca he oído decir nada semejante.

—Sin embargo, se dijo. Pero tengo la conciencia tranquila. Porque una de mis más grandes preocupaciones durante aquellas horas dramáticas fue preservar escrupulosamente la legalidad democrática.

—¿Quién estaba con Vuestra Majestad la noche del 23-F?

—Mis colaboradores habituales, naturalmente: el marqués de Mondéjar, Sabino Fernández Campo, el teniente general Valenzuela, varios ayudantes y Fernando Gutiérrez. Ah, y también estaba Manolo Prado, que había venido para tratar de un tema del Instituto de Cooperación Iberoamericana, que entonces presidía.

Colaboradores, dice el Rey. Pero varios de ellos son algo más que colaboradores. Y a veces algo más que amigos. «He tenido la suerte —me dijo don Juan Carlos— de contar siempre a mi alrededor con hombres excepcionales en los momentos difíciles.» El mayor de esos hombres excepcionales, Nicolás Cotoner y Cotoner, general de Caballería, marqués de Mondéjar, grande de España, condecorado con el Toisón de Oro, procedente de una antigua familia de la isla de Mallorca, fue durante mucho tiempo jefe de la Casa del Rey. Desempeñó el papel de «segundo padre» de don Juan Carlos durante sus años de juventud. Con ochenta años cumplidos, el marqués de Mondéjar continúa frecuentando su antiguo despacho en La Zarzuela.

Otro hombre excepcional en el entorno de don Juan Carlos es Sabino Fernández Campo, general del Cuerpo Jurídico del ejército, recientemente elevado al rango de conde de Latores, con grandeza de España, por servicios prestados a la Corona. Hombre apuesto y atractivo, da la talla del más fiel vasallo en el sentido romántico de la palabra. Es célebre por su habilidad de decir «no» empleando el tono que se acostumbra para decir un cumplido. Jefe de la Casa del Rey desde la jubilación del marqués de Mondéjar, es un asturiano de una discreción a toda prueba, que sabe hablar claro y bien cuando es necesario, aunque prefiere con mucho emplear las medias palabras apoyadas en sonrisas cargadas de sentido.

Manuel Prado y Colón de Carvajal, el amigo de infancia de don Juan Carlos, embajador de España, es hombre con quien es posible contar para esas misiones que no se pueden confiar a nadie más.

—También estaba la Reina —continúa diciendo don Juan Carlos—, su hermana la princesa Irene de Grecia, mis dos hijas, las infantas doña Elena y doña Cristina, y mi hijo don Felipe, el príncipe de Asturias. Toda la familia, vamos.

—¿Es cierto, Señor, que le pidió a don Felipe...?

El Rey me interrumpe con un gesto que ha debido de hacer docenas de veces.

—Sí, es verdad. Obligué al príncipe de Asturias a pasar la noche en mi despacho para que me viera ejercer mi oficio de rey.

—¿Qué edad tenía?

—Trece años. La edad ideal para aprender lo que la vida podía enseñarle cuando quizá fuera demasiado tarde. «Papá... ¿qué va a pasar?», me preguntó al comienzo de aquella larga noche. Una vez más recurrí a la imagen del balón de fútbol que está en el aire y que no se sabe de qué lado va a caer. «Pues ya ves, Felipe, con la Corona es lo mismo. En estos momentos está en el aire y yo voy a hacer todo lo posible para que caiga del buen lado.» Varias veces (el pobre chico sólo tenía, como te digo, trece años), se durmió en su butaca. Pero cada vez le obligaba a despertarse. «¡Felipe, no te duermas! ¡Mira lo que hay que hacer cuando se es rey!» Aquella noche, José Luis, el príncipe de Asturias aprendió en unas horas más de lo que aprenderá en el resto de su vida. Más tarde mis hermanas, doña Pilar y doña Margarita, llegaron acompañadas de sus maridos. Se instalaron en distintas partes de la casa. Yo me quedé solo en el despacho con mi hijo, Mondéjar, Sabino y los ayudantes que respondían al teléfono. Cuando le desperté por segunda o tercera vez, don Felipe murmuró: «¡Jo, papá, qué mes!» El pobre había tenido un mes difícil a causa de los estudios y ahora esa historia de la Corona en el aire era demasiado para él. Al día siguiente mis hijos me preguntaron si tenían que ir al colegio. Les dije que, como ya todo estaba en orden, no había ninguna razón para que no fueran a clase.

Mientras el Rey hace su aparición en las pantallas de televisión, prosiguen febrilmente las idas y venidas entre el Estado Mayor y el palacio de las Cortes. Obedeciendo a la orden que le ha dado el general Gabeiras, Armada va al hotel Palace —donde se encuentra el general Aramburu Topete— con la loca esperanza de convertirse en el hombre que pondrá un final honorable al drama del que, con Milans y Tejero, es autor.

Armada se hace acompañar por Aramburu Topete hasta la entrada de las Cortes, donde da a los guardias la contraseña, «Duque de Ahumada», en homenaje al fundador de la Guardia Civil.

Al cabo de un breve momento, Tejero viene al encuentro de los dos generales rodeado de sus guardias, entre los que hay varios que parecen estar ebrios. Tejero mismo está anormalmente sobreexcitado. Con el bigote enhiesto, la frente cubierta de sudor, lanza una ojeada despreciativa a aquel general de aspecto oficinesco que observa con inquietud las metralletas que le apuntan. Después de los saludos de rigor, Armada pide a Tejero que le permita entrar en el hemiciclo a fin de dirigirse a los ministros y a los diputados tomados como rehenes.

—¿Qué va usted a decirles? —pregunta Tejero.

—Quiero proponerles formar un gobierno (provisional, por supuesto) en el marco de la Constitución. Un gobierno en el que estarán representadas todas las fuerzas políticas del país: la derecha, la izquierda y el centro. Un gobierno —añade Armada desviando la mirada—, que yo podría presidir.

Tejero deja escapar una risa amarga.

—¿Un general presidiendo un gobierno donde estarían los socialistas y los comunistas? ¿Se está usted riendo de mí?

Tejero lucha por un retorno al franquismo puro y duro. No por otra cosa. Irónico, pregunta:

—Me gustaría saber quién le envía. ¿No será el general Milans del Bosch?

Armada esboza un gesto de impaciencia.

—Escuche, Tejero, el ejército está a punto de dividirse. Si eso ocurre, es el comienzo de una segunda guerra civil. A título personal le aconsejo que se rinda con honor y dignidad.

La palabra «honor» en la boca del general hace saltar a Tejero. Y cuando Armada le propone dos aviones DC 8 que despegarían de la base de Getafe para llevarles, a ellos y a sus hombres, a Argentina o a Chile, Tejero estalla. ¡No, no permitirá que Armada dirija la palabra a sus prisioneros! ¡No, no quiere esos aviones! ¡No, no se rendirá!

—¡Vaya a decir a los que le envían que no aceptaré más gobierno que un gobierno militar presidido por el general Milans del Bosch!

Agotados sus argumentos, Armada arroja la toalla. El hábil arreglo que propone al teniente coronel Tejero no tiene ninguna posibilidad de éxito. Tejero es un loco, pero está muy lejos de ser un imbécil. Comienza a sospechar que

Milans ha jugado con dos barajas. Al no haber logrado arrastrar al ejército al golpe de Estado de los duros —el de Tejero—, Milans le envía a Armada para pedirle que se rinda, lo que tal vez le permita obligar al Rey a aceptar un compromiso que evite toda violencia.

—¡Váyase!

El grito de Tejero siembra la inquietud entre los guardias que le rodean. Armada se retira con el rostro más pálido que cuando ha llegado.

En el interior de las Cortes la tragicomedia amenaza con convertirse en tragedia pura y simple. Tejero intenta en vano tomar contacto con Milans del Bosch: el capitán general de Valencia hace que una y otra vez le digan que él mismo le llamará más tarde. Hacia las siete de la mañana, Tejero intenta por última vez hablar con su superior jerárquico. Un ayudante le responde que «el señor capitán general ha vuelto a su casa a acostarse». Ahora Tejero sabe que está solo, que todo está definitivamente perdido.

Mejor informados que él, los rehenes —uno de los cuales ha logrado esconder su transistor— conocen ya el texto del último comunicado de Milans, que termina con un «¡Viva el rey! ¡Viva España!». Es evidente que Milans ha vuelto al orden. El télex del Rey ha sido para él como un mazazo. Sabe ya que va a pasar por un consejo de guerra y que corre el riesgo de acabar sus días en una fortaleza militar. Por otra parte, la amenaza de Francisco Laína de ordenar a los geos un asalto al palacio de las Cortes le hace ver la gravedad de la situación. Como buen estratega que cree ser, Milans calcula que ese ataque puede costar fácilmente doscientas o trescientas víctimas, entre los asaltantes, los defensores del búnker y los rehenes. Decide entonces abandonar a Tejero y volver a su casa para acostarse. Y lo hace sin darse el trabajo de advertir al teniente coronel. En cuanto a éste, todavía le hace falta cierto tiempo para medir la amplitud del desastre. Pero ya es consciente de que, «salvo el honor, todo está perdido». Y Tejero quiere a toda costa salvar ese honor. Su amigo el comandante Pardo Zancada —el único oficial de la Acorazada Brunete que se ha reunido con él en las Cortes, junto a algunos soldados que no sabían muy bien a dónde iban— le aconseja vivamente que negocie su rendición y la de sus guardias civiles.

—Pero Milans puede venir todavía... —replica Tejero sin convicción.

—Milans solamente vendrá a Madrid para entregarse como prisionero —responde amargamente Pardo Zancada.

Hundido, traicionado por Milans del Bosch y por Armada, abandonado por sus compañeros del ejército que se han negado a apoyarle, Tejero decide rendirse. Pero antes de hacerlo, pondrá condiciones. Serán muy modestas y se aceptarán sin demasiada discusión. Tejero desea humillar a Armada y exige que sea él quien vuelva por segunda vez a las Cortes para firmar el protocolo de rendición. Tejero puntualiza que sólo abandonará las Cortes después de la liberación de los rehenes, y que saldrá solo y en buen orden con sus hombres, sin que haya en la calle periodistas y fotógrafos para «ensuciar la ceremonia». Los insurgentes regresarán a sus cuarteles y una vez allí devolverán sus armas a otros guardias civiles. Tejero asume personalmente la responsabilidad de la acción de la que se ha puesto a la cabeza. Ninguno de sus guardias debe ser acusado, porque, dice «me han seguido a las Cortes creyendo que seguíamos órdenes del Rey para liberar al Gobierno prisionero de comandos terroristas de la ETA». «Pero sus capitanes sabían muy bien lo que iban a hacer en las Cortes», le hacen observar sus interlocutores. Tejero consiente entonces en que sean encausados los hombres por encima del grado de teniente. Pide también que su amigo, el capitán de fragata Menéndez Vives, un «iluminado» que ha querido encerrarse con él en el palacio, pueda rendirse a las autoridades de la Armada.

Se llamó a ese compromiso el «Pacto del capó», porque se firmó en la calle, sobre el capó de un Land Rover. Rubricándolo con mano temblorosa, Armada reconoció su derrota, aunque más tarde, frente al tribunal militar que le juzgó por un delito de rebelión, continuaría negando su participación en la acción de los conspiradores. A cada pregunta que le hicieran los abogados sobre tal o cual cita con tal o cual de sus compañeros de infortunio, Armada respondería con aires de beato: «No lo sé, aquella mañana yo estaba en misa... No recuerdo, porque aquella tarde yo rezaba el rosario en familia...»

Durante toda una larga noche, Tejero en Madrid y Milans del Bosch en Valencia, intentaron rebajar a España al rango de una república bananera cualquiera. Su fracaso fue el fracaso de dos seres primarios que no habían comprendido nada de la evolución de su país.

Los rehenes liberados fueron recibidos en la calle soleada por las ovaciones de una multitud de curiosos. Hirsutos, con los rostros demacrados, ministros y diputados se precipitaron a los teléfonos del hotel Palace para tranquilizar a sus familias. Para muchos de ellos, la larga noche del 23-F fue una noche rica en enseñanzas. Hubo momentos dramáticos, y otros en los que las miserias humanas fueron exhibidas sin vergüenza alguna. Algunas diputadas, a las que Tejero se brindaba de buena gana a dejar en libertad, se negaron a abandonar el hemiciclo. Un diputado cuyo avión había llegado con retraso a Madrid, insistió ante los guardias en que le permitieran reunirse con sus compañeros, ya prisioneros de Tejero. Suárez, Carrillo y Felipe González creyeron llegada su última hora al oír gritar en los pasillos a los guardias borrachos: «¡Los vamos a matar! ¡Los vamos a matar!» Al amanecer, ya cercana la hora de la liberación, Manuel Fraga, el líder de la derecha, humillado por no haber sido encerrado con los demás dirigentes en el Salón del Reloj, se levantó bruscamente de su asiento, se desabotonó teatralmente la camisa y pidió a los guardias —que le miraban con una sonrisa despectiva en los labios— que le dispararan.

Tejero y su amigo el comandante Pardo Zancada fueron los últimos en abandonar el lugar de sus proezas. Tejero, con el rostro demacrado, las mejillas sin afeitar, el uniforme arrugado, hubiera querido salir de las Cortes detrás de sus guardias, marcando el paso con marcialidad, pero la mayor parte de ellos ya habían desertado saltando por las ventanas del entresuelo del edificio. Delante del palacio, al pie de los leones que guardan la entrada, la acera estaba llena de metralletas abandonadas.

También para el Rey fue una larga noche, la noche más larga de su vida. Y muy peligrosa, pues era consciente de las numerosas trampas que se tendían en su camino. Según iba llamando a los capitanes generales, don Juan Carlos sentía hasta qué punto pisaba arenas movedizas. No dejaba de preguntarse: y éste, ¿cómo va a reaccionar? Incluso aquellos generales cuya fidelidad a la Constitución era indiscutible podían ser víctimas de falsas informaciones oídas de boca de sus compañeros. Bastaba que oyeran decir «el Rey está con nosotros» para que esas palabras fueran interpretadas según los deseos más secretos de cada uno. Innumerables veces, el Rey le preguntó durante esa noche a Sabino Fernández Campo: «¿Crees que éste está con nosotros?» Pero todos le respondían: «A sus órdenes, Majestad, para lo que sea.» Y era el Rey quien tenía que dar a comprender claramente en qué campo se situaba, y por qué.

Uno de los peligros que más temía el Rey era el de sobrepasar sus funciones constitucionales. Podía dar órdenes a los militares en tanto que jefe supremo del ejército, pero en ningún caso debía imponer su voluntad a la comisión de secretarios y subsecretarios de Estado presidida por Francisco Laína, la cual aseguraba de algún modo la continuidad gubernamental. En otras palabras, en ningún momento debía «gobernar civilmente». Sólo podía reinar. Y eso no era fácil, porque Francisco Laína no movía un dedo sin pedir su opinión. En circunstancias tan excepcionales, cuesta delimitar la frontera entre reinar y gobernar. Y fue ésta una cuestión que don Juan Carlos se planteó muchas veces a lo largo de aquella noche interminable.

Para el Rey, la gran revelación de aquella noche fue la extraordinaria madurez de los españoles. Todos comprendieron que el menor desorden en las calles, la menor manifestación, podría ser la excusa deseada por aquellos que buscaban razones para pasarse al campo de Tejero y de Milans. Y todos se quedaron en sus casas, pegados a las radios, a sus televisores. Nadie se movió; las calles de Madrid permanecieron vacías.

Cuando Milans hizo público su último comunicado y ordenó que los carros regresaran a sus cuarteles, el Rey consideró que el golpe había fracasado. Entonces mandó a don Felipe a acostarse. Se habían terminado las lecciones.

Todos en La Zarzuela estaban rotos de fatiga. El teléfono no había dejado de sonar durante toda la noche. Llamadas que venían del mundo entero. Pertini, Giscard d'Estaing, el rey Balduino, Hassan II, Hussein de Jordania, la reina Isabel y muchos otros que llamaban para animar al Rey y pedirle que resistiera.

El conde de Barcelona, que estaba en Estoril, se puso en contacto con don Juan Carlos hacia las diez de la noche. Había ido al cine con su esposa para ver una película titulada nada menos que *Los comandos del Rey*. En cuanto se enteró de la toma de las Cortes por Tejero, llamó a La Zarzuela. Con una voz muy emocionada le dijo a su hijo que no tenía consejos que darle, pues estaba seguro de que en todo momento sabría controlar la situación. Sin duda, don Juan de Borbón pensaba en el extraordinario prestigio que recaería sobre la Corona si lograba dominar la resaca que intentaba devolver a España a tiempos felizmente pasados.

—¿Qué hicisteis, Señor, cuando os enterasteis de que los rehenes de Tejero habían sido liberados?

—Lo que todo el mundo. Respiré hondo, me tomé un

baño caliente y me fui a dormir algunas horas. Y tú, José Luis, ¿en qué momento comprendiste que el asunto se había terminado?

—En cuanto Vuestra Majestad apareció en las pantallas de televisión. Hasta ahí, yo también me preguntaba con angustia dónde estaba el Rey, y qué iba a hacer si estaba todavía en libertad. Entre la toma de las Cortes y vuestro mensaje a la nación, viví las horas más largas de mi vida.

Milans del Bosch, que había ido a acostarse mucho antes que el Rey, fue llamado temprano al teléfono: el general Gabeiras le ordenaba acudir inmediatamente a Madrid. A las siete en punto de la tarde, Milans entró en el Ministerio de Defensa, donde fue inmediatamente detenido. A las nueve de la noche de ese mismo día, Gabeiras convocó al general Armada y le relevó de su puesto en el Estado Mayor.

—En la tarde del 24 de febrero —cuenta don Juan Carlos—, cuando todo el mundo había tenido tiempo de recuperarse un poco, recibí aquí, en La Zarzuela, a los miembros del Gobierno y a los principales líderes de las diferentes formaciones políticas. Mi encuentro con esos hombres y esas mujeres tuvo una enorme carga de emoción. Todo el mundo se besaba y muchas miradas estaban empañadas de lágrimas. En cuanto llegó, Santiago Carrillo avanzó hacia mí, tomó mis manos entre las suyas, y me dijo:

»—Majestad, gracias por habernos salvado la vida.

»Suárez, que no estaba al corriente del verdadero papel que había jugado Armada, me dijo:

»—Majestad, estoy avergonzado por haberme equivocado sobre Armada...

»Comprendí que sólo sabía que Armada había recibido la rendición de Tejero. Entonces le desengañé:

»—No, Adolfo. Eras tú el que tenías razón.

Don Juan Carlos de Borbón, rey de España.

«Cuando mi padre dijo por primera vez que quería ser el rey de todos los españoles, los vencedores de la guerra civil se sintieron directamente amenazados.»

«Un rey puede hacerse querer muy rápidamente... Pero una monarquía no arraiga en el corazón de un país de la noche a la mañana. Se necesita tiempo...»

«Toda la familia llevamos el mar en la sangre. Sólo nos sentimos verdaderamente libres cuando nos encontramos a bordo del Fortuna.*»*

«La Reina es una gran profesional... Lleva la realeza en la sangre... Doña Sofía nunca olvida que es la Reina.»

«La Reina y yo somos unos padres satisfechos. Nuestros hijos son, cada uno por separado, personas fuera de lo común.»

«*No se puede vivir teniendo miedo de la muerte. Y menos
cuando se es rey, porque no es un oficio sin riesgos.*»

«Espero que don Felipe se haga querer por los españoles tanto como al parecer me quieren a mí. Eso es lo que pido.»

»Y mientras Suárez escuchaba boquiabierto, aproveché para añadir:

»—Tenemos que estar agradecidos a las Fuerzas Armadas, Adolfo, porque en su inmensa mayoría han sido fieles a la Corona.

»Insistí en esta lealtad a la Corona porque en mi espíritu estaba claro que los militares habían obedecido a su jefe natural, es decir, al Rey. Sé que más tarde, el propio Felipe González estuvo de acuerdo en que sólo el Rey podía hacer frente y sofocar una rebelión militar. Tenía razón. Si hubiéramos sido una república... Cuando todo el mundo acabó de felicitarse, pedí unos instantes de silencio para leer un texto muy corto que había redactado aquella misma mañana: "La Corona —leí— se siente orgullosa de haber servido a España con firmeza y en el convencimiento de que la vida democrática y el respeto estricto de los principios constitucionales son voluntad mayoritaria del pueblo español. Sin embargo, todos deben ser conscientes, desde sus propias responsabilidades, de que el Rey no puede ni debe enfrentar reiteradamente, con su responsabilidad directa, circunstancias de tan considerable tensión y gravedad." Yo hubiera querido decir simplemente que mi papel no era el de un bombero, siempre listo para apagar un fuego. Expliqué muy claramente a los presentes que los responsables de los últimos acontecimientos debían sufrir todo el rigor de la ley. Había que ser duros con Milans, con Tejero, con Armada y con algunos otros, de acuerdo, pero no había que emprenderla con las Fuerzas Armadas en su conjunto. Mi gran preocupación (porque conocía bien el espíritu de familia que impera en el ámbito militar) era proteger al ejército de un rechazo por parte de la sociedad española. El ejército había sido ya suficientemente humillado: convenía ahora exaltar su patriotismo y la lealtad de que había dado muestra a la Corona en momentos verdaderamente difíciles. De otro modo, se corría el riesgo de ver brotar de nuevo la amenaza que nos había puesto al borde del precipicio.

Cuarenta y ocho horas más tarde, Leopoldo Calvo Sotelo sustituyó a Adolfo Suárez a la cabeza del Gobierno. La sesión de investidura comenzó con una interminable ovación al Rey, ausente del hemiciclo pero muy presente en los corazones de todos aquellos hombres y mujeres que habían pasado una larga noche bajo la amenaza de las armas. Sólo Blas Piñar, el histriónico representante de la extrema derecha franquista, permaneció sentado mientras a su alrededor ministros, diputados, ujieres, telefonistas, periodistas y fotógrafos de prensa lanzaban vivas a don Juan Carlos. En los asientos de los comunistas, con Carrillo a la cabeza, los camaradas saludaban el nombre del Rey levantando el puño. Muchos «juancarlistas» se convirtieron, desde el 23-F, en simplemente monárquicos.

XI

Relajado, sereno, el Rey me parece esta tarde más abierto y receptivo que de costumbre. Aprovecho para preguntarle:

—Señor... ¿cómo definiríais a la Reina en pocas palabras?

Toma algún tiempo para responderme en un tono curiosamente solemne:

—La Reina es una gran profesional.

Y añade:

—Una gran, gran profesional.

Y aún añade, después de buscar las palabras:

—Lleva la realeza en la sangre.

No hay nada de extraño en ello. Hija de rey, hermana de rey, doña Sofía cuenta en su árbol genealógico con dos emperadores alemanes, ocho reyes de Dinamarca, cinco reyes de Suecia, siete zares de Rusia, un rey y una reina de Noruega, una reina de Inglaterra y cinco reyes de Grecia. Un *pedigree* que da vértigo. Pero lo mismo que San Francisco de Asís, sabe que «no hay mejor ni más deseable finura que la sencillez».

—¿Qué hizo la Reina durante la noche del 23-F?

En la respuesta de don Juan Carlos persiste el tono de gravedad:

—Aquella noche doña Sofía fue el alma de La Zarzuela. Su calma y su serenidad causaron admiración. Se ocupó de todo y de todos. Permaneció a mi lado sin quitarme los ojos de encima y animándome con un gesto cuando hablaba al teléfono con los capitanes generales. Siempre hago mucho caso de las intuiciones de la Reina, porque además de ser intuitiva es una mujer que reflexiona. Muy pocas veces se equivoca en sus juicios sobre una persona que ve por primera vez. Así que, como puedes comprender, yo la escucho.

—Cuando decís que doña Sofía es una gran profesional, ¿qué significa exactamente?

—Significa que se toma su oficio muy en serio. Y Dios sabe que no es un oficio descansado.

—Montaigne escribía que «el oficio más arduo del mundo, en mi opinión, es el de ejercer dignamente de rey». Y Luis XIV, vuestro antepasado, afirmaba que «la función de rey consiste principalmente en dejar obrar al sentido común, que siempre actúa con naturalidad y sin esfuerzo».

—Los dos se quedan cortos —suspira don Juan Carlos melancólico.

Ni Montaigne ni el Rey Sol podían imaginar que un día una reina de España haría suyos esos pensamientos para convertirlos en la regla de oro de su vida cotidiana. Nadie, en efecto, cumple más dignamente su áspero y difícil oficio que esa reina de la que los españoles saben tan poco, pero sobre la que adivinan que la razón principal de su vida es servir, día tras día, hora tras hora, a la nación, es decir, a los españoles, a todos los españoles, con una preferencia muy marcada, sin embargo, por los que necesitan una atención particular: los jóvenes, los necesitados, los enfermos, los que llegan al final de su vida abandonados y solitarios, también aquellos cuya única escuela ha sido la calle y para quienes la delincuencia es la única salida que les ofrece una sociedad intolerante y cruel. Si los españoles saben poco de lo que concierne a doña Sofía, ello es debido a la extraordinaria discreción de la que ella sabe rodear tanto su vida oficial como su vida privada. A pesar de lo cual ha cautivado el corazón de los españoles, poco acostumbrados a ver llevar a quienes están en el poder una existencia de una modestia y una sencillez tales como las que hacen de doña Sofía «una española como las demás», entregada a su marido, a sus hijos y a su deber, a menudo ingrato y siempre arduo, cuando no penoso.

—Doña Sofía —prosigue don Juan Carlos— nunca olvida que es la Reina. Sin embargo, es enemiga de todo autoritarismo. Cree mucho en el diálogo y en los arreglos amistosos. No creo que se la haya visto nunca abusar de su alta posición en su trato con las demás personas. Le basta con mostrarse un poco fría y distante. Pero, sabes, los que trabajan con ella insisten en la alegría de su carácter y en su agudo sentido del humor. A menudo suelta una risa contagiosa que pone alegres a todos los que la rodean. Se nota que es una mujer que ha tenido una infancia feliz.

—Imagino que el hecho de haber nacido hija de rey en ejercicio la ha dotado de una experiencia que debió de serle de gran utilidad cuando se convirtió en reina de España.

—Seguramente, aunque nuestra actual monarquía no tiene nada en común con la monarquía griega que doña Sofía conoció. ¿Sabes qué fue lo que más sorprendió a doña Sofía cuando llegó a España? Pues el hecho de que personas de nuestro rango pudieran llevar una vida más o menos normal, ir al cine, salir a cenar a un restaurante con algunos amigos. Eso no se podía hacer en Atenas, y Dios sabe sin embargo que la Grecia del rey Pablo era democrática. Pero la verdad es que nosotros los españoles somos diferentes. Cuando Václav Havel vino a verme a Palma de Mallorca lo llevé una mañana a tomar una copa a un bar donde todo el mundo me saludaba como si yo fuera un viejo conocido. ¡Havel no se lo podía creer! Y lo que más le extrañó fue verme pagar las consumiciones, a pesar de la insistencia del dueño en invitarnos. «En Praga, hacer lo que hacemos en este momento —me dijo el presidente checoslovaco— es absolutamente imposible.» Doña Sofía también tardó algún tiempo en habituarse a estas costumbres, que a ella le parecían extrañas y a mí siempre me han parecido normales. Yo soy el Rey, pero también soy un ser humano, y español además. Y no creo que baste con subirse a un pedestal para inspirar respeto.

—¿Se acostumbró pronto a España doña Sofía?

—Al principio tuvo problemas con el idioma, pero lo

aprendió bastante rápidamente y ahora me da la impresión de que habla español sin ningún acento. Yo no hablo griego, pero la primera vez que oí a gente hablar griego me dije: Vaya... españoles. Las dos lenguas no se parecen en nada pero tienen una sonoridad muy cercana.

—La primera vez que yo fui a Atenas —le digo a don Juan Carlos— creí que estaba en Badajoz. El mismo calor, el mismo polvo, la misma claridad cegadora. Creo que uno se puede enamorar de un país a primera vista. Syliane, mi mujer, que es mitad francesa, mitad italiana, nada más llegar a España fue a ver una corrida en la que toreaba Dominguín. Al salir de la plaza me dijo simplemente: «No me quiero ir de este país.»

—Lo comprendo muy bien.

—¿Se sintió rápidamente española la Reina?

—Creo que muy pronto doña Sofía se sintió como en su casa.

—Vuestra abuela, la reina Victoria Eugenia, decía a veces que en España se sentía como una extranjera.

—Mi abuela era inglesa, y los ingleses... Cuando doña Victoria Eugenia puso los pies en España llegaba de un universo que no tenía estrictamente nada que ver con el suyo. Doña Sofía es griega y nuestros dos países, sobre todo cuando uno se acerca al Mediterráneo, pueden confundirse el uno con el otro.

—Mi madre, que quería mucho a doña Victoria Eugenia, me dijo que en la corte española siempre fue tratada con cierta frialdad.

—Eso mismo he oído decir yo. No creo que mi abuela haya sido siempre feliz con nosotros.

—No sé quién dijo que la corte es como un edificio de mármol compuesto de hombres duros y muy pulidos.

—Sabes, a veces el ser pulido no arregla nada.

La Monarquía española, aclamada hoy por el pueblo, tuvo la inteligencia de poner fin a todas las viejas costumbres del pasado. Ni corte, ni cortesanos, ni aduladores en torno al Rey y la Reina, sino hombres y mujeres sencillos y eficaces cuya principal virtud es traer cada mañana a La Zarzuela ese aire fresco del que hablaba Miguel Maura, lejos de la atmósfera cerrada y malsana de las capillas y de los clanes.

La jornada del Rey y de la Reina comienza temprano.

—En la familia todos somos madrugadores —me dice don Juan Carlos—. No sólo por obligación, también por gusto. En lo que a mí concierne, es una vieja costumbre que me viene de la época de las academias militares. En verano, mi padre, a quien le gusta charlar hasta bien entrada la noche con sus amigos, se pone al timón de su barco en cuanto se levanta el sol.

—El pasado mes de agosto, en una cena en la que estaba presente el conde de Barcelona, su ayudante, un oficial de Marina muy simpático, me anunció a la hora del café que se iba de vacaciones al día siguiente. Le pregunté dónde pensaba ir y me respondió: «A cualquier parte donde pueda dormir, porque desde que estoy con Su Alteza no duermo más de tres o cuatro horas cada noche.»

—Pues sí, así somos —dice don Juan Carlos sonriendo—. Antes, cuando los niños iban a la escuela, doña Sofía les acompañaba. Aprovechaba de este modo para hablar personalmente con los encargados de la educación del Príncipe y de las Infantas. Actualmente, doña Sofía se levanta también muy temprano y pasa las primeras horas de la mañana recibiendo en su despacho a los miembros de su secretariado, que la ponen al corriente de las diferentes actividades que tendrá que afrontar durante el día. El general Fernández Campo (antes era el marqués de Mondéjar el que se ocupaba de ello) la informa minuciosamente de las cosas importantes que han sucedido en el mundo, y muy especialmente de lo que afecta a España. La Reina toma nota y actúa en consecuencia. Es una mujer ordenada a quien no le gustan las improvisaciones y que odia la dejadez. Pero no te vayas a creer que se pasa el día encerrada en su despacho, ni mucho menos. Es tan activa como yo, y no para de hacer todo tipo de cosas. En verano, durante nuestras vacaciones en Mallorca, comparte con su hermano el rey Constantino y conmigo su pasión por el mar. Toda la familia llevamos el mar en la sangre. Sólo nos sentimos verdaderamente libres cuando nos encontramos a bordo del *Fortuna*.

Y don Juan Carlos añade con un matiz de melancolía en la voz:

—De no haber sido rey, seguro que hubiera sido marino.

Doña Sofía es lo que los españoles llaman «una mujer importante». Culta, muy sensible, también es una ecologista convencida, incapaz de poner los pies en una plaza de toros como no sea por obligación del cargo. En un país en el que la afición a la Fiesta está tan profundamente enraizada en todas las capas de la sociedad, esta actitud de la Reina es a veces tema de controversia. Tampoco se ve en las plazas ni al príncipe de Asturias, ni a las Infantas. Cuando se lo hago notar, don Juan Carlos me dice:

—Yo iría más a menudo a las corridas si tuviera tiempo. Felizmente ahí está mi madre para representar a la familia en la «Fiesta nacional».

En efecto, durante todas las corridas de la Feria de San Isidro se ve a la condesa de Barcelona instalarse cada tarde en el palco real acompañada de algunas personas de su entorno.

—No hace mucho —le digo al Rey—, José Carlos Arévalo, el director de *6 toros 6*, me decía que si el príncipe de Asturias apareciera un día en una barrera de Las Ventas como hace Vuestra Majestad, recibiría una formidable ovación del público madrileño.

—Ya lo sé —admite don Juan Carlos—, pero qué quieres, si el Príncipe no va a menudo a las corridas (pues sé que a veces va) probablemente es para no disgustar a su madre.

»Doña Sofía tiene una profunda afición por la música, y honra con su amistad a los grandes intérpretes. Rostropovich es uno de sus más fieles amigos. Cuando está de gira en Madrid, Rostropovich nunca deja de tocar para la Reina, al final de su concierto, la partitura para violoncelo en si menor de Dvorak.

—¿Es verdad que doña Sofía ha hecho mucho para que la Corona otorgue títulos de nobleza a los artistas y creadores?

—Sí. Era necesario que España reconociera al fin otros méritos que los que antaño se ganaban en el campo de batalla. Había que honrar a los artistas y a los intelectuales, como hace la corona británica, otorgándoles títulos y honores.

Así fue como Salvador Dalí se convirtió poco antes de su muerte en marqués de Púbol, y como el gran guitarrista Andrés Segovia fue nombrado marqués de Salobreña, y don Ramón del Valle-Inclán recibió a título póstumo el marquesado de Bradomín.

—Pero los que viven continuamente en el entorno de doña Sofía —prosigue diciéndome don Juan Carlos— saben que su mayor preocupación, su principal centro de interés, es la Fundación Reina Sofía, de la que, además de fundadora, es animadora. Esta fundación tiene como finalidad, entre otras, promover el estudio de «las necesidades del hombre en su realidad individual». Y ello en el contexto de su relación con la comunidad social en la que se halla inserto. Se trata de un programa de una inmensa y sincera ambición al que la Reina consagra la mayor parte de su tiempo. Y no puedes imaginarte lo que sufre cuando debe hacer frente a un problema humano cuya solución resulta imposible.

Doña Sofía, me digo, ha debido de sufrir a menudo, porque cuando subió al trono todo estaba por hacer en España en el ámbito de lo social: la ayuda a la juventud desmoralizada por un porvenir inquietante, la ayuda a los delincuentes abandonados a sí mismos, a los marginados de todo tipo y, día tras día, a los parados, heridos en lo más íntimo de su dignidad humana. Se necesitaba una reina como doña Sofía para entregarse a esa inmensa tarea.

—¿Sabéis, Señor? Don Jacinto Benavente decía que tener hijos era una enfermedad que duraba nueve meses, pero que la convalecencia duraba toda la vida. ¿Cómo pasáis esa convalecencia?

El rostro de don Juan Carlos se abre en una amplia sonrisa.

—Tu Benavente era un solterón que hablaba de algo de lo que no tenía ni la más remota idea. Tener hijos es una bendición del cielo.

Y repite con fuerza:

—Una bendición del cielo.

Cambia de posición en su butaca y, sonriente, me dice:

—Tener hijos (y eso lo sabes tú tan bien como yo) es para nosotros los padres una fuente constante de preocupación, pero también el origen de mucha alegría y de mucha felicidad. Es maravilloso verles crecer, día tras día, intentando averiguar cuáles son sus gustos y sus inclinaciones a fin de poder comprenderlos y animarlos mejor. La Reina y yo somos unos padres satisfechos. Nuestros hijos son, cada uno por separado, personas fuera de lo común. Son alegres, sencillos, naturales hasta el punto de que a veces hay que recordarles quiénes son. Los tres son también deportistas excelentes, y nada podía gustarme más, pues estoy convencido de que el deporte tiene una importancia enorme en el desarrollo de cada cual. El deporte te enseña la tenacidad y te obliga a una disciplina de todos los días, haciéndote sentir un hombre perfectamente libre.

»Don Felipe —continúa el Rey con orgullo— se ha convertido con el tiempo en un excelente navegante, como su hermana, la infanta Cristina. En cuanto a la infanta Elena, ya la has visto a caballo...

»Me imagino que la exageración de Benavente quería recordarnos que no es siempre fácil comprender a nuestros hijos. Pero hay que aceptar que tengan reacciones propias de su edad y permitirles exteriorizarlas con toda libertad. Poco a poco, los niños se hacen hombres y mujeres cuyas actitudes frente a la vida no son forzosamente las nuestras. Pero tenemos que respetarlas. En nuestro caso, al tener un hijo que es príncipe heredero y unas hijas que son princesas reales, todo se vuelve más complicado, porque tenemos que prepararles para responsabilidades que van más allá de las de las personas normales. Don Felipe, por ejemplo, a una edad en que los demás muchachos no piensan más que en las chicas y en divertirse, tiene ya que viajar por todo el mundo para representarme en ceremonias que no siempre son demasiado alegres.

—Cuando hablamos de vuestra familia, sería conveniente especificar en qué consiste exactamente la familia real.

—Es muy sencillo, José Luis. La familia real se compone del Rey, de la Reina, del Príncipe y de las dos Infantas. Incluyo también, naturalmente, a mis padres, el conde y la condesa de Barcelona, así como a mis dos hermanas, la infanta doña Pilar y la infanta doña Margarita. Pero no a los hijos de mis hermanas, ni a sus maridos, que forman parte de la familia del rey, pero no de la familia real. Lo mismo pasa con mis primos. Luego están, como en cualquier otra familia, los parientes más o menos alejados, tíos, tías, primos y primas en segundo o tercer grado.

Después de una breve duda, don Juan Carlos añade:

—Aparte de aquellos otros que llevan el nombre de Borbón, incluyendo algunos que lo llevan abusivamente.

—¿Sabéis cómo llaman en Madrid a esos Borbones?

—No.

—Los Borbones del Corte Inglés.

—Ah.

Ni una sonrisa. Don Juan Carlos no bromea nunca ni de cerca ni de lejos con nada que pueda ensombrecer la imagen de la familia real. Y sin embargo hay gente —gente «bien» en su mayor parte— que abusan del apellido de Borbón, ya que resulta mucho más elegante llamarse Borbón que García de Lóbez, o Barucci, o Yordi, o incluso Von Hardenberg, sobre todo cuando se representa en las cenas y en los cócteles a los grandes nombres de la alta costura internacional, o bien a las marcas mágicas de perfumes con solera. Comprendo que don Juan Carlos, que representa a España, no esté de acuerdo con este tipo de procedimientos.

Tampoco ve el Monarca con muy buenos ojos que ciertos aristócratas se hagan tratar de altezas cuando, excepto los miembros de la familia real, nadie puede hacer uso en España del título de príncipe o princesa. Pero los españoles a menudo se toman libertades con el protocolo. A menudo se lee en la prensa: «Juan Carlos piensa... Juan Carlos ha dicho...», cuando resulta impensable leer en un periódico inglés «Isabel tomó ayer el té con su madre», en referencia a quien todos los británicos llaman «Her Majesty the Queen».

XII

Esta mañana ha nevado en la sierra y el cielo de La Zarzuela está todavía más limpio que de costumbre. Un jabalí sigue al trote mi automóvil durante casi un kilómetro, con la pelambre salpicada de copos blancos.

Don Juan Carlos tiene la cara crispada.

—He pasado una mala noche. He debido de hacer un mal movimiento en la cama y me duele la rodilla.

—¿Queréis, Señor, que dejemos para mañana nuestra...?

—No, no, siéntate.

Hace un esfuerzo para sonreír y me pregunta:

—¿De qué quieres que hablemos hoy?

Dejo mis papeles sobre la mesa y pongo en marcha el ronroneo de mi grabadora.

—¿Podéis precisar en qué momento os sentisteis libre de tomar iniciativas sin tener en cuenta al general Franco?

Don Juan Carlos tarda un buen rato en contestar.

—Es difícil precisarlo —dice al fin—. A menudo tomé iniciativas. Pero una cosa era obrar sin el consentimiento del General y otra, quizá más peligrosa, hacerlo sin tener en cuenta a los poderosos de su entorno. Digamos que empecé verdaderamente a asumir mis responsabilidades a partir de la primera enfermedad del General.

Reflexiona todavía antes de añadir:

—Digamos también, por fijar una fecha, que las cosas empiezan a cambiar para mí a partir del asesinato de Carrero Blanco.

El 20 de diciembre de 1973, el Dodge negro del almirante Carrero Blanco, el delfín del régimen, saltó por los aires en la calle de Claudio Coello al estallarle debajo una mina de extraordinaria potencia. Como agarrado por una mano gigantesca, el vehículo ascendió a gran altura para caer luego con estrépito en el patio interior de un convento de jesuitas. Se retiraron tres cadáveres. El del almirante, muerto en el acto; el de Pérez Mogena, su chófer, y el del único escolta personal que se ocupaba de su seguridad. El almirante había facilitado las cosas a los terroristas —¡uno más!— al asistir desde hacía años a la misa de nueve de una iglesia de la calle Serrano, siguiendo un mismo itinerario.

—¿Se supo por fin quiénes fueron los asesinos de Carrero?

Don Juan Carlos me contempla perplejo.

—Pero... ETA, naturalmente. ¿No lo sabías?

—Sé, como todo el mundo, que ETA fue el brazo ejecutor. ¿Pero quién estaba detrás de los vascos? ¿Quién manipuló a su vez a la organización terrorista?

Don Juan Carlos me lanza una de esas miradas con las que da la impresión de no verle a uno.

—No lo sé —responde con el tono de quien se ha planteado cien veces la misma cuestión.

Y repite:

—No lo sé.

Le creo, porque si no hubiera querido responder a mi pregunta se hubiese callado, como ya lo ha hecho en varias ocasiones cuando mi curiosidad le ha parecido inconveniente.

—No dejó de ser un extraño crimen —comento.

—Y que lo digas.

Los primeros terroristas del comando Txiquia llegan a Madrid, para vigilar las idas y venidas del Ogro (sobrenombre empleado por ellos para designar al almirante Carrero Blanco), en diciembre de 1972. El almirante será asesinado un año más tarde, el 20 de diciembre de 1973. Durante todo aquel año, el comando —nadie sabrá nunca cuántos hombres lo componen— cambia varias veces de escondrijo, en una época en que el control policial sobre los cambios de domicilio era muy estricto. Llegado el momento, un presunto escultor alquila —un milagro más— un estudio con bodega en la calle de Claudio Coello, lugar por el que pasa cotidianamente el automóvil del almirante. La profesión del inquilino justificará más tarde los martillazos y golpes de piqueta cuando el comando comience a cavar bajo la calle un túnel de unos diez metros que será debidamente atiborrado de explosivos. Durante todo ese tiempo los hombres del comando Txiquia cenan y beben en los bares del barrio sin que nadie se interese en ningún momento por sus movimientos. Entre el 19 y el 20 de diciembre, dos terroristas disfrazados de electricistas desenrollan en pleno día, bajo las narices de los transeúntes, doscientos metros de cable eléctrico que servirán para activar el artefacto explosivo desde la bodega del escultor. Nadie les pregunta por lo que hacen. Y todo eso ocurre a corta distancia de la embajada de los Estados Unidos, un lugar que se supone de los mejor vigilados de Madrid, donde Kissinger pasa la noche anterior al asesinato. Una vez cometido el atentado, los miembros del comando Txiquia toman un automóvil y emprenden el camino hacia Portugal. Ningún control en las carreteras, ningún dispositivo de alerta en las fronteras. Los terroristas lo mismo hubieran podido irse en avión, pues curiosamente la policía estaba ausente del aeropuerto.

—Fue un crimen perfecto. Perfectamente ejecutado —digo.

Don Juan Carlos guarda silencio, la mirada fija por encima de mi cabeza. Le explico:

—Hablando un día con él de la Operación Ogro, el secretario general del Partido Comunista me contó que, en la época del franquismo más duro, enviaba a España agentes perfectamente entrenados en la Unión Soviética y Checoslovaquia, y que al cabo de pocos meses solían ser detenidos por la policía política del régimen. Una excelente y temible policía, subrayaba Carrillo. «Eso me planteaba un problema moral muy grave —me confió el secretario general—, pues sabía que todos los camaradas enviados al interior iban a ser capturados y ejecutados después de haber sido salvajemente torturados. Más de una vez, para descargar mi conciencia, solicité permiso de que me enviaran a mí a España. Pero me respondían que la vida de un dirigente como yo era demasiado valiosa para terminar miserablemente en el matadero.» Carrillo no se explicaba cómo «unos vascos, que siempre tienen cara de vascos y que generalmente llevan una boina vasca» no fueran detenidos en ningún momento, ni molestados, ni interrogados por la muy eficaz policía franquista, que nunca fallaba cuando se trataba de infiltrados comunistas, verdaderos profesionales que conocían todos los trucos del oficio. Carrillo tenía la clara impresión de que a los terroristas de ETA les habían dejado hacer, incluso que les habían ayudado. En todo caso, ésa fue también la opinión de la señora viuda de Carrero Blanco.

El Rey continúa mirándome sin decir nada.

—Carrillo —sigo yo— insinuó que mucha gente que no tenía estrictamente nada que ver con ETA tenía mucho que ganar con la desaparición de la escena política de un hombre para quien el único porvenir político de España era la continuación pura y simple del franquismo. ¿Os parece eso posible, Señor?

—Casi todo es posible, José Luis.

—En todo caso, Carlos Arias Navarro, ministro del Interior, responsable directo de la seguridad del almirante, en lugar de ser destituido fue nombrado poco tiempo después presidente del Gobierno. Para Carrillo y para muchos españoles, eso tenía algo de provocación.

—Sí. Mucha gente debió de preguntarse entonces muchas cosas.

—El misterio que rodeó aquel crimen fue haciéndose mayor a medida que pasaba el tiempo. Cuando mi editor francés de entonces hizo saber que yo tenía la intención de escribir un libro sobre la Operación Ogro, me llamaron del ministerio del Interior francés (cuyo titular era entonces Michel Poniatowski) y me aconsejaron, de forma muy amable por cierto, que abandonara el proyecto. A lo que naturalmente obedecí, pues París bien vale una misa.

Me tomo unos minutos antes de plantear una nueva cuestión.

—¿Quién os pidió presidir el entierro del almirante?

—Nadie. Franco ya no estaba en condiciones de hacerlo, y asumí la tarea de sustituirlo. Las gentes encargadas de mi seguridad no estaban todas de acuerdo. Unos decían que si los tipos de ETA se habían atrevido a matar al almirante, también podían intentar eliminarme a mí. Otros no creían que los etarras se atrevieran a tocar al Rey. Puse fin a la discusión decidiendo ponerme el uniforme y seguir hasta el cementerio el armón de artillería sobre el que habían colocado el cuerpo de Carrero. A pesar del terrible frío que hacía aquel día, más de cien mil personas siguieron con la mirada, en silencio, el cortejo que atravesaba la ciudad.

—¿Erais consciente de que aquel día constituíais un blanco perfecto para cualquier eventual tirador? Ibais solo, detrás del cuerpo del almirante, y para muchos erais un hombre educado junto a Franco para proseguir una política que, de no haber muerto, hubiera sido la de Carrero Blanco...

Cuando don Juan Carlos se impacienta, su manera de hablar puede ser repentinamente muy brusca.

—Ya te he dicho que nunca pienso en ese tipo de cosas. La gente de ETA hubiera muy bien podido disparar sobre el almirante cuando entraba o salía de misa cada mañana. No lo hicieron. Prefirieron asesinarlo a distancia. Esos tipos son unos cobardes. No les gusta jugarse la piel.

Siento que ha llegado el momento de cambiar de tema. Pero todavía tengo una pregunta que hacer cuya respuesta podría aclararme muchas cosas.

—Si Carrero hubiera seguido con vida, ¿hubierais podido desmantelar tan rápidamente como lo hicisteis las estructuras del régimen franquista?

Don Juan Carlos no cambia de expresión. Veo apenas

aparecer una sonrisa indefinible que se dibuja en la comisura de sus labios.

—Pienso —me dice pronunciando cada palabra con lentitud— que Carrero no hubiera estado en absoluto de acuerdo con lo que yo me proponía hacer. Pero no creo que se hubiera opuesto abiertamente a la voluntad del Rey.

Y acentuando su sonrisa, don Juan Carlos añade:

—Simplemente, hubiese dimitido.

Pierdo algunos minutos en cambiar las pilas de mi grabadora. El Rey aprovecha para telefonear. En cuanto cuelga el aparato le pregunto:

—Si Franco no pudo acudir al entierro del almirante, debió de ser porque ya se encontraba gravemente enfermo.

—¿Enfermo? No, todavía no. Sencillamente estaba muy afectado por la brutal desaparición del almirante. Pese a esto, tuvo fuerzas para presidir los funerales de Carrero en la iglesia de San Francisco el Grande.

—Y ahí, presentando sus condolencias a la viuda, Franco estalló en lágrimas.

—Sí. Y aquello impresionó mucho a todos los que estaban presentes. El General no nos tenía acostumbrados a verle exteriorizar sus sentimientos.

—¿Se volvió repentinamente senil?

—¿Senil? No me gusta esa palabra. No, Franco estaba muy lejos de estar senil. Era un hombre viejo que se dejó ganar por la emoción cuando decía adiós al más fiel de sus fieles.

—Sin embargo, algunos días más tarde, con ocasión de su mensaje de fin de año delante de las cámaras de televisión, pronunció unas palabras algo extrañas en relación al almirante... Vino a decir que el político debe saber convertir los males en beneficios. Y recordó el viejo refrán popular: «No hay mal que por bien no venga.» Nadie comprendió lo que quería decir con eso, pero las lenguas se desataron. ¿Repetía el General una frase que había oído a alguien de su entorno, acaso de su propia familia? Hubo gente que no dejó de deducir que en el entorno cercano al General había quien veía en la muerte del almirante un bien antes que un mal. ¿Pero por qué?

Don Juan Carlos no responde y su mirada pasa una vez más por encima de mi cabeza. Seguramente sabe mucho más que yo sobre este asunto y su silencio puede significar sencillamente que la razón de Estado no es una vaga quimera.

—¿Os pareció normal, Señor, el nombramiento de Carlos Arias Navarro a la cabeza del Gobierno poco después de la muerte de aquel a quien estaba obligado a proteger?

—En principio era Torcuato Fernández Miranda, en su calidad de vicepresidente, quien hubiera debido ocupar ese puesto. Pero Torcuato se había ganado muchos enemigos entre los duros del régimen. Cuando se hacen demasiado bien las cosas, a menudo se provocan susceptibilidades. Y Torcuato había maniobrado con mucha habilidad. Había logrado calmar los ánimos de los exaltados que exigían plenos poderes para el general Iniesta Cano, director de la Guardia Civil, y había convencido a la izquierda, incluidos los comunistas, de que se quedara tranquila, sin alterar el orden en la calle, porque la menor alteración sería la excusa ideal para quienes reclamaban una política de mano dura a cualquier precio. De todas formas, Franco ya había escogido al hombre que debía suceder a Carrero: el almirante Nieto Antúnez, un viejo amigo y su compañero de pesca cuando se hacían a la mar en el *Azor*. Aquella vez, sin embargo, quizá porque estaba más enfermo de lo que se creía, Franco cedió a la presión de su entorno inmediato y nombró en lugar de a Nieto Antúnez a Carlos Arias Navarro.

—Con quien Vuestra Majestad tendría las mayores dificultades.

—Algunas, José Luis, algunas.

Carlos Arias Navarro, un hombre de baja estatura, de mirada dura y gestos secos, se había ganado durante la guerra civil, en tanto que fiscal de los tribunales militares, una reputación de crueldad que le había valido el terrible apodo de «Carnicerito de Málaga». Estaba entregado en cuerpo y alma a Franco, pero también a la «familia», que veía en él al único hombre capaz, con Rodríguez de Valcárcel, de salvar la apuesta si un día las cosas dejaban de ir como debían.

—¿Hubierais preferido a Nieto Antúnez en lugar de Carlos Arias Navarro?

La mano de don Juan Carlos dibuja un gesto vago en el aire.

—Siempre sé con quién estoy cuando tengo delante de mí a un almirante.

—Carlos Arias, ¿era inteligente?

—No me gusta juzgar a quienes han desaparecido y no pueden defenderse. Solamente te diré que creo que Arias no tenía la visión necesaria a largo plazo para hacer frente a los cambios radicales que exigían los españoles.

—¿Cuándo cayó Franco verdaderamente enfermo?

—En julio de 1974. El 10 o el 11 de julio, no me acuerdo muy bien. Una flebitis en la pierna derecha. Franco era un hombre hecho para vivir cien años. No fumaba, no bebía y no era precisamente un gastrónomo. Llevaba una vida absolutamente regular y pasaba muchas horas al aire libre, cazando, o pescando a bordo del *Azor*. Su enfermedad fue una gran sorpresa para él. Era la primera vez en su vida que fallaba su salud tan gravemente. Se deprimió mucho. «Esto es el principio del fin...», empezó a decir. Debía de estar seguro de ello, porque le pidió a Arias que estableciera lo más rápidamente posible el decreto de transmisión de poderes al príncipe de España.

—¿Cuál fue vuestra reacción al enteraros de la noticia, Señor?

—Tenía a mi alrededor bastantes personas que me aconsejaban que no me convirtiera en jefe interino del Estado. Me decían: «Permaneced donde estáis. No hagáis nada.

Contentaos con esperar.» Es exactamente lo que yo hubiera deseado hacer. Permanecer por encima de las circunstancias. Pero era una actitud muy peligrosa. En mi fuero interno, supe desde el principio que tenía que aceptar. Si me negaba a ser jefe interino del Estado cuando la enfermedad se cebaba en el General, se produciría un vacío de poder que quizá otros intentarían llenar. Demasiado peligroso, José Luis. Así pues, acabé por aceptar sin muchas ganas. Fui a ver al General a su lecho del hospital y le dije que su enfermedad no era lo suficientemente grave como para justificar el traspaso de poderes. Pero me equivocaba, porque aquel mismo día Franco fue víctima de una fuerte hemorragia. Los médicos que le cuidaban se mostraron muy pesimistas. Entonces, en contra de la opinión de gran número de personas que me aconsejaban de buena fe en sentido contrario, decidí convertirme en jefe del Estado. Pero no es así como hubiese deseado que se hicieran las cosas. Me hubiera gustado ser, llegado el momento, rey del todo, un rey con las manos libres. Pero cuando los médicos me dijeron que el final del General se acercaba, llamé a Arias Navarro y le comuniqué que aceptaba el nombramiento.

»Sólo ejercí mis funciones de jefe del Estado durante cincuenta días —continúa explicándome don Juan Carlos—. Franco salió del hospital el 30 de julio y regresó a El Pardo, donde descansó hasta el 17 de agosto, fecha en la que se reunió con su familia en el Pazo de Meirás, para pasar allí su convalecencia. Yo mismo me fui de Madrid a Palma de Mallorca, donde me instalé para pasar las vacaciones de verano. Pero, sabes, yo sentía confusamente que algo flotaba en el aire. Tengo una especie de instinto, de olfato, si quieres, para detectar las intrigas que a veces se traman a mi alrededor. Una mañana, el marqués de Mondéjar habló por teléfono con el general Castañón de Mena, jefe de la Casa Militar de Franco, quien le explicó que el General recuperaba rápidamente fuerzas. "Parece —me hizo saber Nicolás— que se pasea por el jardín y que ya hace una vida casi normal." Entonces me dije que tenía que hacer un viaje al Pazo de Meirás para ver cómo estaban las cosas. Tomé pues un avión y fui a La Coruña. En efecto, el General estaba levantado y le encontré con buen aspecto. Le felicité:

»—Estoy encantado, mi general, de constatar que está mucho mejor. Pronto podrá usted reanudar sus actividades y yo podré retirarme.

»Franco me miraba, sentado en una butaca, con las piernas envueltas en una manta.

»—No, Alteza, proseguid vuestra tarea. Lo estáis haciendo muy bien.

»No sé por qué, pero aquel cumplido me sonó falso.

»—Mi general —le dije—, comprenda que me encuentro en una situación muy delicada. Mientras estaba usted enfermo podía remplazarle a la cabeza del Estado. Pero ahora que parece que está usted saliendo del percance, los españoles no comprenderían que hubiera dos jefes del Estado: el verdadero, es decir, usted; y el que ya no tiene razón de serlo a partir del momento en que es usted capaz de ejercer de nuevo el poder, es decir, yo.

»Como me seguía mirando sin decir nada, fui más explícito:

»—No me importa ser príncipe de España, o rey. Pero me niego a cumplir las funciones reservadas a usted, mi general.

»Franco repitió por toda respuesta:

»—Alteza, creedme, lo estáis haciendo muy bien. Continuad.

»En el Pazo de Meirás confirmé mi impresión de que algo se tramaba entre bastidores. Todo el mundo era demasiado amable conmigo. Aquella misma noche tomé el avión hacia Palma de Mallorca. Más tarde me enteré de que Cristóbal Villaverde había formado un equipo de médicos escogidos por él que no se apartaba del General. Ese equipo, de acuerdo con Villaverde, había llegado a la conclusión de que la tromboflebitis de Franco estaba prácticamente curada y que, por consiguiente, el General podría reanudar pronto sus actividades habituales. Carmen Villaverde, la hija del General, no era de la misma opinión. Hubiera querido que su padre descansara todavía unos meses.

Villaverde no era el único en soñar con la posibilidad de que Franco pudiera todavía apartar a Juan Carlos de la sucesión en beneficio de su yerno, el duque de Cádiz. La gente de su entorno ejercía en ese sentido una presión muy fuerte sobre el anciano debilitado por la enfermedad y los sufrimientos. Se le había dicho (y era verdad) que en cuanto tuvo noticias de su enfermedad, el conde de Barcelona había interrumpido un crucero a bordo del *Giralda* para regresar a Estoril, desde donde conversó largamente y en varias ocasiones con Juan Carlos por teléfono. Le habían insinuado al General que esa complicidad entre el conde de Barcelona y el futuro rey de España podía poner en peligro los fundamentos mismos del régimen que supuestamente Juan Carlos debía prolongar cuando Franco desapareciera.

—¿Creisteis que Franco, bajo la presión de su entorno, podía en el último minuto preferir a su nieto político, el duque de Cádiz, en lugar de Vuestra Majestad?

—Ya me has hecho esa pregunta. No, nunca lo creí. Franco nunca se volvía atrás en sus decisiones. En cuanto regresé a Palma, asistí a una cena en la casa del duque y la duquesa de Würtemberg. De vuelta a Marivent me comunicaron que el General me había llamado por teléfono. A pesar de ser una hora intempestiva, yo le llamé a mi vez. En cuanto lo tuve al otro lado del hilo, me dijo:

»—Alteza, simplemente quería avisaros que he decidido asumir mis poderes a partir de mañana.

»Acababa de cesarme de repente de mis funciones de jefe del Estado. Entonces me enfadé:

»—Mi general, me parece inaudito. Hace apenas algunas

horas me ha pedido usted que continuara, en contra de mi voluntad, ejerciendo las funciones de jefe del Estado. ¿Por qué no me ha dicho entonces que tenía la intención de volver a asumir plenos poderes?

»Y como Franco tardaba en responderme, continué:

»—Dicho esto, mi general, debe saber que para mí es una buena noticia. Estoy encantado con lo que me acaba de decir.

»Entonces, con su débil voz aflautada, Franco puso término a nuestro diálogo:

»—Tomaré los plenos poderes a partir de mañana. Buenas noches, Alteza.

»Y eso fue todo. Era típico de Franco.

—¿Y no os dio más tarde una explicación?

—Ninguna. Recuerdo que Giscard d'Estaing, puesto al corriente de la situación, me llamó y me dijo: «Alteza, no debéis bajo ningún pretexto ceder en vuestras prerrogativas de jefe del Estado si no es para ser proclamado rey.» Yo sólo podía responderle: «Señor presidente, aquí no estamos en una república. España es un país muy *sui generis* y sé lo que tengo que hacer. Puedo equivocarme, como cualquiera, pero voy a hacer lo que siento que debo hacer.» Y regresé a La Zarzuela. A esperar.

Franco volvió a tomar las riendas del poder el 2 de septiembre, lo cual no impidió que la atmósfera se degradara muy rápidamente. ETA, que quería volar la sede de la Dirección General de Seguridad, en la Puerta del Sol, se equivocó de edificio e hizo saltar la cafetería Rolando, provocando la muerte de doce ciudadanos de a pie y un centenar de heridos. Arias Navarro, el duro entre los duros durante la guerra civil, no sabía a qué santo encomendarse. Liberales como Pío Cabanillas abandonaron el Gobierno que naufragaba. Generales falangistas empezaron a conspirar abiertamente. Los españoles, amedrentados, se preguntaban: «¿Y después de Franco, qué?» La respuesta que les venía a los labios no carecía de lógica: eran los militares los que al fin y al cabo habían dado el poder a Franco, y lo normal era que a su muerte lo volvieran a tomar.

Mientras tanto, el 30 de julio, nacía en París la Junta Democrática, de la que tuve el honor de ser el portavoz. La Junta se constituyó en torno a un grupo de hombres venidos de muy diversos sectores políticos. Formaban parte de ella gentes como el monárquico Calvo Serer, miembro del Opus Dei, el comunista Carrillo, el profesor Tierno Galván, y otros cuyos nombres nada significan hoy. En el mes de octubre de aquel mismo año, en el congreso de Suresnes, unos jóvenes prácticamente desconocidos —Felipe González, Alfonso Guerra, Enrique Múgica— se adelantaban a los socialistas históricos de Rodolfo Llopis, acusándoles de haber perdido todo contacto con la realidad española. Sin contemplar la posibilidad de integrarse en la Junta Democrática, los socialistas se reagruparon con los socialdemócratas de Dionisio Ridruejo en lo que llamarían la Plataforma de Convergencia. Junta y Plataforma vislumbraban el posfranquismo bajo la forma de una ruptura democrática con el antiguo régimen, ruptura que don Juan Carlos conduciría con mano maestra.

—¿Qué hacía mientras tanto el conde de Barcelona?

—Proseguía sin cesar sus esfuerzos para reunir en torno a la Monarquía a las fuerzas de oposición al régimen franquista. Repetía incansablemente que esa Monarquía sólo podía ser constitucional y democrática. Tomaba extremadas precauciones por no aparecer como un jefe de partido. No creía (y así se lo decía a quien quisiera oírle) en el estatuto de las «asociaciones políticas», que denunciaba como una falsa liberalización del régimen por parte de Arias Navarro. Declaró públicamente en Estoril que jamás se había sometido al poder personal que, según él, el general Franco ejercía abusivamente. Cuando a veces digo que mi padre ha desempeñado en la historia de España un papel de los más dramáticos, no tengo la impresión de exagerar. Por un lado hacía lo que podía para no obstaculizarme el camino y por el otro se esforzaba en permanecer absolutamente fiel a sus principios. A propósito de mi nombramiento como sucesor «a título de rey», había declarado sin contemplaciones, en su manifiesto de julio de 1969, que toda la operación se había hecho sin que él tuviera conocimiento de ello y sin tener en cuenta la voluntad de los españoles. Y a los que le sugerían que abdicara en mi favor, les respondía que no podía renunciar a los derechos dinásticos de los que era depositario por voluntad de su padre, el rey don Alfonso XIII. Pero añadía gustosamente que no era el adversario de nadie y que por mucho que lo llamaran «el Pretendiente», él no pretendía nada. Cuando a veces yo intentaba ponerme en el lugar de mi padre me entraban escalofríos, José Luis. Cuando el conde de Barcelona denunciaba que mi investidura como sucesor «a título de rey» no había sido democrática, hacía de ello una cuestión de principios, sabiendo que no me facilitaba las cosas. ¿Pero qué otra cosa podía hacer? Si bien nuestra meta común era el restablecimiento de la Monarquía, nuestros caminos para llegar a él eran muy diferentes. El 14 de junio de 1975 mi padre declaró en Estoril que concebía la Monarquía como garantía de los derechos del hombre y de sus libertades, pero que la iniciativa en favor de una restauración debía ser tomada por los españoles cuando tuvieran la posibilidad de expresarse libremente. Cuatro o cinco días más tarde, Antonio Poch, el embajador de España en Portugal, comunicó a mi padre que en adelante le estaba prohibido el acceso al territorio español. Pero sabes, José Luis, en Madrid nadie se tomó la molestia de ponerme al corriente de esta decisión.

Las fieras heridas reaccionan siempre con furor asesino. En septiembre de 1975, dos militantes de ETA y tres del FRAP fueron pasados por las armas en Madrid, Barcelona y Burgos. Su ejecución fue una decisión tomada personalmente por el general Franco y ninguno de sus ministros se atrevió a oponerse formalmente. El alboroto internacional causado por aquellas ejecuciones fue considerable. Se asaltaron las embajadas españolas de toda Europa. La de Lisboa fue saqueada de arriba abajo. Una docena de países retiraron a sus embajadores. Una vez más, España se aislaba del mundo.

La noche que precedió a la ejecución de los condenados, Franco fue a acostarse dando orden de que no le despertaran bajo ningún pretexto. Así quedaron sin respuesta las llamadas del papa Pablo VI y de numerosos jefes de Estado.

—¿Intervinisteis personalmente, Señor, para pedir la gracia de los condenados?

—Sí, pero sin el menor éxito. En lo que respecta a mi padre, que también la había pedido, ni siquiera se dignó a contestarle.

—¿Cómo explicáis la actitud implacable de Franco en ese lamentable asunto?

—Pienso que creía que la menor debilidad por su parte (para muchos hombres la clemencia es una debilidad) socavaría su autoridad y precipitaría la degradación de su régimen.

El 1 de octubre de 1975, Franco hizo su última aparición pública. Una muchedumbre enorme, debidamente orquestada —se habló de más de un millón de personas—, se concentró en la plaza de Oriente para manifestar su adhesión al dictador. El General se asomó a uno de los balcones del palacio real y saludó al gentío con una mano sacudida por espasmos parkinsonianos. Franco se había convertido en un viejecito que llevaba gafas de sol y cuyas mejillas parecían modeladas en cera. Con una voz apenas audible a pesar de la megafonía instalada en la plaza y en las calles vecinas, el anciano agradeció a la muchedumbre que hubiera venido para mostrarle su apoyo. Dijo que las cosas iban mal en el país, y como siempre se refirió a un complot judeo-masónico contra España, de la subversión comunista y de los agentes de la izquierda vendidos al oro de Moscú. Terminó su discurso diciendo con una voz que ya no controlaba los agudos: «Evidentemente, el ser español vuelve a ser una cosa seria en el mundo.» La muchedumbre gritó las consignas habituales. «Muera el comunismo», «ETA al paredón», «No queremos apertura sino mano dura», etcétera. Inmediatamente después, la gente cantó el *Cara al sol*, el himno de la Falange. Entonces el general Franco comenzó a sollozar. Detrás de él y junto al cardenal primado de Toledo, manteniéndose inmóvil, con el rostro impenetrable y el aire triste, se hallaba el sucesor «a título de rey». No levantó el brazo para saludar a la romana, como hicieron todos los que rodeaban a Franco, como lo hizo el propio cardenal.

El 14 de octubre de aquel mismo año el general Franco siente de pronto, en su casa, un fuerte dolor en el pecho y dificultad para respirar. Su médico personal, el doctor Pozuelo, teme los primeros síntomas de un infarto. Llama a consulta a Cristóbal Villaverde, jefe de los servicios de cardiología de la clínica La Paz, y éste dispone lo necesario para que se haga un electrocardiograma a su suegro, pero insiste en que se realice discretamente y en el mayor secreto, a fin de que la nueva recaída del General no sea conocida en el exterior. Hace venir a El Pardo un equipo de médicos de su elección para que vigile permanentemente la salud de Franco. Se transporta material clínico —siempre de noche— a El Pardo, porque Villaverde se opone a que su suegro sea internado de nuevo en La Paz, donde sería imposible mantener en secreto la evolución de la enfermedad de su ilustre paciente.

El 16 de octubre de 1975, la crisis latente en el Sahara español acaba por estallar. El rey Hassan II amenaza con invadir el territorio ocupado por el ejército español a la cabeza de millares de marroquíes —hombres, mujeres y niños— cuyas únicas armas habían de ser las banderas del reino magrebí. Es la Marcha Verde.

En paralelo con la crisis política, la enfermedad de Franco se agrava cada día. Dolencias cardiacas, hemorragias, problemas gástricos. El dolor se encarniza en el cuerpo debilitado del dictador. «¡Qué difícil es morir!», dirá a su médico cuando entre en agonía. El Gobierno pierde la cabeza. Arias no sabe qué hacer. Varios ministros le incitan a nombrar de nuevo a don Juan Carlos jefe del Estado.

—¿Es cierto, Señor, que cuando Carlos Arias vino a proponeros convertiros en jefe del Estado por segunda vez, os dijo: «La única cosa que os pido, Alteza, es que no exijáis de mí lo que nunca podré hacer: pedirle a Franco que renuncie definitivamente a sus poderes»?

—Carlos Arias estaba muy afectado por los sufrimientos del General. Todos lo estábamos, es cierto, aun sin saber que la atroz agonía del General no hacía más que comenzar. Después de la primera recaída, Carlos Arias vino a verme con Alejandro Rodríguez de Valcárcel para decirme que convenía aplicar de nuevo el artículo once de la Ley Orgánica que me convertiría, por segunda vez, en jefe del Estado. Les dije: «No, esta vez no acepto.» Se quedaron cortados. «No podéis —les expliqué— serviros de mí como del comodín de una baraja. Acepté una primera vez ocupar el lugar del General siendo perfectamente consciente de que se trataba de un... digamos trabajo de interino. Pero esta vez la situación es diferente. El asunto del Sahara puede estallar en cualquier momento y sólo aceptaré las responsabilidades de jefe del Estado a condición de tener las manos libres para actuar como lo haría si fuera rey. Si solicitáis mi jefatura porque Franco ha tenido una recaída de la que se puede recuperar, la respuesta es no. No aceptaré ser por segunda vez jefe del Estado salvo si los médicos que atienden al General me dicen que, incluso si puede durar dos o tres meses, la gravedad de la enfermedad es irreversible.

—¿Supo Franco que habíais rechazado este segundo nombramiento?

—Fui a verle y le dije: «Mi general, ni usted ni yo tenemos prisa. Esperemos a ver cómo evoluciona la enfermedad. Bien puede ocurrir que se recupere usted como ya hizo una primera vez. Debe comprender que eso me pondría en una situación imposible. Usted me ha nombrado su sucesor a título de rey y no pienso que de momento haya ningún motivo para sucederle.» Franco me escuchaba sin decir nada. Pero creo que sabía muy bien que esta vez era de verdad «el principio del fin», como él mismo había dicho a su médico. Aun así, como a la mayoría de los enfermos, le costaba admitirlo. Muy pronto, en cuanto regresó a El Pardo, su estado fue desesperado. Fui de nuevo a visitarle allí, esta vez con doña Sofía, y sus médicos me dijeron que no tenía ninguna posibilidad de sobrevivir. Que quizá se podría prolongar su existencia dos o tres meses más, pero que la gravedad de la enfermedad era irreversible. Entonces llamé a Carlos Arias y le dije que podía preparar el decreto de mi nombramiento como jefe del Estado.

—¿Acaso no hubiera podido Franco, desde su lecho de hospital, y conociendo la gravedad de su estado, hacer de Vuestra Majestad, de una vez por todas, rey de España?

—Hubiera podido, sí, pedir a las Cortes...

Don Juan Carlos interrumpe su frase y se encoge de hombros diciendo:

—Pero no lo hizo.

—Cuando Hassan II decidió poner en movimiento la Marcha Verde, ¿estaba él al corriente de la enfermedad de Franco, Señor?

—Seguramente debía de sospechar algo, pero no creo que supiera que Franco agonizaba. No, no creo que pueda decirse que Hassan se aprovechó de las circunstancias. La tensión entre Rabat y Madrid venía de lejos. Corrían los tiempos de descolonización en todos los lugares del mundo y nos había llegado el turno. La Haya había dictado ya sentencia sobre el conflicto. Se reconocía a los habitantes, bajo control español, el derecho a la autodeterminación. Pero todavía en Madrid no se sabía muy bien lo que había que hacer. El Gobierno se hallaba dividido entre dos opciones. Una era favorable a un rápido entendimiento con Marruecos y a retirar nuestras tropas. Otra se inclinaba hacia las tesis argelinas, que más tarde serían las del Polisario: la lucha a ultranza.

—¿Qué pensáis que hubiera hecho Franco de no estar enfermo?

—No me gusta hacer hipótesis sobre lo que otro hubiera hecho en mi lugar. Franco, como sabes, era un «africano». Había hecho una gran parte de su brillante carrera en tierras de África. Sabía que los marroquíes son temibles combatientes y que esta vez no estaba frente a un Abd-el-Krim cualquiera, sino ante un rey muy inteligente, además de buen estratega y astuto diplomático. No puedo estar seguro, pero creo que si Franco hubiera estado en mi lugar hubiese jugado fuerte pero sin empecinarse en una guerra colonial que nos habría costado la condena general.

—¿Cuál era a esas alturas del conflicto la moral del ejército en África?

—Temo repetirme si digo que los militares necesitan que se les mande. Y en aquel momento no tenían a quien lo hiciera. El Gobierno parecía no acostumbrarse a la ausencia de Franco a la cabeza del Estado. El general Gómez de Salazar, que estaba al mando del ejército español en el Sahara, se encontraba prácticamente encomendado a su propio criterio. Pero él había comprendido y aceptado que la descolonización era ineluctable. Dicho esto, Salazar no iba a tolerar la menor violencia contra sus tropas. Así que decidí tomar el asunto en mis manos. Yo era de nuevo el jefe del Estado, pero esta vez las condiciones eran distintas. Durante el verano de 1974, sólo pude hacer lo que De Gaulle llamaba «inaugurar crisantemos». En octubre de 1975 la situación era crítica y resultaba necesario tomar decisiones de una extrema gravedad. Desde que Franco cayó enfermo, había en España un innegable vacío de poder. Nadie se atrevía a moverse, nadie se atrevía a actuar, ni a tomar la menor decisión. Reuní por lo tanto en La Zarzuela, además de al jefe del Gobierno y al ministro de Asuntos Exteriores, a todos los jefes de Estado Mayor del ejército. Les anuncié que a la mañana siguiente iba a tomar un avión para ir a El Aaiún. Se quedaron petrificados. Pedro Cortina, el ministro de Asuntos Exteriores, exclamó: «¡No podéis ir allí!» Pero me di cuenta de que, si bien guardaban silencio, los militares aprobaban mi decisión. Entonces les dije: «Escúchenme todos: Franco se encuentra a dos pasos de la muerte y yo soy el heredero... en funciones. Por lo tanto voy a ir a El Aaiún para explicar a Gómez de Salazar y a sus hombres lo que debemos hacer y cómo vamos a hacerlo. Vamos a retirarnos del Sahara pero en buen orden y con dignidad. No porque hayamos sido vencidos, sino porque el ejército español no puede disparar sobre una muchedumbre de mujeres y niños desarmados.»

—¿Pensáis de verdad que el rey Hassan hubiera hecho avanzar a esa muchedumbre para invadir las posiciones españolas?

—Sin necesidad de prismáticos se veía desde El Aaiún un gentío enorme que agitaba banderas verdes y sólo esperaba una orden para avanzar hacia los cañones de nuestras ametralladoras. Y te aseguro, José Luis, que en primera línea se podían ver más mujeres y niños que hombres. Estaba convencido de que si no cedíamos habría tenido lugar una carnicería horrible... En cuanto llegué a El Aaiún, arengué a las tropas explicándoles que no se trataba en absoluto de abandonar nuestras posiciones precipitadamente, pero que por otro lado no podíamos disparar sobre esa multitud de gente que avanzaba hacia nosotros con las manos desnudas. Y que por lo tanto íbamos a negociar una retirada en condiciones perfectamente honorables. Creí oír un suspiro general de profundo alivio. Sabía que el tono de mi discurso sería conocido inmediatamente en Rabat. En cuanto regresé a Madrid, presidí un Consejo de ministros reunido a toda prisa. Y yo dije a Pedro Cortina: «Dentro de poco me llamará por teléfono el rey de Marruecos para decirme que va a detener la Marcha Verde.» El ministro de Asuntos Exteriores me miró asombrado.

—¿No habíais tenido anteriormente ningún contacto con Hassan?

—Ninguno.

—Entonces, ¿cómo sabíais que os iba a llamar por teléfono?

—Lo sabía antes de salir para El Aaiún. Conozco a los norteafricanos. Les gustan los «gestos». Y para ellos el más hermoso de todos los gestos es el del capitán poniéndose al frente de sus tropas. Así pues, repetí a Pedro Cortina: «Sí, el rey Hassan va a llamarme y lo hará para felicitarme. Y ahora, caballeros —dije al resto de los ministros— van ustedes a explicarme lo que debo decir al rey de Marruecos. Porque ése es su papel, no el mío.» Todos reflexionaban sobre lo que había que decir a Hassan cuando un ayudante vino a decirme que el rey de Marruecos estaba al teléfono. En cuanto tomé el aparato oí a Hassan que me decía: «Te felicito por tu gesto. Ahora podremos discutir con toda serenidad.» Y Hassan suspendió definitivamente la Marcha Verde. Más tarde se nos acusó de habernos retirado de El Aaiún demasiado deprisa y en desorden. Es absolutamente falso. Gómez de Salazar era un hombre prudente y meticuloso al que le gustaba hacer las cosas bien y que sentía un enorme respeto por sus soldados. Dicho esto, en ese tipo de operaciones, en las que no se dispone del tiempo deseado, siempre hay fallos. Para mí, lo importante era detener esa alocada marcha de varios centenares de miles de personas dispuestas a todo para recuperar un territorio ocupado por fuerzas extranjeras. Por lo tanto, en el plano militar El Aaiún fue un éxito. En el plano político es evidente que se hubieran podido hacer mejor las cosas. Pero los que se ocupan de la política son los políticos, no yo...

Siento que don Juan Carlos desea añadir algo que le resulta importante. Y lo hace de una manera enigmática:

—Sabes, José Luis, a veces el rey de España abre puertas, pero nadie aprovecha para entrar tras él.

Y es verdad que a menudo don Juan Carlos, poniendo en juego su prestigio personal, consigue que se abran puertas hasta entonces cerradas en los ámbitos más diversos, sin que nadie, ni comerciantes, ni industriales, ni jefes de empresa, sepan sacar provecho de la ocasión.

El 20 de noviembre de 1975, a las cuatro y veinte de la madrugada, el general Franco pasó a mejor vida en medio de atroces sufrimientos. Hubiese podido morir mucho antes, si no apaciblemente al menos sin que su cuerpo hubiera tenido que soportar la inútil carnicería a la que fue sometido. Pero Cristóbal Villaverde y los Franco tenían una única preocupación: mantener vivo a Franco hasta el 26 de noviembre. ¿Por qué estaban obsesionados con esa fecha? Porque el 26 de noviembre expiraba el mandato del presidente de las Cortes, Alejandro Rodríguez de Valcárcel, franquista hasta la médula y portaestandarte de la familia. Villaverde creía que si Franco estaba todavía vivo para esa fecha, podría renovar el mandato de Valcárcel, que desde su puesto estaría en condiciones de impedir a don Juan Carlos desmantelar el régimen franquista y poner en marcha la transición democrática. En el fondo de sí mismo, Villaverde todavía abrigaba la esperanza de ver a Franco volverse atrás en su decisión primera y nombrar sucesor «a título de rey» a don Alfonso de Borbón Dampierre en lugar de don Juan Carlos, lo que haría de su hija Carmen —nieta del dictador— la futura reina de España.

—¿Creéis, Señor, que Franco conservó hasta el final la lucidez mental necesaria para darse cuenta de las intrigas que se tramaban a su alrededor?

—No, no lo creo. Franco vivió las últimas semanas de su vida en un estado semiconsciente que le impedía darse cuenta de cualquier cosa. Diría incluso que todo el año que precedió a su muerte se encontró muy por debajo de sus capacidades habituales. Hacía esfuerzos considerables para hacer creer que no estaba tan mal. Presidía el Consejo de ministros (con los médicos preparados para cualquier urgencia en la habitación de al lado), recibía visitas y viajaba en coche de Madrid al Pazo de Meirás donde le gustaba descansar los meses de verano. Quizá él mismo no se daba cuenta de la gravedad de su estado.

—El final de ese hombre daba escalofríos de horror a sus enemigos más encarnizados. El día en que murió Franco, alguien propuso a Felipe González descorchar una botella de champán para festejar el acontecimiento. Felipe lo rechazó secamente: «No seré yo quien beba por la muerte de un español.»

—Lo contrario me hubiera extrañado —murmura don Juan Carlos.

—¿Estabais al corriente del miedo de los Franco por lo que podía sucederles a la muerte del General?

El rostro de don Juan Carlos se cierra.

—¿Miedo? ¿Miedo de qué? Los Franco sabían, porque yo se lo había repetido hasta la saciedad, que mi primera preocupación en cuanto estuviera a la cabeza del Estado sería impedir por cualquier medio que se hiciera un memorial de agravios cometidos por el régimen franquista. Porque, sabes, en mi opinión no había que empantanarse en revanchas y venganzas personales que hubieran supuesto un retorno a los tiempos de la posguerra civil. Constantemente repetía a mi alrededor que debíamos conseguir una transición sin enfrentamientos ni sobresaltos, y que para eso no había que empeñarse en una ruptura brutal entre el antiguo régimen y la democracia que todos queríamos. Y tengo que decirte, José Luis, que gente de la que no se podía poner en duda su lealtad al franquismo me comprendió y me siguió. Incluso sin creer en los beneficios de la democracia, estaban dispuestos a colaborar con el nuevo poder de manera que las cosas pasaran con suavidad. Naturalmente, también había gente de esa que no cambiará jamás y que únicamente sueña con provocar violencias. Pero era una minoría en un país en el que la mayoría de los ciudadanos reveló una sabiduría ejemplar.

De nuevo se produce un largo silencio. Después, de repente, don Juan Carlos añade:

—Lo que voy a decirte, José Luis, no lo comprenderá todo el mundo... Pero si uno lo piensa bien... A menudo me he preguntado si la democratización de España hubiera sido posible al finalizar la guerra civil.

—Probablemente no, Señor.

—Eso creo yo. Todo lo que hice en cuanto me vi con las manos libres pude hacerlo porque antes habíamos tenido cuarenta años de paz... Una paz, estoy de acuerdo, que no era del gusto de todo el mundo... pero que, de todos modos, fue una paz que me transmitió unas estructuras en las que me pude apoyar...

Dejo que el silencio se instale de nuevo unos instantes, y después le pregunto a don Juan Carlos:

—¿Cuáles fueron las últimas palabras que os dirigió Franco antes de morir?

—La última vez que le vi ya no se encontraba en estado de hablar. La última frase coherente que salió de su boca en mi presencia, cuando ya se hallaba prácticamente en la agonía, es la que he mencionado ya, referida a la unidad de España. Más que sus palabras, lo que me sorprendió sobre todo fue la fuerza con que sus manos apretaron las mías para decirme que lo único que me pedía era que preservara la unidad de España. La fuerza de sus manos y la intensidad de su mirada. Era muy impresionante. La unidad de España era su obsesión. Franco era un militar para quien había cosas con las que no se podía bromear. La unidad de España era una de ellas.

XIII

—Hay gente en Europa (historiadores, analistas políticos, grandes industriales) que a menudo me pregunta cómo hizo España para pasar de una dictadura de más de cuarenta años a una democracia con un rey constitucional al frente, todo ello sin demasiada agitación ni conmociones. La respuesta que me viene a los labios es siempre la misma. Les digo que en nuestro país llamamos a don Juan Carlos «el motor del cambio» porque fue él quien permitió que se produjera esa transformación radical de la sociedad española, transformación que muy poca gente creía posible. La segunda pregunta que me plantean luego es la siguiente: ¿cómo lo hizo? Y en este punto hay tantas explicaciones que pierdo el norte. ¿Cuál sería su explicación, Señor?

—Pues... bien. Comenzaría por decirles que cuando ocupé el trono tenía dos bazas importantes en la mano. La primera era el apoyo incontestable del ejército. En los días que siguieron a la muerte de Franco, el ejército hubiera podido hacer lo que le diera la gana. Pero obedeció al Rey. Y seamos claros, le obedeció porque yo había sido nombrado por Franco, y en el ejército las órdenes de Franco, incluso después de muerto, no se discutían. Dicho esto, conviene señalar que ese apoyo del ejército no engendró una política militarista, más bien al contrario. Pero hay que decirlo, porque mucha gente asocia todavía a los militares con la política de «ordeno y mando».

—¿Cuál era su segunda carta, Señor?

—La sabiduría popular. La sabiduría de los españoles consistió en saber esperar. No en echarse a la calle, como tantas veces lo habían hecho, con la navaja en las manos. Esta vez los españoles se dijeron pensando en mí: «Todavía no conocemos a este hombre. Dejémosle que se explique antes de aceptarlo o rechazarlo.» Torcuato Fernández Miranda tenía razón cuando me decía: «Todo dependerá de vuestro primer discurso. Es preciso decir a los españoles lo que queréis hacer y cómo lo vais a hacer.» Seguí al pie de la letra el consejo de Torcuato. Y en aquel primer discurso de la Corona dije muy claramente que quería ser el rey de todos los españoles.

—Una frase capital que había apartado del trono a vuestro padre, el conde de Barcelona.

—Sí, pero que había hecho mía tiempo atrás.

—¿Cómo y quién trabajó el primer discurso de la Corona?

—Aquel primer discurso de la Corona ante las Cortes fue mío, solamente mío. En aquellos momentos, acuérdate, José Luis, yo podía hacerlo todo y decirlo todo. Todavía no teníamos Constitución y yo había heredado todos los poderes de Franco, que eran inmensos. Durante todo un año fui el único dueño de mis palabras y de mis actos. Y utilicé aquel poder, en primer lugar, para decir a los españoles que en el futuro ellos eran quienes deberían expresar su voluntad.

—Todo eso, vuestro padre el conde de Barcelona no hubiera podido...

—No. Durante los cuarenta años que duró el régimen franquista fue insultado, humillado, amenazado. Y desgraciadamente, aquella campaña dio sus frutos. Mucha gente creía sinceramente que mi padre hubiera puesto en peligro el equilibrio logrado en cuarenta años de paz. El ejército no le hubiese apoyado. Cuando dijo por primera vez que quería ser el rey de todos los españoles, los vencedores de la guerra civil se sintieron directamente amenazados. Y para aquella gente, el conde de Barcelona se convirtió desde entonces en la persona que podía aguar la fiesta y a la que a toda costa había que neutralizar. El ejército no le hubiera prestado jamás el apoyo del que yo me he beneficiado.

Después de un titubeo, don Juan Carlos añade:

—Si después de la muerte de Franco el ejército no hubiese estado de mi parte... otro gallo hubiera cantado.

—Hace algunas semanas me encontré en una cena al rey Fuad de Egipto, el hijo mayor del rey Faruk, destronado por los militares de Naguib y de Nasser. Cuando Faruk se fue de Egipto, su hijo Fuad era todavía un niño de corta edad. Solamente fue rey algunos días. Hoy es un hombre discreto y afable que vive en París sin hacerse notar. Después de la cena me llevó a un rincón y me preguntó todo tipo de cosas sobre Vuestra Majestad. «Tu rey me fascina —me dijo—, ¿cómo lo hizo?» Hay en Europa unos cuantos pretendientes y antiguos reyes que se hacen la misma pregunta. ¿Cómo lo hizo? Todos se imaginan poder imitar algún día el ejemplo del rey español. ¿Qué les diríais, Señor?

—No tengo por qué dar lecciones a nadie, pero si se presentara el caso les diría que ante todo hay que tener en cuenta la diferencia entre España y los antiguos países del Este. Les diría que yo heredé un país que había conocido cuarenta años de paz y que durante esos cuarenta años se formó una clase media poderosa y próspera, una clase que prácticamente no existía al final de la guerra civil. Una clase social que en poco tiempo se convirtió en la columna vertebral de mi país. También les diría que el ejemplo del rey español no es exportable a países que están económicamente arruinados tras setenta años de comunismo. Es verdad que en ciertos países del Este se habla a veces de un posible retorno de la Monarquía. Pienso que en esos países debe de haber políticos que, sin saber a qué santo encomendarse, se preguntan: «¿Y si trajéramos al rey?» Si el rey en cuestión aceptara regresar a su país, se le recibiría probablemente como a un salvador, un héroe capaz de resolver en poco tiempo toda clase de problemas. Y ahí está la trampa. En un país en quiebra económica, en un país agotado, nadie, ni siquiera un rey, puede hacer grandes cosas en poco tiempo. Al no mostrarse capaz de poner fin rápidamente a la miseria económica, el rey sería repudiado con un entusiasmo similar al que lo había recibido a su llegada. Incluso se le haría responsable de problemas que ya existían cuando todavía estaba en el exilio.

—Algunos de esos antiguos reyes, que han vivido toda su vida en el extranjero, ni siquiera hablan correctamente la lengua de su país de origen.

—Eso es ya un inconveniente terrible. Mi padre tenía razón cuando decidió contra viento y marea enviarme a que hiciera mis estudios a Madrid. ¿Tú crees, José Luis, que yo hubiera podido hacer lo que he hecho en España si hubiera pasado toda mi juventud en Portugal o en Suiza y hubiera regresado a mi país hablando español con acento francés?

—Es evidente que no.

—Yo no soy muy optimista en cuanto a la restauración de las antiguas monarquías en los países del Este. A veces hablo de ello con el rey Simeón de Bulgaria, que llegó a España cuando era un niño. Él habla perfectamente el búlgaro y se mantiene muy al tanto de los problemas de su país. Tiene compatriotas que le presionan para que regrese a Bulgaria. Pero él se pregunta: «¿Dispondré de los medios económicos necesarios para iniciar cambios inmediatos? No. Y no quiero ser el rey de Bulgaria durante unos años. Si vuelvo allí será para siempre.» Y en mi opinión, José Luis, el rey Simeón tiene toda la razón.

—Al comienzo de estas conversaciones me preguntabais si cuando fuisteis proclamado rey existía en España el sentimiento monárquico. Yo os respondí que no, pero que muy pronto la gente se hizo «juancarlista». Tuve la impresión de que eso os disgustaba.

—No, José Luis, no es que la existencia del «juancarlismo» me disguste; íntimamente me siento muy halagado, pero me preocupa. Me preocupa porque un hombre, un rey, puede hacerse querer muy rápidamente. A veces basta poca cosa, un gesto que impresiona, una palabra pronunciada en el momento justo, qué sé yo... Pero una monarquía no arraiga en el corazón de un país de la noche a la mañana. Se necesita tiempo. Y el tiempo pasa tan rápido...

Mi tarea consiste en obrar de forma que los españoles vuelvan a reanudar la tradición monárquica. No es fácil, después de cuarenta años durante los cuales la Monarquía ha sido muy a menudo denigrada. Tres o cuatro generaciones de españoles han oído decir de nosotros cosas más malas que buenas. Y yo tengo que llegar a demostrar a los españoles que la Monarquía puede ser útil al país. Personalmente no quiero hacer declaraciones a propósito del «juancarlismo» en relación con la Monarquía. Si Dios me da vida, continuaré trabajando para que los españoles acepten que esa persona a la que llaman familiarmente «Juan Carlos» encarna una institución, y que es esa institución lo que cuenta. De momento hago todo lo que puedo para que mi hijo, el príncipe de Asturias, siga el consejo que me dio el general Franco: «Alteza, haced que los españoles os conozcan.» Y espero que don Felipe se haga querer por los españoles tanto como al parecer me quieren a mí. Eso es todo lo que pido.

—El hecho de que un rey se reúna o mantenga relaciones en privado con otro rey, ¿puede simplificar las relaciones entre dos países?

—¿En qué reyes estás pensando?

—En, por ejemplo, Vuestra Majestad y el rey Fahd de Arabia.

—Sí, ya veo. Mis relaciones con el rey Fahd de Arabia son ciertamente más fáciles que las que podría tener con un dictador africano cualquiera. Sí, con el rey Fahd me entiendo muy bien, así es desde que los dos nos conocimos cuando éramos príncipes herederos. Me acuerdo que cuando Franco todavía vivía, hubo, no recuerdo muy bien el año, una crisis petrolera que nos afectó de forma bastante grave. Barrera de Irimo, que entonces era ministro de Economía, vino a verme para decirme: «Alteza, las reservas de petróleo en España están bajo mínimos. Me pregunto si Vuestra Alteza, habida cuenta de sus relaciones personales con el príncipe Fahd, no podría explicarle que un envío rápido de petróleo nos sacaría de apuros. Si hiciéramos esa petición de Gobierno a Gobierno, las negociaciones durarían meses, mientras que...» Barrera no terminó su frase, pero comprendí que iba a decir que «entre príncipes las cosas se arreglan más rápidamente». Y tenía razón. Envié un emisario al príncipe Fahd y su respuesta fue inmediata. «Decid a mi hermano el príncipe don Juan Carlos que le enviaremos todo el petróleo que España necesite.» Poco tiempo después recibíamos de Arabia Saudí el petróleo necesario para remontar la crisis.

—A pesar de esa amistad, creo que los árabes reaccionan bastante mal a las tomas de posición de España respecto a Israel.

—Es verdad. Pero ahí se da también un ejemplo de lo que puede hacer un rey para desdramatizar la situación. Es evidente que el Gobierno español no podía tener en cuenta el estado de ánimo de los árabes cuando nuestro entendimiento con Israel era cada vez más necesario. Pero yo sí que podía. En tanto que amigo personal de muchos dirigentes árabes, podía intervenir entre bastidores. Dije entonces a mis «hermanos» árabes: «Escuchad, no se trata de traicionar una amistad, y mucho menos de dejar de lado nuestros lazos fraternales. Podéis pedirme muchas cosas, pero no podéis exigir de un Estado democrático como España que no tenga relaciones diplomáticas y comerciales con otros Estados democráticos, entre ellos Israel.» Ellos aceptaron mis puntos de vista, aunque de mala gana. Quizá no hubieran reaccionado de la misma manera ante las explicaciones del presidente de una república. El emir de Kuwait, el jeque Zayed, de Abu-Dhabi (¡un personaje extraordinario!), incluso a veces el rey Fahd, han acudido a mí pidiéndome que les ayudara a resolver los problemas de Oriente Medio. Y yo siempre les respondo: el Gobierno español y yo mismo estamos dispuestos a ayudaros en la medida de nuestras posibilidades, pero para eso es necesario que lo pidáis en conjunto, y no cada uno por separado.

—Nunca lo harán.

—Nuestros amigos árabes sienten una gran consideración

por España. De algún modo somos su paraíso perdido. Ellos fueron quienes quisieron que la Conferencia de la Paz se celebrara aquí, en Madrid. Y era la primera vez en treinta años que aceptaban reunirse para tratar de sus problemas.

—El hecho de que España tenga a su cabeza un rey ha facilitado, por lo tanto, nuestras relaciones con el mundo árabe.

—En lo que concierne a los Estados monárquicos, sin duda alguna.

—¿Pensáis, Señor, que los contactos privilegiados que mantenéis con el rey Fahd y los emires, los tenéis porque os consideran *one of us*?

—Es una idea a tener en consideración —sonríe don Juan Carlos—. Pero tú sabes que, a pesar de la amistad que nos une con los saudíes (ellos prefieren hablar de «fraternidad»), las relaciones con ellos no siempre son fáciles. El Islam es un mundo hermético para los que no intentan adaptarse a su puritanismo, a su código del honor, al respeto muy estricto de su religión. Y además, a los saudíes no les gusta hablar otro lenguaje que no sea el suyo. Así que uno se encuentra raras veces a solas con ellos. Siempre está presente un intérprete. Creo, sin embargo, que muchos de ellos se sirven del intérprete porque así entre la pregunta que tú les haces en inglés (un idioma que casi todos entienden) y su respuesta, tienen más tiempo para reflexionar tranquilamente. El rey Fahd, por ejemplo, entiende muy bien el inglés, pero lo habla con cierta dificultad. A veces, cuando nos encontramos en privado, despide al intérprete y hablamos los dos en inglés. Pero en principio, cuando conversa con un extranjero siempre hay un intérprete a su lado. Eso impide que su interlocutor se sienta a sus anchas, lo cual, por otra parte, constituiría una grave falta contra el rígido protocolo que ordena su vida. El rey de Arabia no debe tener relaciones demasiado personales con un extranjero.

—Salvo con el rey de España.

—España no es del todo un país extranjero para el rey

Fahd, que me llama su «hermano». Me quiere y me manifiesta una amistad que yo le devuelvo de todo corazón.

—Los árabes tienen también una concepción del tiempo muy diferente de la nuestra.

—Casi todos los príncipes árabes que yo conozco han pasado una parte de su tiempo en el desierto, su verdadera patria. Y en el desierto, la idea del tiempo escapa a toda lógica. A nosotros, europeos, dominados por la impaciencia, el desprecio que los árabes sienten por el tiempo nos pone a veces al borde de la exasperación.

—¿Sabéis que hace algunos años fui a Riad para hacer una entrevista al rey Faisal? No me habían precisado ni la fecha, ni la hora de la cita. Simplemente me habían dicho: «Venga usted», lo que en sí ya era asombroso. Al cabo de una semana en mi habitación del hotel, pegado al teléfono, perdí toda paciencia y anuncié a quien correspondía que regresaba a París. Creyeron que de repente me había vuelto loco. No lograban comprender mi actitud. Uno de los hombres del protocolo me decía: «¿Pero por qué? ¿No se encuentra bien aquí? ¡Si es el mejor hotel de la ciudad, y usted es el invitado del Rey!»

—¿Y te fuiste sin ver a Faisal?

—No, me recibió diez días más tarde. Y, entre otras cosas, me preguntó si acababa de llegar.

—Este concepto que los árabes tienen del tiempo y que nosotros nos resistimos a admitir —me explica don Juan Carlos—, ha hecho perder bastantes contratos a europeos que, como tú, se exasperaban por interminables demoras. Sólo los que sabían tomárselo con paciencia llegaban a veces a hacer el negocio de su vida.

—¿De qué forma reaccionan los monarcas árabes cuando les habláis de democracia?

—Ni bien ni mal. Creo que, simplemente, no lo entienden. La igualdad entre los hombres es una noción que no tiene lugar en su escala de valores. No es que rechacen de golpe la idea de democracia. No saben ni lo que quiere decir ni cómo funciona. Por ejemplo, cuando la prensa esñola la toma de un modo más o menos desagradable con Marruecos y con su rey, Hassan me llama por teléfono y me dice, verdaderamente apenado: «¿Pero cómo es posible que toleres que tus periódicos digan esas cosas sobre mi país y sobre mí? ¿Cuándo vas a acabar con eso?» Entonces, con paciencia, le explico que no son «mis periódicos» y que yo, personalmente, no puedo impedir que la prensa española exprese libremente sus opiniones. ¡Estamos en una democracia!, le digo. Pero tengo la impresión de que, aun siendo un hombre muy inteligente y muy preparado, Hassan no llega a comprenderme. A veces incluso me pregunto si me cree. Este tipo de malentendido me entristece porque sé que al rey Hassan le gusta mucho España y, después de todo, somos vecinos y tenemos que ayudarnos el uno al otro. Lo único que verdaderamente nos separa es el Estrecho.

—Y la democracia.

—Sí, y la democracia... Pero a pesar de esa falta de comprensión, los lazos entre España y el Magreb son muy, muy importantes.

—¿Tan importantes como los que nos unen con Hispanoamérica?

—Con Hispanoamérica nuestros lazos son lazos de familia.

—¿La Madre Patria?

—Nunca empleo allí esa expresión. Cuando les hablo de España digo siempre «vuestra patria hermana». Son ellos, los hispanoamericanos, los que hablan a menudo de la Madre Patria. Sabes, José Luis, creo que lo que nos une con Hispanoamérica va más allá de las frases hechas, de los tópicos y de los clichés. Cuando viajé por primera vez a Costa Rica, su presidente me recibió con estas palabras: «Hace cuatrocientos años que esperábamos la visita del rey de España.»

—Hermosa retórica, Señor.

—No. Hay algo más que eso. Que el presidente costarricense me recibiera con esas palabras significaba muchas otras cosas. Cuando pasaba por las calles de la capital en coche descubierto, los muchachos corrían a lo largo del cortejo gritando: «¡Ha vuelto nuestro rey! ¡Ha vuelto nuestro rey!» Cuando viajo a Hispanoamérica soy realmente bienvenido. La deferencia que me muestran no es solamente protocolaria, brota de un sentimiento más sincero, más hondo. Durante la Conferencia de la Paz, en Guadalajara (México), estaban allí todos los jefes de Estado iberoamericanos. Pues bien, cuando cualquiera de ellos se levantaba para comenzar su discurso, se dirigía en primer lugar a Carlos Salinas de Gortari, nuestro anfitrión: «Señor presidente...» E inmediatamente después se volvía hacia mí: «Majestad...» Luego, tras unos segundos, se dirigía a los demás jefes de Estado: «Queridos compañeros, queridos amigos...» Cada vez que esto ocurría se me ponía la carne de gallina. Todos me daban testimonio de un respeto, un afecto, que nadie les había impuesto. Pero estaba claro que para ellos (comenzando por el propio presidente Salinas, que siempre me colocaba a su derecha) el rey de España no era un jefe de Estado como los demás. Era para ellos alguien aparte. Alguien especial. Un español.

—Y sin embargo México, después de 1939, no fue siempre muy amable con España.

—México no, José Luis, ciertos gobiernos de México. Pero nunca sentí la menor animosidad entre la gente del pueblo. Además, acuérdate, precisamente en 1939 los exiliados españoles fueron recibidos en México con los brazos abiertos. Fue para recordar un poco aquella generosidad de los mexicanos por lo que, en mi primera visita a su país, quise recibir personalmente a la viuda de don Manuel Azaña, una de las exiliadas republicanas de mayor relieve.

—Hermoso gesto por vuestra parte.

—Quería simplemente recordar a quienes nos recibían que hoy, en España, todos los hombres son iguales, cualquiera que sea su ideología. Además le dije a la viuda de Azaña: «Su marido y usted misma, señora, forman parte de la historia de España del mismo modo que yo.»

—Con ocasión de las conmemoraciones del Quinto Centenario del descubrimiento de América, se vuelve a hablar mucho de las exacciones y genocidios cometidos por los conquistadores españoles. Aquí mismo, en España, hay gente que intenta resucitar nuestra vieja «leyenda negra», que parece tener la piel muy dura.

—Resulta inevitable. Pero hay mucha mala fe y exageración en esos ataques contra nosotros.

—Carlos Fuentes, uno de los grandes escritores contemporáneos, escribió un artículo...

—Lo he leído.

—...en el que dice que «hay que dejarse de tonterías y de genocidios y reconocer que España nos ha legado el mayor de nuestros tesoros: la lengua española.»

—Creo, José Luis, que les hemos legado también algo muy importante: la sangre. Nuestra sangre. Pues, al contrario que los anglosajones, los españoles han mezclado su sangre con la de los habitantes de todos los países de Hispanoamérica.

Siento en don Juan Carlos cierta fatiga. Llevamos hablando varias horas. Pero no puedo evitar una última cuestión:

—¿Tuvisteis algún tipo de contacto con Fidel Castro en Guadalajara?

—Sí, naturalmente. Un hombre muy simpático, muy amable. Pero fue un contacto muy superficial. Los dos sabíamos que no podríamos conversar sobre nada verdaderamente serio.

Don Juan Carlos hace retroceder su butaca, se levanta y me tiende la mano.

—Ven un poco más tarde mañana. Tengo que recibir a Pilar Miró y felicitarla por el premio que le han dado en Berlín.

XIV

—Señor, mucha gente se asombra del escaso protocolo que rodea al rey de España, cuando en tiempos de Franco...

Don Juan Carlos me interrumpe con un gesto.

—En tiempos del general Franco no se hacía diferencia entre el jefe del Estado y la persona privada. El general Franco no se consideraba en ningún momento una persona privada. A mí me importa mucho serlo en cuanto me libero de las obligaciones de mi cargo.

—Sin embargo, no podéis...

Don Juan Carlos me interrumpe de nuevo.

—Ya sé, ya sé, José Luis. No puedo decirte: José Luis, vamos a tomarnos un whisky al bar de la esquina, porque eso desencadenaría el pánico en el servicio de seguridad. Pero sin embargo sé hacer la distinción entre el jefe del Estado y el rey de España cuando éste va a cenar a Lucio con doña Sofía y algunos amigos. Esta diferencia no la hago únicamente por mi placer personal. La hago sobre todo por respeto a los españoles.

—¿Cómo es eso, Señor?

—Es muy sencillo. Cuando el general Franco venía a Madrid por razones que no tenían nada de oficial, de todos modos abandonaba El Pardo en medio de una caravana de ocho automóviles precedida por motoristas que circulaban a toda velocidad. En las calles por las que debía ir el cortejo se prohibía la circulación con horas de anterioridad, lo que provocaba en Madrid embotellamientos gigantescos. Un día, cuando era todavía príncipe de España, me encontré yo mismo atrapado al volante de mi automóvil porque el General y su comitiva iban a pasar, de camino a no sé dónde. Vi la cara que ponían a mi alrededor los demás automovilistas y adiviné sin esfuerzo lo que pensaban. Y me dije: el día en que llegue a ser rey de España, esto cambiará. Cuando hoy me desplazo en calidad de jefe del

Estado lo hago en el Rolls oficial, con escolta y toda la parafernalia. Pero si quiero ir a tal o cual sitio como uno más, me pongo al volante de mi coche y hago como todo el mundo, en fin, desgraciadamente no como todo el mundo, porque, ya sabes, siempre estoy bajo vigilancia. Pero en todo caso, me paro en los semáforos y nadie se encuentra bloqueado en su coche porque el rey de España va al sastre. Quiero decir que si en tanto que jefe del Estado exijo todo el respeto debido a mi cargo, en cuanto que ciudadano soy yo quien tiene que respetar la libertad de movimientos de mis conciudadanos.

—Un día, en Londres —le explico a don Juan Carlos—, estaba parado en un semáforo, dentro de un taxi, cuando el chófer me dijo: «Mire a su derecha, señor.» En su voz había una especie de satisfacción respetuosa que me intrigó. Miré a mi derecha y vi un antiguo Rolls-Royce negro en cuyas profundidades estaba la reina madre de Inglaterra charlando con una amiga mientras esperaban a que el semáforo se pusiera verde.

—Eso me parece completamente natural. En el fondo es una cuestión de buena educación. Hay que molestar a la gente lo menos posible. No hay ninguna razón para impedir que nadie llegue a tiempo a su trabajo o que vuelva a su casa en el tiempo previsto porque un personaje oficial, aunque sea el rey, va a tal o cual acto que a los demás no les concierne para nada.

—No siempre debe de ser fácil.

—Sí. Es una cuestión de organización y de puntualidad. No quiero repetir el viejo tópico que dice que la puntualidad es la cortesía de los reyes, pero en lo que a mí me concierne es absolutamente exacto. Si en algún sitio esperan al rey a las doce y cuarto, el rey debe estar allí a las doce y cuarto y no a las doce y veinticinco o a las doce y media. Hago todo lo que puedo para que la gente que organiza mis desplazamientos se adapte a esa mentalidad.

—Eso no está tan claro, Señor, en un país en el que la puntualidad no siempre es bien vista. Si le invitan a uno a cenar en Madrid a las diez de la noche y llega a esa hora, es muy probable que la dueña de la casa esté todavía en el baño.

—Sí, quizá. Pero en los actos oficiales la falta de puntualidad no es admisible. Me asombró mucho la puntualidad de los japoneses. Allí dicen: «El Emperador llegará a las once y tres minutos.» Y el Emperador llega a las once y tres minutos. Todo es una cuestión de coordinación.

Don Juan Carlos hace una pausa y continúa en el mismo tono:

—Todo eso es más importante de lo que parece. Si el rey complica sistemáticamente la vida de la gente acaba por hacerse antipático. Por eso es por lo que tengo especial interés en que los españoles diferencien entre el jefe del Estado, prisionero de las obligaciones de su cargo, y el rey, un ser humano que hace lo posible para no causar demasiados problemas a sus conciudadanos. Cuando me ven atrapado como ellos en un embotellamiento, pueden decirse: Vaya, éste no se aprovecha de la situación para hacerse la vida más fácil.

—Los madrileños, Señor, no ven a menudo a un ministro atrapado en un embotellamiento. Más bien suelen verlos cruzar la ciudad a toda velocidad detrás de coches de policía cuyas sirenas ensordecen a los transeúntes. Eso incordia a la gente que, por otro lado, no piensa que los ministros tengan tanta prisa por hacer nada.

Don Juan Carlos me escucha sin hacer el menor comentario. Entonces aprovecho para explicarle:

—En París, no hace mucho tiempo, Mitterrand, interrogado en la televisión sobre los monstruosos embotellamientos que provocan algunas huelgas, dijo como quitando importancia al asunto: «Oh, eso son cosas que pasan, sabe usted. Hay que tener paciencia. Yo también pierdo mucho tiempo en los embotellamientos, como todo el mundo.» Los parisienses, que no han visto nunca al presidente Mitterrand bloqueado al volante de su automóvil, se indignaron por esas palabras. A la mañana siguiente, la popularidad de Mitterrand en los sondeos (es sabido que los franceses adoran hacer sondeos a propósito de todo y de nada) había bajado varios puntos.

—Por lo que a mí respecta —dice don Juan Carlos—, la gente sabe que no miento, porque en más de una ocasión me han visto en la misma situación que ellos. En los países nórdicos (y allí las monarquías tienen una corte que vigila cuidadosamente las actividades de sus monarcas) nadie se extraña al ver al rey ir de compras a los almacenes acompañado de un ayudante o de un amigo. Yo mismo he ido a pie por la calle con el difunto rey Olaf de Noruega y con el príncipe Harald, el actual rey, como la cosa más natural del mundo. Los nórdicos son gente muy civilizada.

—¿Sabéis que bajo la ocupación alemana los judíos de Dinamarca se vieron obligados a llevar una estrella amarilla en la solapa de su chaqueta?

—Como en toda la Europa ocupada.

—Sí, pero en Dinamarca el rey Christian salió una mañana de palacio, para su paseo cotidiano a caballo, llevando una estrella amarilla cosida en la guerrera de su uniforme.

—Qué gesto tan bonito. Así es como un rey debe identificarse con su pueblo. Sería necesario hacer mucho más a menudo gestos como ése para que se supiera que un hombre en el poder no siempre es una marioneta sin alma, sino un ser humano con sentimientos como cualquier otro, con alegrías, con frustraciones, con penas...

—En Holanda se ve a menudo a la reina Beatriz ir en bicicleta por las calles de Amsterdam. ¿No os parece que se trata de un gesto un poco demagógico, un gesto que no es en absoluto natural?

—¿Por qué? Como buena holandesa, le debe de gustar de verdad la bicicleta. En todo caso es una manera de decir a los holandeses: yo también estoy contra la contaminación.

—Quizá, Señor, pero lo que vos hacéis, conducir vuestro automóvil, pasearos por Madrid en moto...

—Eso era antes, José Luis, antes... —murmura don Juan Carlos melancólico.

—...cenar en la ciudad con la Reina, ir a casa de amigos, todo eso nunca da la impresión de ser hecho para asombrar a la gente.

—¿Sabes por qué? Porque todo lo que hago me sale de dentro.

XV

Esta tarde don Juan Carlos se mueve ya sin muletas. Se le nota listo ya para entrar en acción.

—Estamos casi al final de nuestras conversaciones —le digo— y todavía no hemos abordado un tema que me parece importante.

—¿Cuál?

—El de los discursos de la Corona. O más precisamente el de los «mensajes» que el Rey hace públicos por las fiestas de Navidad o con motivo de la Pascua Militar. Algunos esperan esos discursos con temor, puesto que el Rey toca temas que preferirían que no se tocaran.

—No hago más que decir en voz alta lo que la mayoría de los españoles piensa en voz baja. Es por lo tanto normal que haya gente a la que eso molesta. Pero ya que hablamos de mis discursos, conviene explicar qué es hoy la Monarquía española. No es una monarquía como las demás. Todavía hay gente que se pregunta si ha sido instaurada o restaurada. Para unos ha sido instaurada porque yo era el sucesor designado por Franco. Para otros fue plenamente restaurada el día en que mi padre, el conde de Barcelona, abdicó en mi favor. Lo cierto, en todo caso, es que un empresario, un campesino, un grande de España y un obrero no tienen la misma visión de la Monarquía. Pero creo que cuando el rey habla, cuando pronuncia su discurso en Navidad o con motivo de la Pascua Militar, la Monarquía es la misma para todo el mundo. Y cuando el rey se dirige a todos los españoles, lo hace en completa libertad. En Inglaterra, la reina Isabel lee un discurso de la Corona escrito por el primer ministro y sus colaboradores. Pero en lo que yo digo no hay intromisión de nadie. Y creo que ahora la gente sabe que lo que dice el rey es lo que el rey piensa.

—¿Queréis decir que el Gobierno no está al corriente de lo que el Rey va a decir a los españoles?

—Sí, el presidente del Gobierno sabe lo que yo voy a decir (no sería leal por mi parte ocultárselo), pero no sabe en qué términos voy a expresarlo. Mi discurso es el resultado de un pacto entre el presidente del Gobierno y yo. Yo le digo: «Esto es lo que voy a decir a los españoles. ¿Qué piensa usted?» Por lo general, está de acuerdo conmigo. A veces discutimos a propósito de un matiz, de una palabra que conviene o no emplear. Pero lo importante (y ése es un lujo que yo me permito) es que yo pueda decir a los españoles lo que esperan que les diga. Por lo tanto es necesario ser muy claro para que todo el mundo me entienda. Precisamente es la claridad lo que molesta a esa gente a la que les gustaría que ciertas cosas permanecieran en la sombra.

—¿Los mensajes de Navidad y de la Pascua Militar se escriben con mucho tiempo de adelanto?

—Muchas cosas pasan en el último minuto. Cosas de las que no puedo dejar de hablar.

—Siempre me ha sorprendido..., digamos, la arquitectura interna de vuestros mensajes.

—Intento que no haya un foso entre mi discurso y la realidad. Pretendo que cada español pueda creer que mis palabras le son dirigidas personalmente. Y como ese discurso va a ser oído por un empresario, por un campesino, por un grande de España y por un obrero, como decíamos antes, es importante que resulte claro, preciso, sereno y bien construido. De hecho, quiero que mis discursos (pero tienes razón, prefiero la palabra «mensaje») sean el reflejo de mi personalidad.

—En todo caso, Señor, dais la impresión de ser siempre muy juiciosamente aconsejado. ¿Cuántas personas intervienen en la «fabricación» de vuestros discursos? ¿Cuántas personas están en situación de deciros: no habléis de eso, o bien, al contrario, pediros que insistáis sobre tal o cual tema?

—Las líneas maestras de mis mensajes son siempre obra mía. Luego las discuto aquí, en palacio, con mis colaboradores más íntimos. Después, según el tema que tengo que tratar, hago que me aconsejen juristas, sociólogos, a veces el ministro de Asuntos Exteriores, incluso militares.

—¿Pero nadie toma sobre sí la responsabilidad de escribir vuestros discursos?

—No. No hay en España un *speech writer* como en los Estados Unidos o como en Inglaterra.

—En Francia, el general De Gaulle, que tenía la reputación de escribir con la elegancia de un Chateaubriand, pidió, según me han dicho, la ayuda de un gramático, y así fue como Georges Pompidou se integró en el equipo de los colaboradores del General.

—Aquí, el acabado final de mis discursos procuro dárselo yo.

—En este caso, Señor, y sin que ello sea un halago, vuestros discursos, sobre todo los dirigidos a los militares, son extremadamente equilibrados.

—Es una cuestión de lógica y de buen sentido. Pero no creas, a menudo me paso una hora antes de redactar una frase tal como la quiero. Es muy difícil escribir bien, José Luis.

—A quién se lo decís, Señor.

Y durante unos segundos nos sentimos cómplices. Suena el teléfono. Don Juan Carlos descuelga y le oigo hablar en inglés. Aprovecho la pausa para repasar mis notas. Cuando don Juan Carlos cuelga, le pregunto:

—¿De qué manera interviene el Rey en los asuntos políticos?

—No interviene.

Por el tono de su respuesta hubiera debido limitarme a eso. Pero insisto:

—De todas formas, cuando se le pregunta, el Rey debe de dar su opinión.

—Exacto. Pero solamente opiniones, y yo las doy con cuentagotas.

—¿Por qué?

—Imagina, y digo bien, que un ministro viniera a decirme: «¿Qué piensa Vuestra Majestad que debo hacer sobre tal o cual tema?» Imagina que yo le respondiera: «En su lugar, yo haría...» El ministro en cuestión podría entonces salir diciendo: «El Rey ha dicho que hay que hacer esto o aquello.» Por lo demás, si de verdad yo dijera al ministro lo que es necesario hacer, estaría pisando un terreno que no es el mío.

—¿Y entonces?

—Entonces respondo (lo he hecho a menudo): «¿Por qué viene usted a preguntarme eso? Eso corresponde a su departamento. Si su departamento no sabe lo que hay que hacer, ¿cómo habría de saberlo yo?» No puedo permitirme, José Luis, «gobernar», ni siquiera entre bastidores. No es ése mi papel. Dicho esto, si puedo serle útil al Gobierno, aquí estoy. Pero es el Gobierno quien debe pedírmelo. No yo.

—¿Tampoco intervenís en política exterior?

—No.

Después de un corto silencio, don Juan Carlos prosigue:

—A veces pongo sobre la balanza el peso de mi prestigio. No me gusta envanecerme, pero lo cierto es que el prestigio de la Corona es considerable. A veces ocurre que un jefe de Estado árabe me telefonea para decirme: «Por favor, hacedle saber al rey de Marruecos tal y tal cosa.» Sucedió a menudo durante la Guerra del Golfo. «Decid a Kuwait que estamos con ellos.»

—Disponéis por lo tanto de un poder oculto bastante importante...

—Digamos que ejerzo cierta influencia. Pero la empleo muy prudentemente, porque los límites de mi terreno son en algunos casos peligrosamente ambiguos. Bien sabes que los poderes del rey de España son muy limitados.

El teléfono suena de nuevo. Esta vez, don Juan Carlos habla de barcos durante algunos minutos.

—¿Ha sido benéfico para la Corona el gobierno de la izquierda?

—En todo caso ha demostrado que la Monarquía se encuentra por encima de cualquier ideología.

—Siempre estuve convencido de que había que arrancar la Monarquía al monopolio de la derecha. ¿Recordáis, Señor, que en los días que siguieron al golpe de Estado del 23-F os escribí una carta para daros a conocer mi intención de adherirme al Partido Socialista?

—Lo recuerdo perfectamente.

—Lo hice porque después del golpe de Estado me era difícil permanecer políticamente indiferente. Me había jactado siempre de ser una especie de liberal escéptico, pero había llegado el momento de tomar partido de una manera muy precisa. Yo no era (y sigo sin serlo) un verdadero socialista, pero aquél era el único partido que podía hacer algún día de España un Estado moderno, abierto a las corrientes europeas, y ello en el ámbito de una monarquía que, por primera vez en la Historia, sería la Monarquía de todos los españoles. Más tarde, cuando Felipe González era ya presidente del primer Gobierno socialista de Vuestra Majestad, le conté que os había pedido por escrito permiso para adherirme al Partido Socialista.

Don Juan Carlos alza una ceja, divertido.

—Pero nunca me pediste ese permiso, José Luis...

—Sí, Señor, porque si Vuestra Majestad hubiese respondido a mi carta diciendo que no veía con buenos ojos mi toma de posición, me hubiera abstenido.

»—¿Pero por qué escribiste al Rey? —me preguntó Felipe, intrigado.

»—Porque hasta no hace mucho, los grandes de España siempre hemos comunicado al Rey nuestras decisiones importantes —le respondí.

»—¿Era una obligación? —preguntó Felipe.

»—No, es una vieja tradición que hunde sus raíces en la cortesía que debemos a nuestro señor natural.

»—¿Y qué te respondió el Rey?

»—Pues bien, recibí una carta del general Fernández Campo, que era entonces el secretario general de la Casa del Rey, diciéndome simplemente que Vuestra Majestad había "tomado nota".

»Sabéis, Señor, que "tomar nota" tiene en español diferentes significados. Vuestra respuesta me inquietó mucho. Además, el propio Felipe había insinuado: "Eso quizá quiera decir que en adelante estás en una lista negra."

Don Juan Carlos se echa a reír de buena gana.

—¿Qué otra cosa podía responderte, José Luis? No tenía por qué aprobar o condenar tu decisión. Pero quizá «tomar nota» no es la fórmula ideal para responder a cartas como la tuya.

Y acentuando la sonrisa, don Juan Carlos concluye:

—Bien sabes que no me gusta inquietar a quienes estimo.

Mis conversaciones con Su Majestad don Juan Carlos I de Borbón y Borbón, rey de España, terminaron cuando el sol se ocultaba entre las ramas de los alcornoques que rodean a La Zarzuela. En el curso de mi vida profesional he hablado largamente con hombres y mujeres que se cuentan entre los que hacen mover el mundo: Indira Gandhi, Umberto de Italia, Farah Pahlevi, el general De Gaulle, Burguiba, Georges Pompidou, Felipe González, Enrico Berlinguer y algunos más. He conocido, escuchado y admirado a personajes excepcionales. Algunos han llegado a ser mis amigos. Otros sólo son recuerdos más o menos queridos. Pero ninguno ha despertado en mí la emoción que he sentido al despedirme del rey de España, en el umbral de este despacho en el que hemos pasado tantas horas, el uno hablando, el otro escuchando. Puedo afirmar que, por encima del Monarca, siempre ha prevalecido la persona humana. Le dejo con la sospecha de que la amistad y el respeto pueden ir mucho más lejos de lo que yo creía.

SUMARIO